Studientexte zur Soziologie

Reihe herausgegeben vom Institut für Soziologie der FernUniversität in Hagen, repräsentiert durch
D. Funcke, Hagen, Deutschland
F. Hillebrandt, Hagen, Deutschland
U. Vormbusch, Hagen, Deutschland
S. M. Wilz, Hagen, Deutschland

Die „Studientexte zur Soziologie" wollen eine größere Öffentlichkeit für Themen, Theorien und Perspektiven der Soziologie interessieren. Die Reihe soll in klassische und aktuelle soziologische Diskussionen einführen und Perspektiven auf das soziale Handeln von Individuen und den Prozess der Gesellschaft eröffnen. In langjähriger Lehre erprobt, sind die Studientexte als Grundlagentexte in Universitätsseminaren, zum Selbststudium oder für eine wissenschaftliche Weiterbildung auch außerhalb einer Hochschule geeignet. Wichtige Merkmale sind eine verständliche Sprache und eine unaufdringliche, aber lenkende Didaktik, die zum eigenständigen soziologischen Denken anregt.

Reihe herausgegeben vom Institut für Soziologie der FernUniversität in Hagen, repräsentiert durch
Dorett Funcke
Frank Hillebrandt
Uwe Vormbusch
Sylvia Marlene Wilz

FernUniversität in Hagen, Deutschland

Weitere Bände in der Reihe http://www.springer.com/series/12376

Franka Schäfer

Diskurstheorie und Gesellschaft

Franka Schäfer
FernUniversität in Hagen
Hagen, Deutschland

Studientexte zur Soziologie
ISBN 978-3-658-22000-6   ISBN 978-3-658-22001-3 (eBook)
https://doi.org/10.1007/978-3-658-22001-3

Die Deutsche Nationalbibliothek verzeichnet diese Publikation in der Deutschen Nationalbibliografie; detaillierte bibliografische Daten sind im Internet über http://dnb.d-nb.de abrufbar.

Springer VS
© Springer Fachmedien Wiesbaden GmbH, ein Teil von Springer Nature 2019
Das Werk einschließlich aller seiner Teile ist urheberrechtlich geschützt. Jede Verwertung, die nicht ausdrücklich vom Urheberrechtsgesetz zugelassen ist, bedarf der vorherigen Zustimmung des Verlags. Das gilt insbesondere für Vervielfältigungen, Bearbeitungen, Übersetzungen, Mikroverfilmungen und die Einspeicherung und Verarbeitung in elektronischen Systemen.
Die Wiedergabe von Gebrauchsnamen, Handelsnamen, Warenbezeichnungen usw. in diesem Werk berechtigt auch ohne besondere Kennzeichnung nicht zu der Annahme, dass solche Namen im Sinne der Warenzeichen- und Markenschutz-Gesetzgebung als frei zu betrachten wären und daher von jedermann benutzt werden dürften.
Der Verlag, die Autoren und die Herausgeber gehen davon aus, dass die Angaben und Informationen in diesem Werk zum Zeitpunkt der Veröffentlichung vollständig und korrekt sind. Weder der Verlag noch die Autoren oder die Herausgeber übernehmen, ausdrücklich oder implizit, Gewähr für den Inhalt des Werkes, etwaige Fehler oder Äußerungen. Der Verlag bleibt im Hinblick auf geografische Zuordnungen und Gebietsbezeichnungen in veröffentlichten Karten und Institutionsadressen neutral.

Springer VS ist ein Imprint der eingetragenen Gesellschaft Springer Fachmedien Wiesbaden GmbH und ist ein Teil von Springer Nature
Die Anschrift der Gesellschaft ist: Abraham-Lincoln-Str. 46, 65189 Wiesbaden, Germany

Inhalt

1 Diskurswolken am gesellschaftlichen Denkhorizont 1

2 Diskurs und Gesellschaft – alte Bekannte, aktueller denn je 15
2.1 Diskurstheorie 17
2.2 Diskurse in der Soziologie 103
2.3 Gesellschaftstheorie 150
2.4 Zum Verhältnis von Diskurs und Gesellschaft 162
2.5 Diskurs und Gesellschaft empirisch 178

3 Mit dem diskursiven Werkzeugkoffer bis zum gesellschaftlichen Denkhorizont 193

4 Multimediales Material 201

5 Weiterführende Literatur 207

6 Erkenntnisse evaluierende Fragen 219

Abbildungsverzeichnis 221

Literaturverzeichnis 223

Diskurswolken am gesellschaftlichen Denkhorizont

Abbildung 1 Wortwolke ›Diskurs‹

Wir befinden uns in einem chaotischen Gewimmel – einem diskursiven Gewimmel, immer und überall – es wimmelt nur so von Aussagen, die um uns herumschwirren. Diskurse wabern umher – sie sind überall, es gibt kein Entkommen. Diskurse werden ähnlich Gesprächen geführt, in Diskursen wird verhandelt, Themen werden be- oder abgehandelt, Diskurse erörtern und bilden Gegenstände, sie diskutieren Dinge, sie sprechen über etwas, und bringen Aussagen hervor – sie sagen uns, was gesagt werden kann und was nicht und wie über etwas gedacht wird. Expert_innendiskurse geben uns Hilfestellung bei Entscheidungen, der neoliberale Diskurs verführt uns zur Ökonomisierung des Sozialen, der öffentliche Diskurs prägt unsere Einstellung zu aktuellen gesellschaftspolitischen Streitthe-

© Springer Fachmedien Wiesbaden GmbH, ein Teil von Springer Nature 2019
F. Schäfer, *Diskurstheorie und Gesellschaft*, Studientexte zur Soziologie,
https://doi.org/10.1007/978-3-658-22001-3_1

men, der mediale Diskurs bestimmt unsere Meinungen über andere, digitale Diskursphänomene überraschen uns im Alltag und lassen uns zu Fans, Nerds oder Teilen von Flashmobs werden; Formen von Diskursethik heben den moralischen Zeigefinger und ein herrschaftsfreier Diskurs lädt uns zu Demokratie ein. Diskursstrategien nutzen Diskurse, der Klimadiskurs mahnt zu nachhaltigem Wirtschaften und unendliche Diskursuniversen eröffnen uns stetig neue Horizonte. Diskurse überschneiden und vermischen sich, sie formieren und durchkreuzen sich, sie bauen sich auf und wieder ab, sie schließen sich gegenseitig aus oder integrieren sich, kurz: Es herrscht ein unkontrollierbares, produktives Chaos im Diskursgewimmel!

Wie diese an den Beginn des Lehrbuchs gestellte und natürlich stark überzeichnete Skizze deutlich macht, kursieren unterschiedliche Gebrauchsformen und Verständnisse des Begriffs *Diskurs,* der laut Bettinger zum *nebulösen Allerweltswort* zu verkommen droht (Bettinger 2007). Ich kann Sie jedoch so weit beruhigen, dass Sie sich im Rahmen der Lektüre nur mit einem einzigen Verständnis des Begriffs Diskurs auseinandersetzen dürfen – nämlich mit dem soziologischen. Das soziologische Begriffsverständnis von Diskurs wird Ihnen im Einzelnen jedoch einiges abverlangen und Sie über die nächsten 200 Seiten anständig in Atem halten; denn auch in der Soziologie sind mit diesem einen Begriff des Diskurses zahlreiche Perspektiven, Aspekte, Ansätze und Herangehensweisen verbunden, die es zu differenzieren gilt. Während der Lektüre werden Sie sich die Antworten auf folgende Fragen erarbeiten, an denen der Text orientiert ist, und werden am Ende in der Lage sein, Fragen wie die folgenden eigenständig zu beantworten:

> Was ist Diskurs soziologisch betrachtet?
>
> Was ist der soziologische Wert dieses Begriffs?
>
> Wie hilft uns der Begriff des Diskurses dabei, Soziologie zu betreiben?
>
> Was heißt es, wenn ich in der Soziologie von Diskurs spreche?

Das Lehrbuch orientiert sich in seiner Konzeption an diesen auf den ersten Blick simplen, aber zentralen Fragen. Es bildet damit nichts weiter aber auch nicht weniger als eine systematische Einstiegshilfe in eine systematische Beschäftigung mit Gesellschaft aus diskursanalytischer Perspektive und bietet eine vertiefte und ausführliche Auseinandersetzung mit Wechselwirkungen zwischen Phänomenen sozialen Wandels und gesellschaftlicher Ordnung bzw. Unordnung. Die Lektüre des Buches eröffnet Ihnen die Auseinandersetzung mit dem Anteil von Diskursen in der Konstitution, Stabilisierung und Wandlung von Gesellschaft. Sie erhalten sowohl grundlegende Einblicke in die soziologische Diskurstheorie, lernen diskursive Praktiken neben anderen als eine relevante Dimension von Praxis kennen und bekommen methodische Instrumente zur Analyse von Diskursen und deren Verhältnis zu Gesellschaft an die Hand. Womit wir beim zweiten Stichwort sind:

Abbildung 2 Wortwolke ›Gesellschaft‹

Auch was Gesellschaft betrifft, können wir uns ebenso, wie dies für den Diskursbegriff gilt, als Soziologie Betreibende nicht mit dem Alltagssprachgebrauch des Begriffes zufriedengeben, weshalb wir weiter gehen müssen, als Gesellschaft als einen Überbegriff für eine Zugehörigkeitsform von Menschen zu fassen, die nach Regeln über einen bestimmten Zeitraum und an einem geografisch abgrenzbaren Ort zusammenleben. Neben dem Gebrauch des Wortes Gesellschaft, um im Alltagsgeschehen Zugehörigkeiten und Abgrenzungen herzustellen, denken wir weiter auch darüber nach, dass der Begriff Gesellschaft gleichzeitig derjenige ist, der gerade durch das Zusammenspiel von Notwendigkeit und Schwierigkeit seiner Definition die wissenschaftliche Disziplin der Soziologie überhaupt erst konstituiert hat. Die Kontroverse über die Möglichkeitsbedingungen von Gesellschaft, die quasi die Lebensform der Soziologie überhaupt ist (Kneer/Moebius 2010), nährt sich ausdauernd aus der ewigen Frage nach dem Gehalt des weiten, engen, scharfen, unscharfen, überzogenen, überladenen, exkludierenden, integrierenden, klaren oder unklaren, flüssigen oder überflüssigen Begriffs der Gesellschaft. Zu dem schwierig zu fassenden Begriff des Diskurses kommt also im Rahmen der Lektüre dieses Buches ein zweiter schwieriger Begriff hinzu: die Gesellschaft.

Natürlich kann man sich daran machen und sich überlegen, dass sich Mitglieder einer Gesellschaft über verschiedene Faktoren, die sie miteinander teilen, definieren lassen. Möglicherweise ein Rechtssystem, ein Set an Wertvorstellungen oder Ideen, ein politisches System usw., die im Normalfall, der von Krisenzeiten unterbrochen wird, als gemeinsame Verbindlichkeiten nicht zur Disposition stehen. Darüber hinaus setzt sich Gesellschaft aber genauso gut auch in Abgrenzung zu Anderen und Anderem zusammen und kann somit über Exklusion bestimmt werden. Wie wir mit Michel Foucaults Augen sehen werden, bestimmt sich eine Gesellschaft nämlich oft in zentraler Weise darüber, was sie als pathologisch (krankhaft/unnormal) und was sie als normal und natürlich ansieht (Foucault 1973). Man könnte also sagen, Gesellschaften definieren sich über einen Konsens bei der Antwort auf die Fragen: Was ist die Norm und was ist abweichendes Verhalten und wie geht man mit abweichendem Verhalten um? Hieran schließen natürlich gleich weitere Fragen bezüglich solcher Definitionen von Gesellschaft an: Können Mitglieder Anspruch auf Zugehörigkeiten zu mehreren Gesellschaften erheben? Welche Regeln gibt es für den Umgang mit unterschiedlichen und konkurrierenden Werten und Normen? Gibt es Parallelgesellschaften, gibt es Subgesellschaften?

Eine Gesellschaft – auf so viel können wir uns an dieser Stelle schon einmal einigen, ist in dem hier vertretenen Verständnis erst einmal ein Zusammenhang, den ihre Mitglieder zwischen unterschiedlichsten Zuständen und Praxisformen herstellen. Und nicht nur die Menschen als Mitglieder von Gesellschaften tun dies und stellen diesen Zusammenhang her – auch die physischen Bedingungen leisten ihren Beitrag dazu, dass Gesellschaft sich in der Praxis vollzieht. Ein Tisch und vier Stühle machen uns unter der Bedingung, dass auf ihm Nahrungsmittel stehen und sich mindestens zwei organische Körper auf die Stühle setzen, zu einer Tischgesellschaft. Soziale Ungleichheit und die physische Existenz von Gütern, Zertifikaten und deren Wertigkeit machen uns zu Angehörigen von Mittel- oder Unterschichten oder Subgesellschaften usw. Hierzu aber später mehr.

Auf die Frage, was denn in dieser Denkweise der Diskurs mit Gesellschaft zu tun hat, werden wir Antworten in der Auseinandersetzung mit theoretischen Konzepten des Sozialphilosophen Michel Foucault (2008) in Verbindung mit einem Modell einer *Postfundamentalen Gesellschaft* des Soziologen und Philosophen Oliver Marchart (2013) suchen und finden. Letzterer bezeichnet Gesellschaft als unmögliches wie notwendiges Objekt der Sozialwissenschaften und geht davon aus, dass die Soziologie, nachdem sie sich wie Weber und Simmel lange gegen den fundamentalen Begriff der Gesellschaft gewehrt hat, die Furcht vor diesem

Kollektivsingular verloren hat (Marchart 2013: 18). Lange hatte man versucht, den schwer zu fassenden Begriff zu umgehen, indem man ihn nur in seiner Verleugnung bestehen ließ. Marchart zeigt uns jedoch einen Weg auf, wie man heute Gesellschaft als eine *Figur der Ungründbarkeit* ansehen kann, die dennoch zum paradoxen Fundament des Sozialen taugt (ebd.: 13). Wir befolgen im Laufe unserer Auseinandersetzung mit Diskurs und Gesellschaft seinen Rat, als Soziologinnen und Soziologen nicht aufzuhören, nach Fundamenten von Gesellschaften zu suchen, obwohl diese Fundamente nur im Plural und mit kontingent-konflikthafter Natur existieren. Es gibt also nicht mehr den einen, alles vereinenden Grund der Gesellschaft, wie zum Beispiel funktionale Differenzierung, Klassen, die Moderne, Religion oder ein Kollektivbewusstsein, aber es gibt miteinander in Konflikt stehende Gründe von Gesellschaft, die, weil sie kontingent sind, ständig miteinander konkurrieren. Und genau hierin sieht Marchart das, was eine Gesellschaft ausmacht: das ständige Konkurrieren und Streiten verschiedener Gesellschaftsgrundlagen. Genau diese konflikthafte Praxis schafft Gesellschaft. Dies klingt zu Beginn der Lektüre des Lehrbuches noch sehr abstrakt, wir werden aber im Verlauf der Auseinandersetzung die Abstraktheit mit Gegenständlichkeit anreichern und konkreter machen.

Wenn auch jetzt noch eine chaotisch anmutende Vermischung der beiden Wortwolken Diskurs und Gesellschaft in Ihren Köpfen herumgeistert ...

Abbildung 3 Wortwolke Diskursgesellschaftschaos

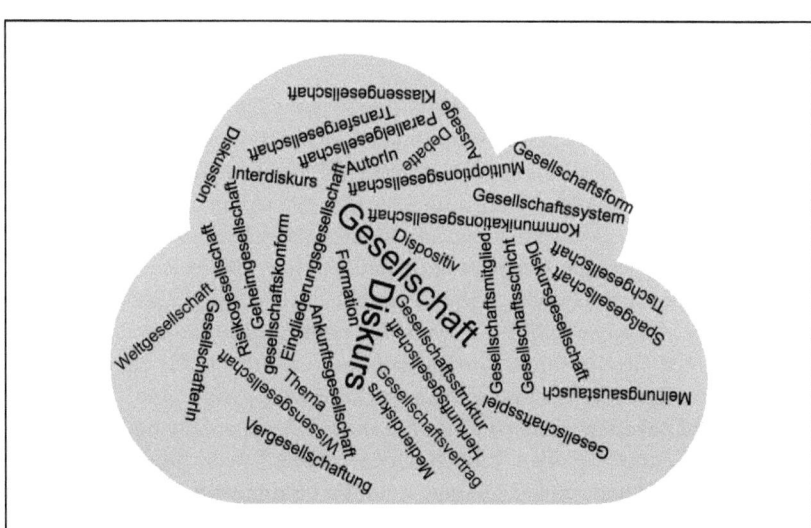

… wird nach einem sicher etwas unheimlichen und heftigen Kopf-Gewitter während der Lektüre, am Ende Klarheit in der Luft liegen und sich das soziologische Verhältnis von Diskurs und Gesellschaft am Denkhorizont abzeichnen.

Diskurs ist alles – Gesellschaft ist nichts; so einfach wird es natürlich nicht werden und auch der Umkehrschluss trifft in dieser Einfachheit nicht zu. Um das Verhältnis beider Konzepte zu klären, ist es wie immer in der Soziologie so auch zu Beginn der Auseinandersetzung mit Diskursen und deren Verhältnis zu Gesellschaft sehr, sehr wichtig, sich mit grundlegenden theoretischen Werkzeugen auszustatten, Begriffsarbeit zu leisten und sich darüber klar zu werden, wovon wir eigentlich sprechen, wenn wir von Diskursen oder Gesellschaft sprechen. Das haben Sie sicherlich bereits beim Lesen dieser Einleitung bemerkt, zwischendurch die Stirn gerunzelt und sich gedacht, was ist denn das jetzt genau, dieser Diskurs, und was ist denn überhaupt gemeint, wenn es hier um Gesellschaft geht? Die wie immer dringend notwendige Definitionsarbeit geschieht im Rahmen des Lehrbuches zuerst über die Einführung in die soziologische Diskurstheorie. Gibt es sicherlich zahlreiche und auch andere soziologisch interessante Diskurstheorien wie u. a. die von Ernesto Laclau und Chantal Mouffe (2015), konzentrieren wir uns für den Anfang erst einmal auf den prominentesten Vertreter, der für die Geburt des Diskurses in den Sozialwissenschaften verantwortlich ist: den Sozialphilosophen Michel Foucault und dessen soziologisch relevante Arbeiten zum Diskurs. Sie lernen Denken und Arbeiten Foucaults mit Bezug zu durchaus spannenden biografischen Episoden seines Lebenswerks kennen und erarbeiten sich über sein Werk einen Ausgangspunkt, auf dessen Basis Sie in der Lage sind, erste Auszüge eines zentralen Textes Foucaults – seine Antrittsvorlesung am College de France von 1970 – im Original zu lesen und auch zu verstehen (Foucault 2014).

Hauptanliegen ist es, Ihnen die diskursanalytische Perspektive, die in der Soziologie genutzt wird, näher zu bringen, sie Ihnen vorzustellen und sie einzuladen, das Arbeiten mit diskursanalytischen Werkzeugen auszuprobieren. Ich werde Sie durch die zentralen Themen und Aspekte der Diskurstheorie führen und Ihnen verschiedene Perspektiven und Positionen vorstellen. Dies geschieht über die Vorstellung wichtiger Vertreterinnen und Vertreter dieser Perspektiven und Positionen, aber auch über die Skizzierung relevanter Arbeiten und Meilensteine der diskursanalytischen Arbeit. Ich werde so vorgehen, dass ich jeweils Konzepte vorstelle, Ihnen diese in ihrem Zustandekommen erkläre und die Signifikanz für die diskursanalytische Denkweise herausstelle, Bezugspunkte und Grundlagen ausweise und Arbeiten nenne, die sich mit dem Konzept auseinandersetzen bzw. mit diesem Konzept arbeiten. Zudem wird jeweils auf weiterführende Literatur verwiesen, die Sie heranziehen können, wenn Sie bestimmte Aspekte des Themas Diskurstheorie und Gesellschaft näher interessieren, oder Sie im Rahmen einer schriftlichen Arbeit oder Prüfungsvorbereitung hierzu weiterarbeiten wollen. Um Sie damit während der Lektüre nicht zu überfordern, finden Sie diese Hinweise am Ende des Buches. Diese Hinweise sollten Sie trotz dieser Positionierung am Ende als zentralen Teil des Lehrbuchs mit in Ihre Lektüre integrieren und damit weiterarbeiten. Dies ist vor allem deshalb notwendig, weil Einführungsliteratur und Handbücher der Diskursanalyse/Diskurstheorie einen durchschnittlichen Durchmesser von 12–22 cm aufweisen, sodass das Thema Diskurs und Gesellschaft in keinem Fall umfassend in dieser Einführung behandelt werden kann. Ich kann Sie lediglich an das Thema Diskurs und Gesellschaft heranführen und Ihnen die spezifische Denkweise vom Diskurs auf Gesellschaft und deren Bereiche wie Familie, Sexualität, Politik oder Technologie, Bildung oder Arbeit näherbringen.

Sie haben mit dem Lehrbuch also das Starter-Kit in den Händen, das alles das bereithält, was Sie wissen müssen, wenn Sie soziale Phänomene aus einer diskursanalytischen Perspektive betrachten wollen, wenn Sie aktiv damit arbeiten. Wenn Sie auf der letzten Seite angekommen sind und das Buch erschöpft aber glücklich zuklappen, werden Sie wissen:

> Was sind überhaupt diskursanalytische Fragestellungen?
>
> Welche Theorien und Methoden kann ich kombinieren, um diese zu beantworten?
>
> Wen muss ich kennen?
>
> Welche theoretischen Konzepte/Modelle brauche ich?
>
> Welche methodischen Werkzeuge brauche ich?

Dies klingt erst einmal banal, ist aber bereits eine ganze Menge. Wundern Sie sich nicht, dass Sie am Rand des Textes nicht in der Häufigkeit, in der Sie es sonst von Lehrbüchern gewohnt sind, markierte Kästen mit Definitionen und Merksätzen finden, denn die gibt es in der Form für die Foucault'sche Diskurstheorie und die diskursanalytische Soziologie nicht. Die Unschärfe und Zweideutigkeit der Begriffe, die Foucault verwendet, sind bei ihm methodisches Prinzip und sollen zur immerwährenden Revision und Neuausrichtung der Lesart seiner Texte anregen.

»Was ich geschrieben habe, sind keine Rezepte, weder für mich noch für sonst jemand. Es sind bestenfalls Werkzeuge (…)« (Foucault 1996: 25). Alle seine Bücher »(…) sind, ob Wahnsinn und Gesellschaft oder dieses hier [Überwachen und Strafen, Anm. d. V.], wenn sie so wollen kleine Werkzeugkästen. Wenn die Leute sie öffnen und sich dieses

Satzes, jener Idee, einer bestimmten Analyse als Schraubenzieher oder Maulschlüssel bedienen möchten, um die Machtsysteme kurzzuschließen, zu disqualifizieren, eventuell sogar die eingeschlossen, aus denen meine Bücher hervorgegangen sind – gut, umso besser« (Foucault 1976: 48 ff.).

Es geht hier also nicht darum, Definitionen und Merksätze auswendig zu lernen und anzuwenden, sondern mit theoretischen Angeboten eigenständig zu arbeiten, die Dynamik, die in den amorphen Begriffen Foucaults liegt, aktiv für den Gegenstand der eigenen Forschung zu nutzen und die daraus erwachsenden produktiven Freiheiten genießen zu können. Die viel kritisierte Unschärfe der Foucault'schen Methodenreflexion sollte man ohne großes Zaudern in positive Beweglichkeit transformieren, denn eine rezepthafte Gebrauchsanleitung zur Diskursanalyse ist aufgrund der variierenden Forschungsgegenstände – seien es Mediendiskurse, der Interdiskurs oder ein textförmiger Spezialdiskurs – einfach nicht möglich. Daher spricht Foucault im Hinblick auf die von ihm aufgestellten Hinweise und Anweisungen zur Diskursanalyse selbst von der berühmten Werkzeugkiste, deren unbearbeitetes Werkstück – der jeweilige Diskurs – über die Tauglichkeit, Auswahl und Verwendung der Instrumente entscheiden muss.

Ihm ging es ebenso wenig, wie eine Methode zu etablieren, darum, in einer Position oder Tradition verortet zu werden und eine systematische Schulenbildung zu forcieren. Er beschließt die Einleitung seiner *Archäologie des Wissens* mit dem laut Konersmann unverfrorenen Ausspruch:

»Man frage mich nicht, wer ich bin und man sage mir nicht, ich solle der Gleiche bleiben: das ist eine Moral des Personenstandes; sie beherrscht unsere Papiere. Sie soll uns frei lassen, wenn es sich darum handelt zu schreiben.« (Foucault 2008: 492)

Foucaults ewiger Kampf mit der eigenen Autorfunktion bündelt sich dann auch in seiner Reflexion des Anfangs des Sprechens im Rahmen seiner Antrittsvorlesung am College de France im Jahr 1970. Um die Art und Weise des Verhältnisses von Foucaults Denken und Schreiben und die Integration des Weiterdenkens im Schreibprozess, das ihn zum Teil des Diskurses macht, besser zu verstehen, empfehle ich, neben den für das Lehrbuch ausgewählten Zitaten, den kurzen aber intensiven Originaltext der Vorlesung zu lesen. In der *Ordnung des Diskurses* bringt er nämlich seine konsequente Skepsis gegenüber dem Umgang mit seinem eigenen Sprechen zum Ausdruck und legt seine Überlegungen zum Umgang mit den Schatten des Diskurses dar. Auf ca. 20 Seiten bringt er die Diskurs- und Machtmechanismen, die es herauszuarbeiten gilt, auf den Punkt und legt somit in groben Zügen sein Forschungsprogramm dar. Nicht nur, weil es ein Genuss ist, die brillanten und gewundenen Formulierungen Foucaults im Original zu lesen, sondern auch um Ihnen die praktische Anwendung seiner Theorie auf sich selbst und die Möglichkeiten der Selbstreflexion, die die diskursanalytische Arbeit Ihnen bietet, aufzuzeigen, wird quasi als Bergfest der Lektüre die Auseinandersetzung mit der berühmt gewordenen Antritts-Vorlesung Michel Foucaults intensiviert und kommentiert.

Mit der Foucault'schen Ordnung des Diskurses im Gepäck machen Sie sich dann an die produktive Seite des Diskurses, um hierauf aufbauende Konzepte wie vor allem das Dispositiv, aber auch aktuelle Formen der wissenssoziologischen und hegemonietheoretischen Diskurstheorie sowie gegenwärtige Formen diskursanalytischer Soziologie kennenzulernen. Auf Basis der theoretischen Grundlagen und der aktuellen Perspektiven der Diskurstheorie erhalten Sie daraufhin einen Überblick über die Art und Weise, mit Diskursen im weitesten Sinne als »sprachlich (…) vermittelter sozialer Praxis im Kontext von Wissen und Macht« (Wrana et al. 2014: 7) empirisch-analytisch zu arbeiten und Sie erhalten einige methodische Instrumente zur Analyse von Diskursen an die Hand. Diese ersten Einblicke in die empirische Arbeit mit Diskursen in Form verschiedener Arten der sozialwissenschaftlichen Diskursanalyse ermöglichen es Ihnen, sich nicht nur theoretisch analytisch mit den Anteilen von Diskursen an der Konstitution, Stabilisierung und Wandlung von Sozialität auseinanderzusetzen, sondern auch erste kleinere Ausflüge in die empirische Arbeit selbst zu unternehmen. Abschließend greife ich exemplarisch einen von mir präferierten Umgang mit Diskursen in der Soziologie heraus und führe Ihnen eine praxissoziologische Perspektive auf Diskurse vor, in der diskursive Praktiken neben anderen als eine relevante Dimension von Praxis gehandhabt werden.

Die Strategie des Buches zielt dabei darauf ab, dass Sie als Lesende ein grundlegendes Verständnis des Verhältnisses von Diskurs und Gesellschaft entwickeln. Nach erfolgreicher Lektüre kennen Sie theoretische Ansätze der Diskurstheorie im Allgemeinen, Foucaults Diskurstheorie im Speziellen und methodische Wege der Analyse soziologisch relevanter Diskurse. Sie können Diskurse in ihrer konstituierenden, produktiven sowie determinierenden und generierenden Wirkung auf die Praxis analysieren und ins Verhältnis zur Gegenwartsgesellschaft setzen.

Bevor Sie sich nun ins Diskursgewimmel stürzen, nehmen Sie noch die folgenden Hinweise mit auf den Weg, die Ihnen im Umgang und der Einübung der anspruchsvollen diskursanalytischen Denkweise helfen werden:

Lassen Sie sich unterwegs nicht von der ungewohnten, weil nicht vom Menschen ausgehenden Denkweise verunsichern. Es dauert sicherlich ein wenig, bis man die Art und Weise des Arbeitens mit diskursanalytischem Werkzeug und Vokabular eingeübt hat. Vor allem wenn es darum geht, sich von der Akteurzentriertheit anderer Perspektiven wie der Handlungstheorie zu lösen und vom Diskurs ausgehend über gesellschaftliche Phänomene nachzudenken. Nehmen Sie sich bei der Lektüre immer wieder zurück und machen sich klar, dass es nicht der einzelne Mensch ist, und sei er auf einer noch so aussichtsreichen Position, der einen Diskurs bestimmt. Es sind auch nicht einflussreiche Gruppen und Zusammenschlüsse von Menschen, die Diskurse in eine gezielte Richtung lenken. Lassen Sie sich darauf ein, dass Menschen zwar diskursive Strategien nutzen können und Subjektpositionen einnehmen, aus denen heraus sie versuchen Dispositive zu stabilisieren, diese Strategien und die Position, aus der heraus sie dies tun können, werden dabei jedoch vom Diskurs hervorgebracht, nicht von einzelnen Individuen, die die Intuition verfolgen, so etwas zu tun. Das ist manchmal schwer durchzuhalten, vereinfacht das Hineinfinden in die diskursanalytische Denkweise jedoch enorm.

Versuchen Sie im ersten Durchgang der Lektüre, sich auf den aufbereiteten Inhalt zu konzentrieren und zu verstehen, was inhaltlich vermittelt wird. Lesen Sie das Lehrbuch aktiv. Das heißt, machen Sie sich direkt Notizen am Rand, kleben Sie Post-its hinein und unterstreichen Sie Textstellen, die Ihnen markant erscheinen. Notieren Sie sich unklare Stellen und verschaffen sich zunächst einen Überblick. Ob Sie dies mit Stiften und der Papierversion, oder digital mit Kommentarfunktion und Co. tun, bleibt dabei natürlich Ihnen überlassen. Rekonstruieren Sie nach dem ersten Lesen den Inhalt in für Sie sinnvollen Einheiten und notieren Sie sich das, was Sie dabei für jeweils zentral halten. Geben Sie bei Unklarheiten und Verständnisschwierigkeiten, die Ihnen wahrscheinlich im ersten Teil des Lehrbuchs zur Diskurstheorie Foucaults begegnen werden, nicht gleich auf. Insbesondere Texte der klassischen Soziologie und in diesem Falle auch noch Sozialphilosophie sind häufig in einer veralteten, Ihrem aktuellen Sprachverständnis nicht entsprechenden Sprache geschrieben und enthalten nicht selten Fremdworte, die auch in der Rekonstruktion und Aufbereitung der Diskurstheorie erhalten bleiben. Dies gilt insbesondere für Michel Foucault, dessen Schreibstil als sehr anspruchsvoll und schwierig gilt. Die Prüfungskommission, die Foucaults als Doktorarbeit eingereichte Schriften wie u. a. *Wahnsinn und Gesellschaft* begutachtete, bescheinigte ihm zwar einerseits ein geistiges Genie, verzweifelte jedoch an dem eigenwilligen Schreibstil: Kammler et al. führen hierzu im *Handbuch Foucault* aus:

»Die Kommission kam zu dem ungewöhnlichen Ergebnis, dass Foucault ein brillanter Kopf sei, seine vorgelegten Schriften allerdings Verständnisschwierigkeiten bereiteten. (…): Eine Fülle von Einsichten, geistreiche Interpretationen von Literatur, Kunst und Philosophie, sowie eine ausgeprägte Fähigkeit zur Kritik etablierter Denkschemata werden in einer gelegentlich traumhaft beflügelten Sprache vorgetragen, mit evokativem Duktus, den Foucault nie ganz aufgegeben hat und der zu seinem Ruhm als philosophischem Schriftsteller beitrug.« (Kammler et al. 2014: 3)

Sie werden dies bereits in den zitierten Passagen, anhand derer die zentralen Gedankengänge und Konzepte Foucaults veranschaulicht werden, feststellen. Lassen Sie sich hiervon aber nicht allzu sehr beeindrucken oder gar verschrecken. Erfahrungsgemäß erhellen sich unverständliche Stellen beim Weiterlesen des Textes. Lesen Sie über schwierige Stellen im Zweifelsfall also ruhig auch erst einmal hinweg, denn vieles ergibt sich im weiteren Verlauf der Lektüre zu einem Gesamtbild und Sie merken, ob Ihr Unverständnis für den Gesamtzusammenhang relevant war und Sie nach der Lektüre noch einmal gründlicher recherchieren müssen, oder nicht. Nutzen Sie das vielfältige virtuelle/mediale/digitale Zusatzmaterial, welches an verschiedenen Stellen des Buches verlinkt ist und sehen oder hören Sie sich zwischendurch zur Erholung den einen oder anderen Auszug aus Interviews oder Vorträgen Foucaults an, sehen Sie ihn in Videobeiträgen bei politischen Aktionen oder Diskussionen mit anderen zeitgeschichtlich interessanten Personen agieren. Markieren Sie sich hartnäckige Unklarheiten und stellen Sie sich haltende Fragen nicht nur sich selbst, sondern auch Menschen in Ihrem akademischen Umfeld.

Während der Lektüre wird Ihnen auffallen, dass es in dieser Theorieperspektive nicht darum geht, sich ein feststehendes Repertoire an Begriffen, Konzepten und Verhältnissen anzueignen, dieses eins zu eins als statisches Modell wiederzugeben und in der analytischen Anwendung der Praxis überzustülpen. Es geht darum, mit den theoretischen Werkzeugen eine Denkweise einzunehmen, die eine andere Perspektive auf Praxis eröffnet und uns andere Dinge in den Blick nehmen lässt, als wir sie mit einer systemtheoretischen oder handlungstheoretischen Perspektive zu Gesicht bekommen. Den Werkzeugkoffer »Lehrbuch« muss jeder Lesende für sich öffnen und sich die Werkzeuge herausnehmen, die er für die Beantwortung seiner Fragen benötigt und die Kombination finden, die dabei hilft, eine diskursanalytische Fragestellung zu entwickeln und ein Forschungsdesign zu finden, mit dem sich die Antwort finden lässt. In einem zweiten Schritt sollten Sie deshalb auch dieses Lehrbuch noch einmal *kritisch* Lesen, wie alle soziologischen Texte, die Ihnen im Verlauf Ihres akademischen Lebens und darüber hinaus begegnen. Denn die Entfaltung soziologischer Fantasie spielt eine zentrale Rolle bei der Aneignung soziologischer Kompetenzen. Ein wichtiger Schritt zur Einübung eines soziologischen *Blicks* durch Hinterfragen der im Alltagswissen und in unseren alltäglichen Sichtweisen verborgenen Selbstverständlichkeiten ist das kritische Lesen und Analysieren von Texten. Dies sollen Sie auch im Falle des vorliegenden Textes anwenden. Denn der vorliegende Text des Lehrbuchs ist nicht *die* Foucault'sche Perspektive auf Diskurs, es ist lediglich (m)eine Lesart, Rekonstruktion und didaktische Aufbereitung dessen, was ich vor dem Hintergrund meiner soziologischen Biografie für eine angemessene Perspektive auf Foucaults Diskurstheorie halte. Lesen Sie das Buch also mit etwas Abstand noch einmal quer und versuchen Sie dabei auch, den Standpunkt der Autorin zu »entdecken« und einer kritischen Betrachtung zu unterziehen. Entwickeln Sie Ihre eigene Lesart und machen Sie sich mit Hammer und Meißel selbst am monolithischen Block zu schaffen, den Foucault uns in Form seines dynamischen Werks hinterlassen hat, wie Ruoff das im *Foucault-Lexikon* passend bezeichnet hat (vgl. Ruoff 2009: 13).

Nehmen Sie die Lektüre des Lehrbuchs zum Anlass, sich neben den abgedruckten Textstellen aus Originaltexten auch andere Texte von Foucault z. B. aus den *Schriften in vier Bänden* oder z. B. das Buch *Überwachen und Strafen* zur Brust zu nehmen und erschließen Sie sich diese dann noch einmal selbst. Fragen Sie sich vor, während und nach der Lektüre des Lehrbuchs und der Originaltexte: was wissen Sie bereits über das Thema, was sind Ihre Vorannahmen? Wovon handelt der Text? Was verspricht der Titel des Textes? Wie steht der Text im Verhältnis zu anderen soziologischen Texten, die Sie gelesen haben? Was und worüber schreibt der/die Autor/in sonst? Nach dem Lesen eines Kapitels (und des gesamten Textes) fragen Sie sich: Werden Ihre Erwartungen erfüllt oder enttäuscht? Was hat Sie überrascht? Was fehlt aus Ihrer Sicht? Wie passt das Gelesene in Ihre Vorstellung davon, was ein Diskurs ist, wer Foucault war oder was Sie bisher über das Thema, das behandelt wird, gehört haben?

Dies sind Fragen, die Sie dazu bringen, den Text in Ihr bisher angeeignetes soziologisches Wissen und Können einzuordnen und weiterzudenken. So kommen Sie zu einer eigenen Bewertung des Textes, die dringend erforderlich ist, um aus der Lektüre heraus, ein eigenes Verständnis von diskursanalytischer Arbeit zu entwickeln und eigene Themen zur Bearbeitung in Hausarbeiten, mündlichen Prüfungen, Abschlussarbeiten oder anderen Arbeitszusammenhängen zu finden.

Scheuen Sie sich auch nicht davor, sich nach dem Studium des Buches zu fragen, inwieweit Ihre (und die von mir in der Einleitung formulierten) Erwartungen tatsächlich erfüllt wurden. Welche Stellen des Textes waren leicht verständlich, wovon haben Sie am meisten profitiert, wovon eher weniger? Ist die Argumentation nachvollziehbar, ist der Überblick ausreichend, zu weit oder zu eng gefasst, sind die Schlaglichter auf Foucaults Leben und Werk überzeugend und passend ausgewählt, sind die daraus gezogenen Schlussfolgerungen für Sie nachvollziehbar? An welchen Stellen würden Sie Kritik üben wollen? Wo stimmen Sie überein? Wo weicht Ihr Verständnis von der hier vorgestellten Lesart der diskursanalytischen Perspektive ab? Nutzen Sie die Antworten auf solche Fragen einerseits dazu, eigene Fragestellungen zu entwickeln, aber auch, um sich mit anderen Menschen darüber on- oder offline auszutauschen.

Wenn Sie diese Hinweise bei der Lektüre ernst nehmen und das Lehrbuch lesen, sondern es zudem unter Aufbietung ihrer soziologischen Fantasie aktiv studieren, werden Sie nach der Lektüre nicht nur die Reichweite des folgenden Zitates einordnen können:

»Der absolute, in die Leere des Raumes und der Zeit gesprochene Beginn ist eine Fiktion. Reden bedeutet mitteilen, und es heißt auch, Beziehungen zu stiften und Positionen zu besetzen.« (Konersmann in Foucault 2014: 53)

Sie werden zudem Fachwissen zu Wechselwirkungen zwischen Individualisierung und gesellschaftlicher Ordnung und zum Verhältnis von Diskurs und Gesellschaft erworben haben; Sie können von den Grundlagen der Diskurstheorie Michel Foucaults die Genese der diskursanalytischen Soziologie im deutschsprachigen Raum bis hin zu aktuellen Strömungen und deren Konklusion in aktuellen Dispositiv-Analysen in praxissoziologischer Perspektive rekonstruieren und wiedergeben. Im Rahmen dessen haben Sie ein Verständnis des Verhältnisses von Diskurs und Gesellschaft entwickelt. Sie kennen theoretische Ansätze der Diskurstheorie und methodische Wege der Analyse soziologisch relevanter Diskurse und können Diskurse in ihrer konstituierenden, produktiven sowie determinierenden und generierenden Wirkung auf Praxis analysieren.

Mein persönliches Ziel in Anlehnung an die Ziele der *british society of sociology* ist es, Sie durch die Lektüre des Lehrbuches mit dem Equipment auszustatten, das Sie dazu befähigt, diskursanalytisch über soziale Tatbestände nachzudenken und Sie im Zuge dessen in die Lage versetzt, die Welt auf eine andere Art und Weise zu sehen. Das Buch ist also eine Anleitung, anders über Dinge nachzudenken – anders heißt in diesem Fall diskursanalytisch. Das heißt nicht, dass die Welt um Sie herum an sich anders sein wird, als vorher oder als sie es bisher dachten, es heißt aber, dass sich Ihre Welt verändern wird, wenn Sie sie durch die diskursive Brille betrachten.

Die zu Foucaults Lebzeiten noch weitaus mehr als heute unkonventionelle und provokative Art mit dem diskursanalytischen Werkzeugkoffer Gesellschaftsanalyse zu betreiben, findet sich in folgendem Ausspruch seiner selbst sehr prägnant wieder:

»Arbeiten heißt, anderes zu denken, als das, was man vorher dachte.« Michel Foucault

Im Sinne dieses Zitates, das sich in dem schönen Bildband *Die Geschichte der Wahrheit* von Ricke und Voullié von 1987 als Eingangszitat findet, wünsche ich Ihnen frohes (mithin produktives) Arbeiten beim Studium des Lehrbuches und wünsche mir, dass Sie im Sinne Foucaults richtig arbeiten müssen und sich Ihre persönliche soziologische Werkzeugkiste mit zahlreichen effektiven diskursanalytischen Hämmern, Meißeln und Schraubendrehern füllt.

Diskurs und Gesellschaft – alte Bekannte, aktueller denn je

Dass die zwei alten Bekannten *Diskurs* und *Gesellschaft* in ihrem analytischen Potential gegenwärtig für soziologische Analysen mehr als nur Zaungäste sind und vor dem Hintergrund aktueller Ereignisse und Zeitdiagnosen notwendig und produktiv analytische Zugänge zur Gegenwartsgesellschaft bereitstellen, führen die gesellschaftlichen Problemlagen und krisenhafte Entwicklungen vor Augen, die momentan auf der Folie der Gefährdung von Gesellschaften oder der Legitimität von Diskurspositionen thematisiert werden: Klimawandel und Umweltzerstörung – hier tobt der Kampf um legitime Diskurspositionen ganz offensichtlich zwischen Klimaschützenden und an der Erderwärmung Zweifelnden und wird je nach Diskursgesellschaft mit anderen Aussageformationen hervorgebracht; Flucht, Vertreibung und Migration – hier existieren z. T. Leben gefährdend gegensätzlich gerichtete Diskurse, die entweder eine *Willkommenskultur* oder aber das *Ende des Abendlandes* konstituieren; Ausbeutung und die mit neoliberalen Wirtschaftsordnungen einhergehende wachsende Kluft zwischen Arm und Reich/prekär und sicher, werden in ihrer Paradoxie von agonalen Dispositiven stabilisiert; und auch Analysen des Erfolgs rechtspopulistischer Parteien und antidemokratischer Strömungen kommen ohne diskurstheoretische Informiertheit nicht zu Rande. Gerade in Bezug auf letztere hilft der Rückgriff auf diskurstheoretische Soziologien im Sinne des Poststrukturalismus im Nachgang Foucaults, um z. B. Prozesse wie das zunehmend zu beobachtende Phänomen der Übernahme von Selbstverantwortung kleinerer Organisationeinheiten gegenüber vormals großen Kooperationen wie im Falle des Ausstiegs aus Klimaabkommen, des Austritts von Mitgliedsländern aus der EU oder die zur Abspaltung vollzogenen Legitimationsstrategien genauer in den Fokus zu nehmen. Gerade auch populistisch separatistische Bewegungen lassen sich mit Hilfe dezentraler Machtkonzepte, die das intentional handelnde Subjekt aus dem Zentrum ihrer Theorien heraushalten systematischer unter die Lupe nehmen.

Wenn die Soziologie sich aktuell vermehrt mit globalen und lokalen Prozessen der Öffnung und Schließung simultan auseinandersetzt, hilft es vor allem für die kritisch distanzierte Haltung, als Ausgangspunkt der Forschung davon auszugehen, dass weder der reine Sachzwang, noch die reine gesellschaftliche Definitionsmacht Öffnungs- bzw. Schließungsprozesse bestimmen, sondern Diskurse nicht nur die Gegenstände hervorbringen, über die sie sprechen, sondern gleichzeitig ein sie begrenzendes Außen besitzen, das sich aus machtvollen Knotenpunkten zwischen physischen und immateriellen Elementen zusammensetzt (Foucault 2014). Erst die Wechselwirkungen dieses Innen und Außen bringen legitimes Wissen über adäquate gesellschaftliche Partizipation hervor, das sich daraufhin z. B. in Form protestierender Körper materialisiert. Foucault lenkt unsere Aufmerksamkeit in Gesellschaftsanalysen darauf, dass in krisenhaften Zuständen zwar Dispositive herrschende Machtverhältnisse stabilisieren, dass jedoch wo Macht ist, immer auch Widerstand ist. Der Jahresbericht von Human Rights Watch 2018 führte diesbezüglich kürzlich vor Augen, dass ziviler Ungehorsam, soziale Bewegungen, zivilgesellschaftliches Engagement und widerständige Politik durchaus erfolgreich Sand ins Getriebe der großen Ausschließungsmaschinerien der Gegenwart streuen, wenn es um Widerstände gegen die Missachtung von Menschenrechte geht (Roth 2018).

Gesellschaft mit Foucault zu denken, eröffnet deshalb vielfältige Möglichkeiten widerständige Proteste nicht als einen einheitlichen großen Ort der Weigerung mit den immer gleichen Strukturen und Bedingungen zu fassen, sondern als multidimensionale Praxisform zu denken. Um Protestformen in Gesellschaften zu untersuchen, müssen Soziolog_innen deshalb unterschiedlichste Forschungsgegenstände befragen und Protesthaftes »(...) nicht nur dauerhaft in Gruppen, oder Individuen (...)« suchen, da Widerstand überall stecken und anstecken könne: »bestimmte Stellen des Körpers, bestimmte Augenblicke des Lebens, bestimmte Typen des Verhaltens« (Foucault 2008: 1100). Um nicht nur die »großen Orte der Weigerung« (ebd.), sondern auch »einzelne Widerstände: mögliche, notwendige, unwahrscheinliche, spontane, wilde, einsame, abgestimmte, kriecherische, gewalttätige, unversöhnliche, kompromissbereite, interessierte oder opferbereite Widerstände« (ebd.) im strategischen Feld der Machtbeziehungen zu fassen zu kriegen, reagieren diskurstheoretische Perspektive gegenwärtig verstärkt mit dem Einbau praxissoziologischer Versatzstücke (vgl. Schäfer 2018). Die Widerstandspunkte werden dabei nicht als getrennt voneinander existierende Relationen, sondern als im Ereignisbegriff kulminierende physische Praxis gedacht. Wenn heute also Bürger_innenbeteiligungen in Form von Demonstrationen als erfolgreich thematisiert oder das Scheitern einer sozialen Bewegung deklariert wird, spielen in Relation zueinander gebrachte diskursive und nichtdiskursiven Praktiken die entscheidende Rolle dabei, was sich zu Praxisformationen verkettet und praktisch vollzieht. Das Ergebnis solcher Deutungspraxen ist von der Problematisierung über deren Verhandlungen bis zu ihrer Verfestigung das Ergebnis von Praktiken, die sich aus *doings* und *sayings* (Schatzki 1996) zu Einzelpraktiken verketten und sich im Vollzug der Praxis formieren (Hillebrandt 2014). *Was unterscheidet in einer diskurstheoretischen Perspektive auf gesellschaftliche Prozesse der Öffnung oder Schließung dann z. B. den Erfolg vom Scheitern einer Protestbewegung? Was sind Ressourcen der Anerkennung, Zulassung und des Ausschlusses?* Dies sind Fragen, die die aktuelle soziologische Debatte auf der Schnittstelle von Diskurs- und Praxistheorien mit Hilfe des Foucault'schen Ereignisbegriff umtreiben und gesellschaftspolitische Debatten mit kritischen Forschungsergebnissen befeuern.

Zu Beginn unserer konkreten Auseinandersetzung stellt sich bei diesem so delikaten Begriffspaar Diskurs und Gesellschaft nun jedoch erst einmal eine viel pragmatischere Frage: Von wo aus starten? Womit beginnen? Diskurs oder Gesellschaft? Nach einigem Hin- und Herdenken stellt man schnell fest, es gibt für beide Varianten berechtigtes Für und Wider. Ich habe mich dafür entschieden, die in diesem Text verfolgte Perspektive auf Diskurse an den Beginn zu stellen, da der diskursanalytische Ansatz der zentrale Gegenstand ist, den ich Ihnen in erster Linie näherbringen will. Aus dem Verständnis von Diskursen heraus erfolgt dann die Überleitung dahin, wie mit dieser Denkweise von Diskursen ausgehend Gesellschaft im diskursanalytischen Begriffshorizont denkbar ist und wie mit einem solchen Rüstzeug Gesellschaftsanalysen möglich sind. So werden Sie nach der grundlegenden und ausführlichen Auseinandersetzung mit Diskursen erfahren, welche Sicht auf Gesellschaft das beschriebene Verständnis von Diskurstheorie und Diskursanalyse bedingt und mit sich bringt.

2.1 Diskurstheorie

Wie leitet sich der Begriff des Diskurses überhaupt her, welche verschiedenen Bedeutungen hat er und wie ging die Verbreitung des Diskursbegriffs vonstatten?

Wie eingangs geschildert gibt es zahlreiche Bedeutungen des Begriffs Diskurs und dies auch bereits schon sehr lange, bevor der Begriff für die Soziologie relevant wurde. Um spätere Missverständnisse auszuschließen und sich zu vergegenwärtigen, was der soziologische Diskursbegriff immer auch mit im Gepäck hat, werfen wir im Folgenden einen kurzen Blick auf die Begriffsgeschichte. Denn auch wenn man es sich aus heutiger Sicht schwer vorstellen kann, galt nicht immer die heute populäre Bedeutung von Diskurs im deutschsprachigen Raum im Sinne von aktuell kursierender Diskussion oder Debatte, genauer gesagt, von Diskurs als

- theoretischer Erörterung, systematischer, methodischer Abhandlung,
- Gedankenaustausch, intensiver Unterhaltung,
- umgangssprachlich auch Abweichung von einem Hauptthema.

So oder so ähnlich sind die allgemeinen Verwendungsmöglichkeiten in konventionellen Lexika vorzufinden (vgl. z. B. Langenscheid 2015). Die Ursprünge des Wortes Diskurs liegen wie so oft im Lateinischen. Hier findet sich das Verb *discurrere*, das so viel heißt wie auseinanderlaufen und das hiervon abgeleitete Nomen *discursus*, welches im Sinne von Hierhin- und Dorthinlaufen, richtungsloses Umherirren oder auch das sich Zerstreuen verwendet wird. Hier drängen sich bereits Assoziationen zur Verwendung des Diskursbegriffs bei Foucault und Umschreibungen wie dem häufig von Foucault benutzten Bild des diskursiven Gewimmels bzw. des unkontrollierten Wucherns des Diskurses auf, auf das wir später zu sprechen kommen werden. Mit der Bedeutung im Lateinischen finden sich aber bereits Hinweise auf Bewegung. Wenn wir also von Diskurs sprechen, sprechen wir von Bewegung. Von etwas, das auseinander läuft, hin- und herläuft oder sich zerstreut. Jetzt müssen wir als nächstes klären, was da läuft. Was in der Antike noch eher vage Bezüge zum heutigen Verständnis von Diskurs erkennen lässt, wird mit der Zeit konkreter. Der Begriff des Diskurses findet sich vom reinen Sprachgebrauch her im 13. Jahrhundert im Rahmen der Scholastik (anerkannte Erkenntnismethode auf der Grundlage der Deduktion, vom Allgemeinen auf das Besondere zu schließen) in der Bedeutung von gelehrter Rede oder Vortrag, was ja dem heutigen Verständnis eines Expert_innen- oder Spezialdiskurs schon näherkommt. Das, was da läuft, ist also im weitesten Sinne Sprache. Im Rahmen von Logik und Erkenntnistheorie kommt zudem die Bedeutung von Diskurs als Bezeichnung für formales Denken, Urteilen und Schließen hinzu.

Um die Begriffsgeschichte nicht unnötig aufzublähen, machen wir einen Sprung und steigen am Scheitelpunkt von 19. und 20. Jahrhundert wieder ein, denn hier wird es interessant für die Soziologie. Auf der intellektuellen Grundlage Augustus de Morgans und George Booles entdeckt letztendlich auch die neue Wissenschaftsdisziplin der Soziologie den Diskurs als geeignetes begriffliches Instrumentarium. Beide Autoren setzen sich mit der Entstehung von Bedeutung im Rahmen der Logik und Zeichentheorie im Umfeld des amerikanischen Pragmatismus auseinander (Boole 1847; 1854). Der Mathematiker und Philosoph Charles S. Pierce stellt damals verschiedene Überlegungen zu singulären Bedeutungsstrukturen in ihrer Relation zum gesamten Universum der Diskurse an und transformiert die von den Logikerinnen aufgestellte Frage nach Codes und Signifikationsmechanismen in das kulturtheoretische Umfeld (vgl. Pape 2004).

Namentlich ist es dann der amerikanische Pragmatist und Sozialphilosoph George Herbert Mead (1863–1931), den Sie wahrscheinlich aus zahlreichen Einführungen in die Soziologie kennen, der schließlich den Diskursbegriff im Bereich der Sozialphilosophie in seiner Theorie der symbolvermittelten Kommunikation aufgreift und eine soziale Utopie über eine grenzenlos kommunizierende universale Gesellschaft entwirft. Einflüsse hiervon finden sich bei Habermas Theorie des kommunikativen Handelns (Habermas 1995). Mead verleiht dem Diskurs in seinem Begriffsverständnis eine universalisierende Funktion (Mead 1988). Er stilisiert das Diskursuniversum zu einem Ideal funktionierender Kommunikation und definiert dieses sogenannte Diskursuniversum als weiteste soziale Gruppe, auf welche das menschliche Sich-Verhalten bezogen wird. Diese Gesamtheit der Diskurse, ohne die die Möglichkeit von Kommunikation nicht existent wäre, wird Mead zur Grundlage seines theoretischen Denkens. Mead nutzt den Diskursbegriff jedoch nicht explizit. Weil Foucault sich sonst wohl geräuschvoll im Grabe umdreht, möchte ich die Einordnung des Diskursbegriffs in die soziologische Tradition jedoch auch nicht übertreiben, da sonst die Diskontinuität eingedampft und Verbindungen hergestellt werden, die für den Foucault'schen Diskursbegriff evtl. nicht bzw. erst einmal nicht gelten sollten. Warum, das werden Sie verstehen, wenn wir uns an geeigneter Stelle mit dem Geschichtsverständnis Foucaults und hieran anschließenden Diskursmechanismen beschäftigt haben. Wichtig ist: es gab die Idee von so etwas wie Diskurs schon vor Foucault in der Soziologie nämlich u. a. bei Mead.

In aller Kürze sei jedoch noch der Linguist und Informationstheoretiker Zellig S. Harris erwähnt, der den Diskursbegriff nach dem Einschnitt des 2. Weltkriegs weiter voranbringt. Harris wird u. a. als Lehrer von Noam Chomsky gekannt; der bekannte Linguist und Linksintellektuelle, der seit dem Vietnamkrieg unermüdlich die US-amerikanische Außenpolitik kritisiert und später mit Foucault in eine öffentliche Debatte tritt.

Harris beschäftigt sich an der University of Pennsylvania über einen Zeitraum von knapp 60 Jahren mit dem Begriff des *discourse* im Sinne von sprachlichen Strukturen jenseits einzelner Satzkonstruktionen und benutzt den Diskursbegriff insbesondere im Bereich der sprachpragmatischen Erforschung mündlicher Kommunikationsprozesse (vgl. weiterführend Keller 2004, Nevin 2010). Harris' Studien (1952) zu satzübergreifenden Strukturen verschiedener indigener Sprachen aus den 50er-Jahren werden vor allem methodisch bis heute als Anstoß für Versuche, große Textmengen quantifizierend zu analysieren, herangezogen.

Sehen Sie sich nach der Lektüre des Lehrbuchs zum Beispiel unbedingt die im Netz verfügbaren Mitschnitte der öffentlichen Fernsehdebatte zwischen Foucault und Chomsky[1] zum Thema *Human Nature: Justice versus Power* an.

In den europäischen Sozialwissenschaften besteht mittlerweile ein breiter und in Teilen schwieriger Konsens in Bezug auf die Beziehung zwischen Mensch und Welt, Individuen und Gesellschaft. Der vorherrschenden Auffassung nach wird Welt, wie wir sie wahrnehmen, durch kollektiv erzeugte symbolische Sinnsysteme und Wissensordnungen vermittelt. Folglich bilden häufig Formen der Wirklichkeitskonstruktion Gegenstände sozialwissenschaftlicher Untersuchungen und kommen nie ganz ohne die Thematisierung von Diskursen aus. Dabei stehen der Gebrauch von Zeichen und die Regeln der Bedeutungskonstruktion erfahrungsgemäß stets in enger Verbindung mit Überlegungen zum Diskurs.

Darüber hinaus dominiert im Feld konkurrierender Bezeichnungen für die aktuelle Gesellschaftsform in Deutschland – von der Risikogesellschaft über die Sicherheits- oder Informationsgesellschaft – bis heute der von dem amerikanischen Soziologen Robert E. Lane in den frühen 1960er-Jahren geprägte und von dessen Kollegen Daniel Bell 1973 zum Konzept ausgearbeitete Titel der Wissensgesellschaft (vgl. Bittlingmayer 2005). Vor diesem Hintergrund ist es vorstellbar, dass die Konjunktur des Diskursbegriffs und dessen heute breite, wie bedauerlicherweise meist oberflächliche Rezeption unter anderem von der Bedeutungszunahme von Wissen für das Funktionieren von Gesellschaft begünstigt wurden. Im Rahmen der populär-medialen Diskussionen des Interdiskurses wie auch in wissenschaftlichen Diskussionen im Themengebiet der *Wissensgesellschaft* stellen sich z. B. immer wieder Fragen zu positiven oder negativen Folgen der Wissensproduktion oder zu Regelungen in Bezug auf die ungleich verteilten Chancen der Aneignung und des Zugangs zu Wissensvorräten in Verbindung mit Machtwirkungen und Verteilungskämpfen. Hierbei ist zwar meist leichtfertig, dafür umso regelmäßiger die Rede von *Diskursen* (Bittlingmayer 2005). Häufig wird versucht, den Problemen der Ungleichheit in der Wissensgesellschaft mithilfe von diskurs-

---

1 https://www.youtube.com/watch?v=3wfNl2LoGf8

analytischen Überlegungen entgegenzuwirken, die jedoch aufgrund mangelnder Abgrenzung und Definitionsschärfe die drohende Inflation des Diskursbegriffes eher steigern denn mindern, sodass heute das Phänomen *Diskurs* im Allgemeinen sowohl in der Bedeutung *Diskussion, Debatte* als auch in der Bedeutung *Rede, Vortrag* oder als Synonym für *Abhandlungen* und *Aussprachen* jeglicher Art genutzt wird, was so auch z. T. immer wieder unreflektiert Eingang in die Soziologie findet.

Eine Schlüsselrolle im Aufstieg des reflektierten wissenschaftlichen Diskursbegriffs und somit maßgeblich an der heutigen Popularität des Begriffs in der deutschsprachigen Soziologie beteiligt, kommt in den 1980er-Jahren Jürgen Habermas' Diskursethik zu (vgl. Habermas 1983). Einen wichtigen Teilbereich seiner *Theorie des kommunikativen Handelns* stellt der herrschaftsfreie *Diskurs* dar, wobei das Verständnis von Diskurs bei Habermas im Gegensatz zu dem in diesem Lehrbuch fokussierten Diskursbegriff normativ gefärbt ist. Habermas' Diskurs bezeichnet eine Weiterentwicklung gewöhnlicher Alltagspraktiken kommunikativen Handelns hin zu organisierten Kommunikationsprozessen im Rahmen argumentativer Auseinandersetzungen, sodass durch gewisse gesellschaftlich partizipierte Regeln die vier Geltungsansprüche[2] an Kommunikation gesichert werden.

»Unter dem Stichwort Diskurs führte ich die durch Argumentation gekennzeichnete Form der Kommunikation ein, in der problematisch gewordene Geltungsansprüche zum Thema gemacht und auf ihre Berechtigung hin untersucht werden.« (Habermas 1995a: 130)

Bei Habermas sind Diskurse reflexive Formen der kommunikativen Handlung, die strittige Geltungsansprüche in *vernünftiger* Argumentation klären. Menschen müssen im Sprechakt annehmen, dass das Gegenüber ein rationales Wesen ist, das Geltung und Argumente versteht. In der Realität ist Kommunikation aber vermachtet und verfehlt diesen diskursiven Rationalitätsanspruch. In diesem Fall kann der rationale Diskurs das kritisieren. Die zentrale Annahme bei Habermas ist: Es gibt eine universal geteilte kommunikative Vernunft. Diese kann zu universal geteilten Normen führen.

Weniger der theoretische Gehalt noch der Inhalt der Habermas'schen Diskursethik prägen jedoch die heutige Konjunktur des Diskursbegriffs. Dennoch setzt die starke Frequentierung des Diskursbegriffs in Habermas' Diskursethik mit Beginn der 1980er-Jahre den Diskursbegriff im Allgemeinen im deutschen

---

2   Die vier Habermas'sche Geltungsansprüche menschlicher Sprachfähigkeit sind: Es muss erwartet werden können, dass die Aussage wahr, verständlich und dessen Sprecher wahrhaftig ist. Weiterhin muss in einem idealisierten herrschaftsfreien Diskurs die Annahme zugelassen werden, dass das vom anderen Geäußerte richtig ist (vgl. Habermas 1995).

Sprachraum in Bewegung. Aufgrund der normativen Färbung des Ansatzes von Habermas gilt dieser heute weniger als ein Baustein der hier vorgestellten Diskursforschung, sondern als eine besondere Art der Diskurs*ethik*, weshalb der Habermas'sche herrschaftsfreie Diskurs heute eher als Maßeinheit bei der Beschreibung von Diskursen herangezogen wird, da der herrschaftsfreie Diskurs als idealtypische Richtlinie in der Einschätzung diskursiver Prozesse herangezogen werden kann. Der Grad der Abweichung oder das Ausmaß von Störungen eines Diskurses wird darin in Relation zum Habermas'schen Ideal gesetzt (vgl. z. B. Wodak 1996).

Trotz der enormen Popularität des Sozialphilosophen Habermas in der deutschsprachigen Soziologie und den angesprochenen Verwendungen der verschiedenen Diskursbegriffe in den an die Soziologie angrenzenden Wissenschaften, die Sie nun schon kennengelernt haben, sind es letztendlich aber der poststrukturalistische Denker Michel Foucault und seine Überlegungen zum Diskurs Mitte der 1960er-Jahren, die in überwiegendem Maße für die Konjunktur des Begriffes in der Soziologie verantwortlich sind (Foucault 2008). Im Folgenden werden wir uns deshalb intensiv mit Michel Foucault und einigen Bausteinen seiner Diskurstheorie auseinandersetzen.

Wesentlich und von einschlägigen Einführungswerken zum *Haupttäter* der aktuellen Konjunktur des Diskursbegriffes stilisiert, bleibt Michel Foucault unangefochten auf Platz eins der Zitations- und Rezeptionslisten. Aufgrund seiner unstillbaren Motivation und Neugier darauf, philosophisch-historische Diskurse zu hinterfragen und in ihre Bestandteile zu zerlegen, um sie dann erneut zusammenzusetzen, gilt Foucault bis heute vor allem im Bereich der materialen Analyse, weniger aufgrund theoretisch-methodischer Dokumentation und Begleitung der gedanklichen Modelle, als der Wegbereiter der Erfolgsgeschichte des Diskurses (vgl. Bublitz et al. 1999, Keller 2004, Keller et al. 2001, Wrana et al. 2014). Für Foucault gelten vor allem wissenschaftliche Disziplinen als interessante Orte der Diskursproduktion. Weiterhin verbinden sich bei Foucault verschiedene Analyseebenen zu einer interpretativen Analytik (vgl. Dreyfus/Rabinow 1994) und machen so eine kombinierte Analyse der semantischen Regeln der Bedeutungserzeugung und der Praxisebene der institutionell gerahmten Diskursproduktion möglich.

Foucault befasst sich im Laufe verschiedener Lebens- und Arbeitsphasen im Rahmen der übergeordneten Frage nach der Subjektkonstitution anfangs mit strukturalistisch anmutenden Fragen nach diskursimmanenten Grundmustern, die den klassifizierenden Kategorisierungen in den Wissenschaften bestimmter Epochen ordnend zugrunde liegen. Hieran anschließend analysiert er miteinander konkurrierende Macht-/Wissenskomplexe, die er in den Diskursen vorfindet, und schließt mit Techniken der Selbstbestimmung im Rahmen einer Ethik des Selbst sein Werk ab. Durch die geistige Beweglichkeit und das charakteristische

Querdenken Foucaults beeinflusst er in seinem Wirken zahlreiche Zeitgenoss_innen und Folgegenerationen, bietet aber bis heute mehr Denkanstöße und Reibungsflächen, denn homogene Bezugspunkte einer möglichen Theorie oder Methodenschule diskursanalytischer Forschung (vgl. Keller et al. 2004, Honneth/Saar in: Foucault 2008). Seine serielle Geschichtsauffassung und die Abkehr vom Glauben an grundlegende Kontinuitäten stellten die wissenschaftsgeschichtliche Tradition mehr als auf den Kopf. Dies erklärt auch die anfangs zögerliche Rezeption von Foucaults Schriften. Diese setzte im deutschsprachigen Raum jeweils mit erheblicher Verzögerung im Vergleich zur französischen Konjunktur des Begriffs ein.

Obwohl es Foucault aufgrund seiner geistigen Beweglichkeit und häufiger Selbstkorrekturen im Verlauf seiner wissenschaftlichen Laufbahn dem Lesenden absolut nicht leicht macht, die Inhalte seiner Texte und Bücher auf Anhieb nachzuvollziehen, steht das Werk Foucaults gerade deshalb »wie ein monolithischer Block in der Wissenschaftslandschaft und bietet trotzdem zahlreiche Verfahrensweisen zur Entdeckung versteckter Forschungsfelder an, die niemand mehr vernachlässigen kann« (Ruoff 2009: 13). Allein das macht Foucault schon zu Beginn der 80er-Jahre zu einem der meist zitierten Autoren überhaupt und in Bezug auf den Diskursbegriff ohne Frage zum absoluten Star (ebd.: 13). Die Popularität Foucaults im Zusammenhang mit dem Diskursbegriff lässt sich zum einen aus der von ihm explizit beabsichtigten und methodischen Uneindeutigkeit seiner Schriften erklären, die immer wieder zahlreiche Anlässe und Möglichkeiten bietet, andere Lesarten der Foucault'schen Begriffe und Konzepte auszuprobieren, weiterzuentwickeln und in anderen Forschungsbereichen zu etablieren. Zum anderen haben Foucaults Überlegungen und deren Ergebnisse meistens fächerübergreifende Relevanz, sodass sich seine Rezeption nicht auf eine bestimmte Wissenschaft reduziert, sondern mit Foucault sowohl in den Geschichtswissenschaften, Sprachwissenschaften, der Soziologie, der Philosophie und der Politikwissenschaft gearbeitet wird. Die Geschichtswissenschaften partizipierten beispielsweise an Foucaults historischem Verständnis einer seriellen Geschichtsauffassung, die Politikwissenschaften ziehen bis heute vor allem das Foucault'sche Machtverständnis sowie die Überlegungen zur Biopolitik heran und das Interesse der Linguistik an den Schriften Foucaults zum Diskurs liegt auf der Hand. Die Soziologie stürzte sich zum einen auf die Diskurstheorie und arbeitet bis heute vor allem mit dem Gouvernementalitätskonzept Foucaults (machtvolle Formen des Regierens), rezipiert das berühmte Werk *Überwachen und Strafen* und zieht Parallelen zur Disziplinarmacht/Disziplinargesellschaft. Grundsätzlich bescheinigen Foucaults Arbeiten zu Bedingungen und Ereignissen, die in der Konsequenz zur heutigen Situation der Moderne geführt haben, seinem Diskursbegriff, von dem aus er alle seine Überlegungen startet, im Bereich wissenschaftlicher Auseinandersetzung überhaupt ein Höchstmaß an Aktualität und Brisanz, da sich Foucaults Erläuterung des Prozesses, der zur Moderne geführt hat, sehr gut eignet, um ihn zur Grundlage der in der Soziologie nicht abgeschlossenen Diskussion darum, ob wir nun nie modern gewesen sind (Latour 2008), wer gegenüber wem warum moderner ist (Schwinn 2006), oder ob wir nicht viel eher in verwobenen Modernen in der Mehrzahl leben (Randeria 1999, Eisenstadt 2000).

> Weiterführend zur kritischen Modernitätsdiskussion in der Soziologie lesen Sie z. B. den Überblicksaufsatz von Hillebrandt (2010).

Obwohl sich mit Habermas und natürlich Niklas Luhmann in den 1980er-Jahren eine kommunikative Wende in der deutschsprachigen Soziologie vollzogen hatte, bezog sich die Beschäftigung mit dem Diskurs anfangs einseitig auf die Rezeption von Habermas normativem Diskursbegriff. Dieser unterscheidet sich durch seinen normativen Bias jedoch so grundlegend von der Foucault'schen Verwendung, dass Sie diese im Rahmen dieses Lehrbuchs weitestgehend vernachlässigen können (vgl. weiterführend Habermas 1983). Die Soziologie brauchte ein wenig, um sich den provokativen und herkömmliche Soziologien infrage stellenden Überlegungen Michel Foucaults gegenüber zu öffnen.

Nun könnte man sich natürlich auch berechtigterweise fragen, warum sich die Soziologie überhaupt einem Philosophen und seiner Denkweise zuwendet, warum bleibt der Diskurs nicht in der Philosophie oder der Sprachwissenschaft? Wieso weitet sich der Einfluss des Diskurskonzepts überhaupt auf den politischen und sozialen Bereich aus und wird am Ende zum Gegenstand und Analyseinstrument der Soziologie? Zum einen darf es sich die Soziologie nicht zu einfach machen, da ihr Forschungsgegenstand nun einmal die Sozialität ist, was es schwer macht, zu sagen, dieses oder jenes Gebiet wird ausgeblendet und gehört nicht zur Soziologie. Da sich die Soziologie ihren Gegenstand über die Art und Weise über Dinge nachzudenken definiert, qualifizieren sich die Gegenstände anderer Wissenschaften genauso gut dazu, soziologische Relevanz zu erhalten. Sicherlich und zum Glück gehen wir Soziologinnen und Soziologen anders an Phänomene der Wirtschaft, Mathematik oder Biologie heran, da diese genauso Elemente des Sozialen sind und der wissenschaftliche Alltag eben auch ein Alltag ist, über den es sich lohnt, soziologische Fantasie zu entwickeln. Vor dem Hintergrund der zunehmenden Rolle interdisziplinärer Forschung ist die Trennung zwischen Soziologie und Sozialphilosophie zunehmende fließend und weniger strikt zu ziehen. Zumal Foucault sowieso als wissenschaftlicher Experimentator lebenslang ein *enfant terrible* jeglicher Disziplinarität geblieben ist, sollten hier keinerlei Animositäten herrschen.

Foucault adaptiert für seine besondere Arbeitsweise, für seine Art Philosophie, wie Sie später sehen werden, von sich aus eine sehr soziologische Perspektive. Er beobachtet Praktiken und fragt nach deren Bedingungen, anstatt klassisch philosophisch nach den Vorzügen einer Definition von Strafe, Wahnsinn oder Diskurs auf der theoretisch abstrakten Ebene gegenüber anderen zu fragen. Er fragt nicht nach dem theoretischen Sinn, sondern nach den konkreten Bedingungen von als legitim wahrgenommenen Definitionen und deren Praxiseffekten in Macht-Wissens-Komplexen. Das macht ihn zu einem sehr soziologischen Philosophen.

Und wenn uns so ein Sozialphilosoph helfen kann, disziplinäre Paradigmen zu hinterfragen und zum Beispiel die eindeutige Zuweisung eines Signifikanten zu einem Signifikat als Illusion der Strukturalisten zu entlarven – warum nicht? Ganz im Sinne der heutigen Wissenssoziologie fragt der Philosoph Foucault zwar nicht, wie ist Gesellschaft möglich, oder was ist Sozialität, aber schließlich fragt er: Was ist sagbar? Und dass die Bedingungen der Möglichkeit dessen, was sagbar ist und was nicht, einen enormen Einfluss darauf haben, wie Gesellschaft möglich ist, soziale Ordnung oder Unordnung entsteht oder sich das Soziale vollzieht, das werden Sie im Verlauf der Auseinandersetzung mit der Diskurstheorie Foucaults schnell merken. Foucault interessiert stets: Was ist als Wissen sagbar, denkbar, wahrnehmbar und welche Regelhaftigkeiten sind dafür verantwortlich. Er hinterfragt das, was ist, indem er Sagbarkeitsregime sichtbar macht. Und genau hiermit kommt durch die Diskursanalyse etwas unheimlich Innovatives und Produktives in die Soziologie der herkömmlichen Handlungs- und Systemtheorie neu hinzu: Die Frage, die sich in diskursanalytischer Perspektive stellt, ist nämlich nicht, wie in der herkömmlichen Soziologie, die Frage danach, wie eine Gesellschaft ihre Individuen zusammenhält, die Frage nach einem positiven sozialen Band, sondern sie sucht die Antwort auf dem genau umgekehrten Weg:

> »... nämlich durch welches Ausschließungssystem, durch wessen Ausmerzung, durch die Ziehung welcher Scheidelinie, durch welches Spiel von Negation und Ausgrenzung kann eine Gesellschaft beginnen zu funktionieren?« (Foucault 1976: 48)

Der Blick über den Tellerrand der Soziologie lohnt sich im Falle Foucaults also durchaus und vor diesem Hintergrund verwundert es in der Retrospektive ein wenig, dass man erst mit Beginn der 1990er-Jahre auch von einer ernsthaften diskursanalytischen Rezeption des Foucault'schen Diskursbegriffs in der deutschsprachigen Soziologie sprechen kann. Mit einer Verspätung, die sicher nicht nur der Verzögerung durch die Übersetzungen aus dem Französischen geschuldet ist, kommt der Boom des Diskursbegriffs ausgelöst durch den unorthodoxen Foucault in Deutschland erst nach seinem Tod an und kann namentlich mit den Soziologinnen und Soziologen Angermüller, Keller, Bührmann, Wodak, Bublitz, Schneider, Viehöver, Hirseland oder Diaz-Bone verbunden werden, die auf den diskurstheoretischen Zug aufsprangen, der vor der Jahrtausendwende mit viel Getöse die soziologische Forschungslandschaft durchpflügte.

Gehörte Foucault bereits Mitte der 1980er-Jahre weltweit zu den meist zitierten Autoren überhaupt, trifft dies mit Ende der 1990er-Jahre auch für die hiesige Soziologie zu (vgl. Ruoff 2009: 13). Vor allem in den feministischen Studien im Anschluss an Judith Butler, aber auch in den Schriften der Wissens- und Herrschaftssoziologie erhält die Foucault'sche Diskurstheorie enormen Zuspruch. Seitdem hat sich die erste zaghafte Verwendung des Foucault'schen Diskurskonzepts stark ausdifferenziert und die Tragweite des Begriffs hat sich um ein Vielfaches aufgefächert. Die Spannweite des wissenschaftlichen wie populären Vorkommens des Diskursbegriffs nimmt dabei, folgt man Ruoff, bis heute leider z. T. schon *bedenkliche Züge an:*

»Zumindest der Diskurs gehört in den Kulturwissenschaften zu jenen Prügelknaben, die mehr Allgemeinplatz, denn präzise Bestimmung zu sein scheinen.« (Ruoff 2009: 15)

Denn bei aller positiven Resonanz der diskurstheoretischen Perspektive ging aufgrund der sehr vieldeutigen und dynamischen Verwendung des Diskursbegriffs schon vor Foucault auch eine Verwässerung und gefährliche Omnipräsenz mit der Rezeption einher, die dazu führte, dass der Diskurs überall als nicht mehr hintergehbares Anhängsel soziologischer Analysen mitgedacht, nur selten jedoch zum zentralen Gegenstand der soziologischen Reflexion wurde.

Um diese Bedenken für Sie nachvollziehbar zu machen und zu verhindern, dass Sie die Lektüre des Buches dazu verleitet, sich an der Massenprügelei auf den Diskursbegriff zu beteiligen, folgt nun eine kurze Überblicksdarstellung der verschiedenen Strömungen, die im für Sie relevanten Wissenschaftsbereich der Kultur- und Sozialwissenschaften heute mit dem Diskursbegriff arbeiten und Relevanz für die soziologische Arbeit erlangt haben. Im Rahmen der Darlegung finden Sie unterschiedliche Auffassungen, Beschreibungen und Erklärungen, die den Begriff des Diskurses in verschiedenen Interpretationsformen bemühen, um damit sowohl im Bereich mikroanalytischer Untersuchungen einzelner Textpassagen (Zeitungsausschnitte oder Gesprächssequenzen), wie auch im Rahmen abstrakter Analysen großer Textkorpora weitreichende Zusammenhänge und gesellschaftliche Phänomene auf der Makroebene zu erhellen. Die Herausforderung diskurstheoretischer Forschung liegt, für Sie darin, die Heterogenität kursierender Diskursbegriffe so zu nutzen, dass Sie in sinnvoller und dem Analysegegenstand angemessener Art und Weise eine Symbiose aus klar abgesteckter Begriffsauslegung und der begrifflichen Fassung adäquater Methoden der empirischen

Sozialforschung herstellen können. Dass dies in naher Vergangenheit mal besser, mal weniger gut gelungen ist, belegen nachfolgende Ausführungen zur Verbreitung des Diskursbegriffs in den Sozialwissenschaften.

Man kann zwei grundlegend verschiedene Diskursbegriffe unterscheiden, wovon wir uns Letzterem im Rahmen des Lehrbuches besonders annehmen werden:

> Den Reflexionsbegriff, der »Diskurse als intersubjektive Verfahren begründender Kommunikation mit dem Ziel der Verständigung« (Nennen 2000: 127) fasst
>
> und
>
> den Formationsbegriff, der Diskurse als »Systeme der Ausschließung und Einschließung, als machtförmige Prozesse« (ebd.: 127) definiert.

Der Reflexionsbegriff dient eher zur Konzeption von Diskursen und mündet in Überlegungen, wie sie Habermas oder Luhmann in ihren Gesellschaftstheorien des kommunikativen Handels und der Systemtheorie verwenden.

Der Formationsbegriff, dem wir uns nun zuwenden, ist von Foucault bewusst ambivalent und vieldeutig gehalten und wird für »rekonstruktive Analysen vergangener technikpolitischer Auseinandersetzungen verwendet« (Nennen 2000: XIX). Diskursanalysen in diesem Begriffsverständnis stellen deshalb Fragen danach, wie die Folgen von Äußerungen entstehen, die Praxis hervorbringen. Denn alle diskursanalytischen Ansätze sind sich darüber einig, dass wie Nennen weiter formuliert: »der Diskurs (…) durch Regeln strukturiert und das Verständnis dieser Regeln (…) zugleich auch das Modell des Verständnisses sozialer Verhältnisse« ist (Nennen 2000: 144). Wenn bei der Institutionalisierung von Wissensordnungen, wie wir sehen werden, zwar Sprache sicherlich das zentrale Medium ist, bleiben die diskursiven Praktiken, die den Diskurs aufrechterhalten, eben nicht ausschließlich sprachlicher Natur (vgl. Bettinger 2007: 76).

Zum Einstieg einigen wir uns erst einmal auf einen sehr allgemeinen Begriff des Diskurses, wie ihn auch Treibel (2006) und Bettinger (2007) zum Einstieg in die diskursanalytische Arbeit präferieren:

> Wir fassen den Diskurs als ein gesprochenes oder geschriebenes Ding, dessen Wirkung über die bloße Manifestation in Rede oder Schrift hinausgeht und das Regeln hervorbringt, die soziale Verhältnisse strukturieren (vgl. Bettinger 2007: 76).

Aus dieser Definition können wir ableiten, dass der Begriff Diskurs also immer dann zum Einsatz kommt, wenn es um die Konstruktion von Wissen und Wirklichkeit geht und auf den Prozess der Verbindung von Sprechen und Denken abgehoben wird. Immer wenn Sie etwas über die Strukturmuster und Regeln der Konstitution von Aussagen herausfinden wollen, können Sie die diskurstheoretische Perspektive sinnvoll bemühen. Denn grundsätzlich gilt alles, was zu einer bestimmten Zeit gewusst, gedacht, gesagt, getan und wahrgenommen werden kann, alles das ist unter anderem das Ergebnis der Gesellschaft durchziehenden Regelsysteme, die wir Diskurse nennen (vgl. Lüders 2007: 185 ff.)

Wenn wir uns im Folgenden auch das theoretisch-analytische Konzept von *Diskurs* aneignen und uns differenzierter mit Diskursen auseinandersetzen, tun wir dies anhand der unangefochten prominentesten Diskurstheorie überhaupt: der Diskurstheorie von Michel Foucault. Denn wie in dem kurzen Überblick bereits skizziert, war er es, der die diskursanalytische Perspektive für die Soziologie eröffnete. Mit Foucault, dem enorm vielseitigen und untypischen Philosophen, kommt der Diskurs in die soziologische Welt und die Geburt des Diskurses vollzieht sich endgültig auch in der Soziologie.

Das Foucault'sche Diskurskonzept

Wenn man sich mit dem Denken eines Theoretikers auseinandersetzt, hilft es mir persönlich immer, ein Bild von dieser Person im Kopf zu haben, damit man den Ordner im Gehirn, unter dem man alles Folgende abspeichert, auch mit einem visuellen Marker versehen kann. Hier ist er also:

Abbildung 4 Michel Foucault Portrait by Nemomain

CC BY-SA 3.0[3]

Setzt man sich mit dem Denken dieses Michel Foucaults auseinander, muss man als Erstes wissen, dass es für Foucault nichts gibt, was den gedanklichen Ausgangspunkt allen Weltgeschehens bilden könnte. Diesen Startpunkt bildet in anderen Denksystemen z.B. das Descarte'sche *Cogito ergo sum* – ein Selbstbehauptungsversuch, wonach alles letztendlich im cogito (im *ich denke* – also bin ich) begründet ist. Foucault stellt dem im Rahmen seines Diskursmodells eine ganz

---

3   Michel Foucault Portrait (1926–1984) französischer Philosoph, Tinte und Wasserfarbe, 25. Februar 2013, 12:36:45, Quelle: eigene Arbeit, Autor: Nemomain, abrufbar unter: https://commons.wikimedia.org/wiki/File:Michel_Foucault.jpg#/media/File:Michel_Foucault.jpg

andere radikale Ansicht gegenüber. Er stellt an den Anfang seines Denkens die Aussage, dass es diesen alles begründenden Punkt nicht gibt. Es gibt keinen Ursprung. Die Foucault'sche Welt fußt also nicht auf einer allumfassenden Ordnung der Vernunft, die auf einen bestimmten Ausgangspunkt zurückzuführen ist. Das Weltgeschehen ist deshalb auch nicht vom Standort der Vernunft oder etwas ähnlich »Ursprünglichem« zu durchschauen – geschweige denn zu beherrschen. Soweit so gut. Daraus könnte man schließen, dass wo kein Ursprung ist, auch keine Erkenntnis möglich ist.

Foucault zieht nun allerdings genau diesen Schluss – wo kein Anfang auszumachen ist, da kann ich auch keine Erkenntnis generieren – nicht und versucht sich dennoch im Begreifen der Welt: Und dieses Begreifen macht er über die Diskurse.

Foucault fragt sich: Wie kommt so etwas wie ein Subjekt zustande? Ein im wörtlichen Sinne »Daruntergeworfenes« (lat. subicere = unterwerfen, darunterlegen); etwas, das in seinem Denken in Raum und Zeit bestimmt ist und sich zu sich selbst verhält? Wer oder was unterwirft? Und wie kommt Subjektivität im Sinne von einer Einstellung eines denkenden Wesens zustande?

Er beginnt seine Experimente zur Konstitution des Subjekts anfangs mit sprachanalytischen Untersuchungen bestehender Wissensordnungen und deren Entstehungsbedingungen. Er fragt sich: Was weiß ich und wie konnte das so kommen? Was sind die Bedingungen dafür, dass es solches Wissen gibt? Er versucht zu Beginn dem ganz klassisch sprachwissenschaftlich auf die Spur zu kommen, im Sinne damaliger linguistischer Positionen, wie sie Ferdinand de Saussure und andere vertraten. Bei seiner Suche nach einer Antwort auf die Frage der Konstitution des Subjekts hat er aber nicht, wie andere den Menschen oder Institutionen oder die Grammatik, eine mystische Metaphysik oder Intentionen von Akteuren im Verdacht, sondern den Diskurs als einen »Fluss von Wissen bzw. sozialen Wissensvorräten durch die Zeit«, wie dies Siegfried Jäger mit Bezug auf die Arbeiten des Diskursforschers Jürgen Link gerne formuliert (Jäger 2012: 26). Dafür, dass ein Subjekt überhaupt sein kann, ist also ein »Fluss von Wissen durch die Zeit« verantwortlich. Wie wir vorhin definiert haben, ein gesprochenes oder geschriebenes Ding, dessen Wirkung über die bloße Manifestation in Rede oder Schrift hinausgeht und das Regeln hervorbringt, die soziale Verhältnisse strukturieren.

Foucault geht also davon aus, dass Aussagen in der Welt sind, die sich regelhaft zu Diskursen formieren und dass das, was auf der Welt geschieht, davon abhängt, was gesagt und gewusst werden kann. Der Diskurs liefert also die Bedingungen dafür, was geschehen kann und was nicht. Und das im Denken Foucaults immer und überall. Es gibt also nichts, das ein Mensch jenseits des Diskurses mit seinem freien Willen entscheiden kann, weil der Diskurs immer die Grenzen und Weiten des Sagbaren und Denkbaren vorgibt. Vom Diskurs aus lenkt Foucault den Forschungsfokus über die Machtwirkungen eines solchen Diskurses dann schließlich auf das den diskursiven Machtwirkungen unterworfene Subjekt.

Er formuliert für sich den Anspruch an die Gegenwartsgesellschaft und analog den gegenwärtigen Menschen, immer nach den Voraussetzungen und Bedingungen des Denkens und Handelns zu fragen. Foucault würde sich einem an dieser Stelle wahllos herausgegriffenen Thema wie zum Beispiel *Depressionen* folgendermaßen annähern: Wenn es wahr ist, dass Antriebslosigkeit in Form von Depressionen eine psychische Erkrankung ist, was ist die Voraussetzung dafür? Was sind die Bedingungen dafür, dass diese Aussagen einen Wahrheitsgehalt erhalten, dass Depressionen eine Krankheit sind bzw. dass dies zu anderen Zeiten oder Orten unwahr ist. Wenn man stets nach Bedingungen des Wissens als Grundlage von Handlungen fragt, kommt man schnell darauf, dass das, was wahr ist, variabel ist.

»Die Wahrheit gilt nicht mehr absolut, denn sie hat ihre Bedingungen« (Konersmann 2003: 64, in Foucault 2014).

Wie kommt man nun an die Bedingungen der Wahrheit heran? Die Bedingungen des Wahren in Diskursen zu finden, ist zentraler Gegenstand der Arbeiten von Foucault, die Sie nun näher kennenlernen. Foucault macht es sich und uns dabei absolut nicht einfach und entwickelt dafür ein hoch komplexes Gedankengebäude, das wir uns im Folgenden aufschlüsseln und in den Grundzügen aneignen werden.

Der Diskurs

In den Mittelpunkt seines Gedankengebäudes und als analytische Einheit, aus der heraus er Gesellschaft denkt, positioniert Foucault also den Diskurs. In der französischen Soziologie (French Theory) findet sich ein schönes Bild, was hilft, sich das, was Diskurs ist, besser vorstellen zu können. Französische Theoretiker_innen sagen, Diskurs ist da, wo Sprache und Denken aufeinandertreffen, das Konzept des Diskurses umschreibt damit den Ort, wo Denken und Sprechen zusammentreffen (vgl. Ruoff 2009: 91). Der Diskurs bildet in dem Gewimmel von Sprache die Voraussetzungen für bedeutungsvolles Sprechen und liefert damit auch gleichzeitig die Bedingungen des Denkens (Ruoff 2009: 194). Um diesen Ort, wo Denken und Sprechen ineinander übergehen, zieht Foucault im Laufe seines Lebens einem Greifvogel gleich seine Kreise und weitet seine Überlegungen vom Diskurs auf vielfältige gesellschaftliche Themen wie die Psychiatrie, den Strafvollzug oder die Sexualität bis hin zu einer Machttheorie ohne ausübendes Subjekt aus. Gelten Diskurse heute in sozialwissenschaftlichen Kontexten im Allgemeinen ganz im Sinne der Wissenssoziologie als Versuche, »Bedeutungszuschreibungen und Sinnordnungen zumindest auf Zeit zu stabilisieren und dadurch kollektiv verbindliche Wissensordnungen in einem sozialen Ensemble zu institutionalisieren« (Keller 2004: 7), spricht Foucault zwar u. a. von einer Menge sprachlicher Performanzen[4], rechnet aber darüber hinaus die Gesamtheit dessen, was überhaupt an Zeichenmengen jenseits von individuellen Sprechakten aufgetreten ist, zum Diskurs hinzu und lehnt das autonome, intentional handelnde Subjekt ab. Deshalb ist hier der später von Judith Butler und der Genderforschung aufgegriffene und weiterentwickelte Begriff der Performativität gegenüber dem der Performanz zu bevorzugen. Während Akte der Performanz, die ihre eigene Produktivität dadurch verschleiern, dass sie scheinbar nur das ausdrücken, was sowieso von sich aus gilt, weil es als natürliche, essenzielle Tatsache erscheint, betont vor allem Butler, dass diese performativen Akte erst hervorbringen, was als natürlich gegeben erscheint.

> »Wenn die Macht des Diskurses, das hervorzubringen, was er benennt, mit der Frage nach der Performativität verknüpft ist, dann ist die performative Äußerung ein Bereich, in dem die Macht als Diskurs agiert.« (Butler 1997: 309)

Der Diskurs ist also immer das, was an performativen Aussagen gerade auftritt und was bis dahin produziert worden ist.

Diskurse präsentieren sich bei Foucault, so wie bei Durkheim, als soziale Tatbestände an sich, als Tatbestände überindividuellen Daseins, als Regelhaftigkeiten, die innerhalb von Wissensräumen bestimmte Ordnungen errichten, sodass soziale Wirklichkeit nicht über die inhaltliche Dimension des Gesprochenen, sondern über die Systematik der diskursiven Aussagen konstituiert wird. Dies ist wichtig, sich immer wieder in Erinnerung zu rufen, da man in diskursanalytischer Arbeit stets dazu neigt, zu sehr auf den Inhalt des Gesagten oder Geschriebenen zu achten und darüber die Systematik der Produktion der Aussagen aus den Augen zu verlieren.

---

4   Performanz soll hier am ehesten in der Wortbedeutung von das Aufgetretene, das Vollzogene benutzt werden und sich nicht nur auf sprachliche Äußerungen beschränken, sondern vollzogene Aussagen, die sich physisch-materiell in der Praxis finden, umfassen. Bei Performanz hilft es, sich die englische Wortbedeutung vor Augen zu führen und an performance im Sinne von Darbietung und Aufführung zu denken, als das, was sich darbietet. Hier ist aber wieder Vorsicht geboten, weil es in der poststrukturellen Perspektive der Diskurstheorie nicht darum geht, was ein intentional handelndes Individuum aufführt, wenn es spricht. Deshalb werde ich im Folgenden besser von der Performativität einer Aussage sprechen, da dieser Begriff impliziert, dass stets mitgedacht wird, dass die Aussage, das Äußerungssubjekt und die Handlung, die sie bezeichnet, in und durch diesen Äußerungsakt erst hervorgebracht wird (vgl. weiterführend Posselt 2005).

> Sie können sich also merken, dass Diskurse bei Foucault eine bestimmte Menge von Aussagen sind, die in einer Beziehung miteinander stehen und durch Regeln systematisch den Diskurs durch ihre Formation bilden.

Diese Systematiken des Diskurses nennt Foucault soziale Wissensordnungen, die diskursiv in der sozialen Praxis hergestellt werden. Dabei wird zwischen Spezialdiskursen und dem Interdiskurs unterschieden. Grundlegend stellt er den von ihm untersuchten wissenschaftlichen, medizinischen oder kirchlichen Diskursen immer einen umfassenden Interdiskurs gegenüber, zu dem er alle nicht-wissenschaftlichen bzw. alle Nicht-Spezialdiskurse hinzuzählt (vgl. zur Unterscheidung weiterführend Parr/Thiele 2010).

Jetzt fragt man sich, was haben denn nun diese Formationen von Aussagen in Form von Diskursen mit uns zu tun, mit unserem Alltag und Zusammenleben? Hierzu muss man wissen, dass Foucault mit Aussagen nicht nur das Gesagte, im Sinne ihres logischen Sinngehalt meint, sondern sich Aussagen als physische Materialitäten vorstellt. Die Aussagen in Formation haben nicht nur einen physisch materiellen Effekt auf die Praxis, sie sind physisches Material. Innerhalb einer Gesellschaft kommt den Diskursen deshalb die Rolle zu, aktiv die Produktion von Problematisierungen zu leisten, die dann später Gegenstand von Debatten und Diskussionen werden. In einem sehr bekannten Zitat sagt Foucault deshalb, dass die Diskurse überhaupt erst die Gegenstände bilden, worüber sie sprechen. Das über die diskursive Praxis hergestellte Netz von Beziehungen zwischen den Aussagen bietet dem Diskurs erst

> »die Gegenstände, über die er reden kann. Oder vielmehr (…) sie bestimmen das Bündel von Beziehungen, die der Diskurs bewirken muss, um von diesen und jenen Gegenständen reden, sie behandeln, sie benennen, sie analysieren, sie klassifizieren zu können« (Foucault 2008: 521).

Der Diskurs schafft also erst einmal die Bedingungen für die Möglichkeit, etwas zum Gegenstand zu machen und zu problematisieren. Sprache und Denken fallen zusammen. Die Systematik der Formationsregeln schafft die Bedingungen dessen, was mit Gehalt gesprochen werden kann und das wiederum eröffnet bzw. begrenzt die Bedingungen des Denkens.

Nun aber ein Beispiel: die Ökobewegung der 80er-Jahre. Im Falle der Ökologiebewegung lässt sich die Konsequenz aus dem gerade entwickelten diskursanalytischen Denken sehr grob aber folgendermaßen fassen: Wenn auch die Umweltbelastungen, die mit der Industrialisierung auftraten, schon vor den

1980er-Jahren faktisch gegeben waren, konnte sich zwar eine kleine Otto-normal-Bürger_in hinstellen und sagen »wir produzieren zu viel CO_2«. Dies wurde jedoch nicht als legitimes Wissen – als *wahr* wahrgenommen, weil noch keine Diskursposition eröffnet wurde, aus der heraus solch ein Statement legitim hätte sein können. Erst mit der Formierung des Ökologiediskurses, durch die Formation unterschiedlicher Spezialdiskurse, wurde es möglich, so etwas Abstraktes wie *die Umwelt* zum Thema zu machen und deren Verschmutzung zu problematisieren. Und dieser Umstand des Unsagbaren der Umweltverschmutzung galt nicht nur für die Otto-normal-Bürger_innen. Foucault sieht die Wissenschaften, ebenso wie das soziale Leben an sich, durch Diskurse konstituiert. Wir können uns also nicht bequem zurücklehnen und sagen, wir sind raus, weil wir ja Wissenschaft betreiben und das, was wir tagtäglich tun, etwas außerhalb der Diskurse ist. Gerade für die Wissenschaften weist Foucault nach, dass diese diskursiv hervorgebracht sind und von dem Archiv und dem Vollzug von Aussageformationen generiert wurden und werden. Diskurse wirken über die Anbindung an Institutionen auf individueller und kollektiver Ebene wahrnehmungs- und handlungsleitend. So ist auch das Subjekt für Foucault nichts anderes als eine Oberflächenerscheinung der Regelhaftigkeit formaler Eigenschaften von Diskursen.

Der Diskurs bestimmt also das, was Wahrheitsgehalt hat, was gesagt werden kann und was nicht und was problematisch ist und was nicht, was normal ist und was nicht, was gut ist und was nicht, was kriminell ist und was nicht, was heilig ist und was nicht, was wissenschaftlich ist und was nicht – dies alles wird von Diskursereignissen und den Mechanismen und Elementen des Diskurses hervorgebracht, die Sie im nun Folgenden genauer kennenlernen werden. Was wir wissen können und was nicht, regelt der Diskurs und danach richten sich auch unsere Interaktionen.

Ein weiteres Beispiel zur Verdeutlichung: Der Diskursgegenstand *Armut* ist im Foucault'schen Begriffshorizont demnach nichts anderes als eine spezifische Problematisierung eines Zustandes, eine »Antwort auf eine konkrete Situation« (Foucault 1996: 179). Als Analyse dieses Gegenstandes Armut, dieser Problematisierung ungleich verteilter Chancen und Güter, bezeichnet Foucault analog dann auch konsequent »das Erzählen der Geschichte der jeweiligen Antwort« (Foucault 1996: 180, vgl. weiterführend Schäfer 2013).

Nun haben wir ein vages Bild davon, was Diskurse sein können. Wenn wir uns nun differenzierter damit befassen, was Diskurse bei Foucault genau sind, werden Sie merken, dass Foucaults Arbeitsweise unser Anliegen, eine genaue Definition zu finden, bewusst zu verhindern wusste: Er sagt in einem Interview, dass er

»(…) statt allmählich die so verschwimmende Bedeutung des Wortes ›Diskurs‹ verengt zu haben, seine Bedeutung vervielfacht habe: einmal allgemeines Gebiet aller Aussagen, dann individualisierbare Gruppe von Aussagen, schließlich regulierende Praxis, die von einer bestimmten Zahl von Aussagen berichtet […]« (Foucault 2005 (org.1981): 116).

Es gibt – leider oder zum Glück – also nicht die eine Definition von Diskurs nach Foucault. Sie werden verschieden gefärbten Bedeutungen und Verständnissen von Diskurs bei Foucault begegnen. Machen Sie sich dies zum Vorteil. Achten Sie, gerade weil es keine singuläre Definition gibt, immer wieder aufs Neue darauf, was Sie genau mit ihrer Fragestellung herausfinden wollen, und welche Instrumente Ihnen Foucault hierzu in Ihren Werkzeugkoffer gelegt hat. Jede seiner Umschreibungen eignet sich für unterschiedliche Fragestellungen: Diskurse, als das, was alle Aussagen umfasst; oder an anderer Stelle seines Werkes: Diskurse als spezifisch strukturierte Gruppen von Aussagen; Diskurse als konkrete Spezialdiskurse oder schließlich Diskurse als eine bestimmte Anzahl von Aussagen regulierende diskursive Praxis.

Auch wenn ich mit der folgenden Übersicht schon einiges vorwegnehmen muss, auf das wir erst im weiteren Verlauf in der Auseinandersetzung mit der Foucault'schen Diskurstheorie treffen werden, möchte ich Ihnen die Wandlung bzw. Vielfalt, die der Foucault'sche Diskursbegriff im Werkverlauf Foucaults durchläuft, nicht vorenthalten. Sie können also beruhigt von ihrem Vorhaben ablassen, durch die Lektüre des Lehrbuchs eine einzige gültige Definition von Diskurs zu suchen, geschweige denn zu finden: Ruoff überschreibt seine gelungene Übersicht der Diskursbegriffe Foucaults mit »Die Außenverhältnisse des Diskurses im Überblick« und bezieht sich auf 7 Stellschrauben, an denen sich der Diskursbegriff von Foucault im Laufe der jeweiligen Bücher, die er schrieb, verändert hat:

> Im Rahmen von Wahnsinn und Gesellschaft von 1961:
>
> »Der Diskurs steht in einem direkten Außenverhältnis mit nicht diskursiven Bedingungen« (Ruoff 2009: 96).
>
> Im Rahmen der Geburt der Klinik von 1963:
>
> »Der Diskurs steht in einem direkten Ausdrucksverhältnis mit nichtdiskursiven Bedingungen, wobei die visuelle Seite hinzukommt und der ärztliche Blick das Verhältnis von Sichtbarem und Sagbarem thematisiert.« (ebd.)

> Im Rahmen der Ordnung der Dinge von 1966:
>
> »Der Diskurs erreicht den Zenit seiner Eigenständigkeit. Die nichtdiskursiven Praktiken treten zurück.« (ebd.)
>
> Im Rahmen der Archäologie des Wissens von 1969:
>
> »Der Höhepunkt der Diskurstheorie ist erreicht. Die nichtdiskursiven Bestandteile bleiben, insofern sie Berücksichtigung finden, weitgehend vom Diskurs abhängig.« (ebd.)
>
> Im Rahmen der Ordnung des Diskurses von 1970:
>
> »Die (...) Macht gehört hier noch wesentlich zum Diskurs selbst, da sie nur in der Funktion seiner Einschränkung auftritt.« (ebd.)
>
> Im Rahmen von Die Macht der Psychiatrie von 1973/74:
>
> »Dem Diskurs tritt die Disziplinarmacht im (...) Dispositiv gegenüber.« (ebd.)
>
> Im Rahmen von Überwachen und Strafen von 1975:
>
> »Der Diskurs ordnet sich mit den nichtdiskursiven Praktiken in das (...) Dispositiv ein und die (...) Macht beginnt – stellenweise zögerlich – als produktive Größe zu erscheinen.« (ebd.)

Spätestens hier wird es dramatisch und Foucault stellt mit dem Diskursbegriff auf das umkämpfte Feld ab, das am Grunde der Gesellschaft tobt:

> »Jetzt spricht Foucault vom ›Diskurs als Schlacht‹ (Foucault 2003: 165). Jeder Diskurs sei als ein ›strategisches Feld‹ zu bestimmen, ›auf dem die Elemente, die Taktiken und die Waffen unaufhörlich von einem Lager ins andere wechseln, sich zwischen den Gegnern austauschen und sich gegen diejenigen selbst wenden, die sie verwenden‹ (ebd.: 164). Der Diskurs ist das Schlachtfeld einer Auseinandersetzung, so wie er deren Trophäe und deren Instrument ist.« (Marchart 2013: 242)

Aufgrund dieser Vielfalt und Heterogenität der Begriffe, die sich Foucault an unterschiedlichen Stationen seines Arbeitens von Diskurs macht, ist es zum Einstieg pragmatisch, den Diskurs mit Foucault sehr allgemein als eine Menge von Aussagen zu definieren, die an unterschiedlichen Stellen auftauchen, denen aber das gleiche strukturelle Regelsystem zugrunde liegt und diese Fassung erst einmal als Arbeitsdefinition zu nehmen, die wir immer weiter differenzieren werden.

Nehmen wir zur Veranschaulichung wieder das Beispiel Armut: Armut ist die diskursiv erzeugte Problematisierung eines Zustandes und gleichzeitig die Antwort auf diese Problematisierung. Es tauchen in unterschiedlichen Zusammenhängen immer wieder Aussagen auf, die die Problematisierung des Zustandes, dass Ressourcen ungleich verteilt sind, hervorbringen. Diese Aussagen sind nach einem gleichen Muster strukturiert und ihr Auftreten unterliegt dem gleichen Schema. Dieses Grundmuster an Regeln liegt beispielsweise allen juristischen Richtlinien der Grundsicherung und Verteilung zugrunde, dem Preissystem von Waren und auch allen wissenschaftlichen Klassifikationsprozessen oder RTL2-Fernsehsendungen, die Ungleichheit thematisieren, sodass im vorliegenden Fall von Regelmäßigkeiten in den ausgewählten Formaten aus Gerichtsakten, Manuskripten, Aufsätzen usw. auf Regelstrukturen der Wissensproduktion, die die Problematisierung von Armut als Ergebnis haben, geschlossen werden kann. Man darf jedoch nicht den Fehler begehen, unter Regelmäßigkeiten ein Auftauchen von Aussagen in regelmäßigen zeitlichen Abständen zu verstehen – wie man dies im Rahmen der herkömmlichen Verwendung dem allgemeinen Wortsinn nach vermuten würde. Die Foucault'sche Regelmäßigkeit zeigt ein Entstehen unter gleichen Bedingungen und beschreibt die Bildung von Gegenständen oder Begriffen auf der Grundlage gleicher Existenzbedingungen. In der empirischen Arbeit funktioniert der Schluss von Regelmäßigkeiten im untersuchten Textkorpus auf strukturelle Regelmäßigkeiten der Wissensproduktion deshalb, weil der Diskurs nicht nur das Wissen im Untersuchungszeitraum durch Formen des Ausschlusses und Beschränkungen des Zugangs organisiert, sondern auch die Bedingungen für die Produktion von Wissensformen stellt, und so auf deren Inhalte einwirkt. Die Regeln des Diskurses regeln also das, was gesagt wird; ob also etwas als Armut thematisiert wird oder nicht. Das Aussagenbündel *Armut* kommt nur unter bestimmten diskursiven Bedingungen zustande und hat andere Aussagen, die sie voraussetzen, die auch gelten müssen, damit eine Aussage in die Formation aufgenommen wird (vgl. Schäfer 2013).

»Tatsächlich umfasst Foucaults Begriff des Diskurses beides, also die Einschränkung und das Ereignis, die Grenze und deren Überschreitung, das Verbot und die Übertretung« (Dreyfus/Rabinow 1994: 83) und zielt, wie wir eingangs gelesen haben, auf den Ort des Zusammentreffens von Sprache und Denken ab. Das Verhältnis von Sprache und Denken haben vor Foucault schon Bachelard, Canguilhelm und andere untersucht und oft wird er in diese französische Tradition eingeordnet. Foucault knüpft mit seinem Diskursbegriff auf jeden Fall an beide an und denkt – anders als Derrida und Lacan – die analytische Einheit der Aussage als wesentliches Element des Diskurses mit einem physisch-materiellen Gehalt, auf den wir noch zurückkommen werden. Auch wenn diese Anschlüsse für das Gesamtbild, das Ihnen dieses Lehrbuch vermittelt, eher unerheblich sind, ist es nett sich zur Abwechslung ein Video anzusehen, indem Foucault Bachelards Arbeitsweise kritisch beurteilt:

Foucault über Bachelard:[5]

Um den Diskursbegriff weiter aufzufächern, müssen wir jetzt aber weitere Begriffsarbeit leisten und greifen auf eine treffende aber noch zu allgemeine Umschreibung des auf Foucault basierenden Diskursbegriffes zurück, die Sie schon kennengelernt haben: Siegfried Jäger beschreibt den Diskurs in seinen Arbeiten ja sehr schlicht als einen Fluss von Wissen durch die Zeit (Jäger 2012: 26). Die Regeln des Diskurses regeln, wo dieser Wissens-Fluss entlang fließt und in welche Richtung, welche Wissens-Auen er überflutet und integriert, welche Nebenarme des Wissens er bildet und welche Wissens-Flächen er austrocknen lässt und umfließt. Hiermit ist ein weiterer zentraler Begriff der Foucault'schen Diskurstheorie genannt, den wir uns nun näher ansehen: das Wissen.

Was ist Wissen?

Unter dem Begriff des Wissens summiert Foucault nicht nur dem heutigen Wortsinne nach so etwas wie Allgemeinbildung und allgemeine bis spezielle Kenntnisse, sondern alle Elemente, worüber in der untersuchten diskursiven Praxis aufgrund der konstituierenden Regelmäßigkeiten selbiger gesprochen werden kann. Wir erinnern uns, dass im Diskurs der Ort des Sprechens und der des Denkens zusammenkommen und so bestimmte Ordnungen von Wissen hervorbringen. Die Rahmenbedingungen für die Wissensproduktion werden in einer Art Politik der Wahrheit im Diskurs festgelegt. Wissenserwerb ist für Foucault deshalb der Versuch der Erzeugung von Wahrheitseffekten (vgl. Kajetzke 2008: 34). Wahrheit gibt es bei Foucault nicht in objektiver Form. Wahrheit ist das Ergebnis von Machteffekten, die einer Aussage in einem historischen Zeitpunkt gesellschaftliche Legitimation verleihen. Foucault erweitert im Verlauf seiner Forschungsaktivitäten

---

5   https://www.youtube.com/watch?v=am6TghIrYEc

den bis dahin unscharfen Begriff des Wissens und fasst Wissen als einen Komplex aus Aussagen, die zueinander in Beziehung stehen und mit Machtwirkungen verbunden sind. Wissen ermöglicht es demnach, in die existierenden diskursiven Beziehungen zwischen Aussagen bestimmte Regeln einzuweben, die sich auf die Individuen regulierend und ermöglichend auswirken. Denn der Diskurs eröffnet im Rahmen der Wissensordnung, die er generiert schließlich die Subjektpositionen, die Individuen einnehmen können oder nicht.

Jetzt ist die Frage: Wie kann ich die Wissensordnungen erkennen, die der Diskurs hervorbringt und die bestimmen, was gesagt und gedacht werden kann? Äußerungsformen von Wissen aus der historischen Distanz heraus zu orten, erweist sich dabei als komplizierter Vorgang. Wissen befindet sich in ständigem Wandel und somit stets in einem Prozess des Entstehens oder Verschwindens. Es verharrt nie lange in einem Stadium oder bringt eine endgültige Version hervor. Wissen befindet sich ständig im Begriff der Erneuerung.

Wie sieht es aus mit dem Allgemeinplatz: Wissen ist Macht – nichts wissen macht auch nichts? Wie Sie bereits bemerken, bricht Foucault gerade in Bezug auf das Verhältnis von Wissen und Macht mit herkömmlichen Auffassungen hierarchischer oder personengebundener Machtmodelle. Im Rahmen seiner Überlegung zur bis dahin universal geltenden Repressionshypothese, die Wissen und Macht in einen konträren Kontext stellt und alle Machtwirkungen als negative Repressionen gegenüber der von Machtverhältnissen befreienden Wahrheitsfindung mit Hilfe von Wissen darlegt, stellt er die Bedingungen vor, auf welchen dieser Zustand nicht reflektierter Popularität beruht. Wer die Wahrheit sagt, ist der Gute, das lernen schon die kleinsten Kinder. Foucault erklärt dies so: Wahrheiten Aussprechende erlangen immer ein positives Attribut. Geht man nämlich davon aus, dass Wissen als Mittel gegen Macht einsetzbar ist und Macht etwas Negatives, erscheint jeder Erkenntnisgewinn als Schritt gegen die Unterdrückung und gegen die herrschenden Machtverhältnisse. So haftet dem Sprechenden von Wahrheiten stets eine positive, idealisierende Aura an, da Erkenntnisgewinn im Sinne von Wahrheitsverbreitung mit einem aufrührerischen und befreienden Akt gegenüber den Mächtigen verbunden wird.

Diskurse, die im herkömmlichen Sinne Wahrheiten zur Beschränkung von Machtverhältnissen verbreiten, sind jedoch innerhalb von Foucaults Denkmodel selbst Mittel und Instrumente der Ausweitung der Macht. Er legt dies am Beispiel der Unterdrückung der Sexualität offen und beschreibt, wie durch das offizielle Tabuisieren der Sexualität der Diskurs – also das Sprechen über Sexualität – zwar nun im Verborgenen stattfindet, dafür in vor der Tabuisierung völlig untypischen Zusammenhängen auftaucht. Wurde über Sex vor dessen Verbannung ins Verborgene am ehesten zwischen denen, die ihn praktizierten gesprochen, breitete sich der Sexualitätsdiskurs gerade wegen dieses Verbots in kurzer Zeit in ehemals diskursexterne Felder wie Familie, Gesundheit, Medizin, Psychologie oder Schule und Erziehung aus.

Das erfrischend Neue an Foucaults Wissenskonzept ist also, dass widerständiges Wissen und Kritik im Foucault'schen Denkmodell nicht Hindernisse herrschender Machtverhältnisse sind, sondern durchaus als instrumentalisierte Mechanismen zur Verbreitung von Machtwirkungen gedacht werden. Durch Repressionen können Machtwirkungen deshalb nicht unterbunden oder eingeschränkt werden, sie werden vielmehr kanalisiert und unter Umständen ausgeweitet. Hierzu mehr, wenn wir uns mit dem Machtbegriff Foucaults befassen.

Zurück zur pragmatischen Frage, wie man denn nun dieses legitime Wissen herausarbeiten kann. In der Analyse des Wissens geht Foucault nach dem Prinzip der Umkehrung vor und analysiert Situationen, aufgrund derer verschiedene Aussagen gerade nicht innerhalb des Diskurses als Wissen auftauchen. Er legt seine Kritik dahin gehend an, durch das Aufzeigen von Ausschließungen und die Feinanalyse ihres Entstehens die Systeme, die den Diskurs umschließen, und die Kräfteverhältnisse, die dies ermöglichen, offen zu legen.

Wir nehmen wieder das Beispiel der Armut: Wissen als die konstruierte Gewissheit, dass Phänomene wirklich sind und bestimmte Eigenschaften besitzen, lässt Armut zu einem diskursiven Konstrukt werden, welches mit bestimmten Eigenschaften ausgestattet Wissens-Gewissheiten produziert. Wissensformen tauchen dann je nach Formation der diskursiven Aussagen in verschiedenen Substraten im Diskurs auf. Aufgrund der legitimen Wissensordnung ist zum Zeitpunkt der 1980er-Jahre die Aussage *Es gibt Armut in Deutschland* kein legitimes Wissen und schafft es im politischen Diskurs nicht ins Wahre, da die Regeln des Diskurses Aussagen, nach denen Armut existiert, mit dem Verweis auf eine andere, sehr mächtige Aussagenformation der sozialen Sicherungssysteme nicht zulassen, sondern ausschließen. In dieser Wissensordnung der 1980er-Jahre kommt also Armut nicht als legitimes Wissen vor (vgl. weiterführend Schäfer 2013).

Woraus besteht jetzt nun der für Foucault so zentrale Begriff des Diskurses, auf dem das gesamte Gedankengebäude fußt, wenn man den nun kennengelernten Begriff, den er sich von Wissen macht, mit einbezieht?

Wir stellen uns den Diskurs als etwas vor, das eine Mischung aus Spezial- und Allgemeinwissen mit einer Ordnung, die die Formationen der Aussage regelt, zu »wahrem«, legitimen Wissen macht und so regelt, was gesagt und gedacht werden kann und was nicht.

Um das Spezifische des Foucault'schen Diskursbegriffs zu erfassen, wird nun das Phänomen weiter in seine Bestandteile zerlegt.

Es fiel bereits des Öfteren eher nebenbei der Begriff der *Aussage,* dessen Bedeutung im Foucault'schen Verständnishorizont ebenfalls entschieden vom Alltagsgebrauch abweicht. Foucault definiert einen isolierbaren und gegenüber anderen abgrenzbaren Diskurs in sehr allgemeiner Form als eine Menge von Zeichenfolgen, die Aussagen sind. Um also dem Diskursbegriff weiter auf die Spur zu kommen, gilt es herauszufinden, was das Besondere der Aussage in Abgrenzung zu einer *normalen Äußerung* ist und welche Merkmale und Kriterien zur Isolierung von Aussagen hilfreich sind.

Aussagen

Foucault nutzt häufig traditionell bereits bestehende Ausdrücke als Stellvertreter in einer neuen Bedeutung. Dies ist auch im Fall der Aussage zutreffend. Kennt man den Begriff im Allgemeinen als Bezeichnung für eine sprachliche Äußerung oder etwas, das man bei der Polizei zu Protokoll gibt, grenzt sich Foucault mit seinem Aussagenbegriff auch von bereits bestehenden Präzisierungen ab. Die Unvereinbarkeit der Foucault'schen Aussage mit der Alltagsbedeutung wird im folgenden Zitat aus einer Einführung von Fink-Eitel deutlich. Aussagen bezeichnen demnach

> »(...) die völlig individualisierte, kontingente, anonyme und ebenso knappe wie nackte Materialität des zu einer bestimmten Zeit und an einem bestimmten Ort wirklich Gesagten (...). In völliger Bedeutungslosigkeit und purer Äußerlichkeit findet sie der Archäologe chaotisch im Raum verstreut vor« (Fink-Eitel 2002: 58).

In der Archäologie des Wissens wagt sich Foucault an die Definition von Aussagen und gibt sympathischer Weise selbstkritisch zu, dass er bis dahin nur sehr unscharf von Diskursen als »Population von Aussagen« oder von einzelnen Aussagen gesprochen hat, um etwas gegenüber dem ganzen Diskurs abzugrenzen (Foucault 2008: 557). In der Publikation *Die Archäologie des Wissens* will er die Definition von Aussagen präzisieren. Dies tut er, indem er erst einmal einen Ausgangspunkt seiner Überlegungen zur Aussage setzt:

> »Beim ersten Blick erscheint die Aussage als ein letztes, unzerlegbares Element, das in sich isoliert werden kann und in ein Spiel von Beziehungen mit anderen ihm ähnlichen Elementen eintreten kann. Ein Punkt ohne Oberfläche, der aber in Verteilungsplänen und spezifischen Formen von Gruppierungen ausgemacht werden kann. Ein Korn, das an der Oberfläche eines Gewebes auftaucht, dessen konstitutives Element es ist. Ein Atom des Diskurses.« (Foucault 2008: 557)

Er schiebt jedoch gleich die Frage hinterher, die man sich auch selbst stellt: Woraus besteht denn diese Aussage dann? Sie ist die kleinste analytische Einheit und bildet in Formation einen Diskurs, aber was ist eine Aussage? Eine Aussage im Foucault'schen Sinne ist nicht das Gleiche wie ein Satz (grammatikalisch) oder ein Sprechakt (sprachanalytisch) und ist auch nicht mit einer Proposition, wie die Logiker_innen Ähnliches bezeichnen, vergleichbar. Beispielsweise geht nach Foucault eine Aussage nicht in der Definition von Sätzen auf. Wenn z. B. die untereinander aufgeschriebenen englischen Wortformen *am, are, is* in einem Vokabelheft sicherlich kein Satz sind, sind sie dennoch die Aussage der Personalflexionen des Indikativ Präsens des Verbs *to be* im Englischen. Foucault findet in klassifikatorischen Tabellen botanischer Arten, genealogischen Bäumen, Rechnungsbüchern, Schätzungen von Handelsbilanzen oder algebraischen Formeln weitere Beispiele für Aussagen ohne Sätze. Man kann also nicht einfach sagen, wir finden Aussagen nach bestimmten grammatikalischen Regeln, wie das bei Sätzen möglich ist.

Auch geht die Aussage nicht einfach in einem Sprechakt auf. Für bestimmte Sprechakte wie den Schwur, die Bitte, den Vertrag oder die Demonstration braucht man mehr als eine Aussage.

> »(...) man findet Aussagen ohne legitime propositionelle Struktur; man findet Aussagen dort, wo man keinen Satz erkennen kann; man findet mehr Aussagen, als man Sprechakte isolieren kann; als sei die Aussage feiner, weniger mit Determinationen beladen, weniger stark strukturiert, auch allgegenwärtiger als all diese Figuren; als seien ihre Merkmale an Zahl geringer und weniger schwierig zusammenzufassen, als weise sie aber gerade dadurch jede Möglichkeit der Beschreibung zurück.« (Foucault 2008: 562)

Foucault arbeitet seine Auffassung davon, was eine Aussage ist, am Beispiel einer Zeichenabfolge auf der Tastatur einer Schreibmaschine, im Unterschied zu derselben Zeichenabfolge, abgebildet in einer Betriebsanleitung für Schreibmaschinen, heraus. Er unterscheidet die bloßen Zeichenfolgen auf der Tastatur von der Aussage in der Betriebsanleitung:

> »Die Tastatur einer Schreibmaschine ist keine Aussage; aber die gleiche Serie von Buchstaben A, Z, E, R, T in einem Lehrbuch für das Schreibmaschineschreiben aufgezählt, ist die Aussage der alphabetischen Ordnung, die für die französischen Schreibmaschinen angewendet wird« (Foucault 1973: 125).

Die untere Grenze – oder wie Foucault sagt: die Schwelle der Aussage – sind die Zeichen. »Was will man sagen, wenn man sagt, dass es Zeichen gibt und es genügt, dass es Zeichen gibt, damit es eine Aussage gibt?« (Foucault 2008: 563). Am Ende des Kapitels zur Definition der Aussage wendet er ein, dass es noch nicht an der Zeit sei, auf die allgemeine Frage nach der Aussage zu antworten, grenzt das Problem allerdings schon einmal ein:

> »Die Aussage ist keine Einheit derselben Art wie der Satz, die Proposition oder der Sprechakt; sie gehorcht nicht den gleichen Kriterien; aber sie ist ebenfalls keine Einheit, wie ein materieller Gegenstand es sein könnte, der seine Grenzen und seine Unabhängigkeit besitzt. Sie ist in ihrer besonderen Seinsweise (…) unerlässlich dafür, dass man sagen kann, ob ein Satz, eine Proposition, ein Sprechakt vorliegt oder nicht;« (Foucault 2008: 564 f.)

Daraufhin schließt er noch weitere Möglichkeiten, was eine Aussage sein könnte aus und kommt zu dem wichtigen Punkt, dass eine Aussage keine Struktur ist, sondern:

> »sie ist eine Existenzfunktion, die den Zeichen eigen ist und von der ausgehend man dann durch die Analyse oder die Anschauung entscheiden kann, ob sie einen Sinn ergeben oder nicht, gemäß welcher Regel sie aufeinanderfolgen und nebeneinanderstehen, wovon sie ein Zeichen sind und welche Art von Akt sich durch ihre (mündliche oder schriftliche) Formulierung bewirkt findet.« (Foucault 2008: 565)

Wie ich bereits in der Einleitung sagte: einfach ist es also nicht. Aber Foucault beruhigt uns immerhin dahin gehend:

> »Man braucht also nicht zu staunen, dass man für die Aussage keine strukturellen Einheitskriterien gefunden hat. Das liegt daran, dass sie in sich selbst keine Einheit ist, sondern eine Funktion, die ein Gebiet von Strukturen und möglichen Einheiten durchkreuzt und sie mit konkreten Inhalten in der Zeit und im Raum erscheinen läßt.« (Foucault 2008: 565).

Das wahrscheinlich wichtigste identifizierende Merkmal von Aussagen benennt Foucault, indem er die Aussage als eine Funktion beschreibt. Eine Funktion ist im herkömmlichen Sinn gleichzusetzen mit einer Wirksamkeit im Rahmen eines Ganzen, im mathematischen Begriffshorizont eine gesetzmäßige, eindeutige Beziehung von Werten zueinander, was dem Foucault'schen Aussageverständnis nicht allzu fern liegt: Aussagen haben in ihrer Materialität einen funktionalen Wert im Diskurs. Sie sind damit sozusagen *wertvoll* und haben einen auffordernden Charakter, sich ihrer zu bemächtigen und das von der Aussage Überlieferte zu reproduzieren, Regelhaftigkeit zu verleihen und zu transformieren.

Aufgrund der Relationalität von Werten existiert die Aussagenfunktion demnach auch nur im Verhältnis zu anderen Aussagen, »es gibt keine Aussage, die keine anderen voraussetzt« (Foucault 1973b: 145). Die Aussage ist als Funktion den Zeichenfolgen innerlich und entscheidet vor dem Hintergrund des diskursiven Feldes in Relation zu anderen Aussagen über den Wahrheitsgehalt der Zeichenfolge, über die Bedingungen des Erscheinens der Zeichenfolge an der Diskursoberfläche und über die dadurch verursachten nachfolgenden Aussagen. Die Aussage verbindet eine Zeichenfolge also mit einem aussagespezifischen Referential und definiert somit den Ort, die Bedingung, das Feld des Auftretens, die Instanzen der Differenzierung und die Möglichkeiten der Zeichen. In dem von der Aussagefunktion hergestellten referenziellen Feld herrschen also durch die Aussage bestimmte Spielregeln der Wahrheitsproduktion (vgl. Dreyfus/Rabinow 1994).

Dies heißt im Umkehrschluss, dass auch die Identität der Aussage von ihrem Gebrauch und dem jeweiligen Kontext abhängig ist. Dadurch, dass Aussagen ein bestimmtes diskursives Feld durchkreuzen, verschiedene Zeichenfolgen in Relation zueinander setzen und somit die Bedingungen für Wahrheitsgehalte definieren, tauchen auch nur begrenzte andere Aussagen bestimmten Inhalts im Diskursfeld auf. Die Funktion der Aussage macht neben der Festlegung des Orts, der Bedingungen, dem Feld des Auftretens, den Instanzen der Differenzierung und den Möglichkeiten der Zeichen vor allem eines: Sie setzt die Zeichenfolgen, die im Rahmen einer Aussage auftauchen, immer in Bezug zu einer bestimmten Subjektfunktion, die die Diskursteilnehmenden besetzen können, gegenüber der sie sich abgrenzen oder zu der sie sich in Beziehung setzen können.

Bsp.: Die Zeichenfolge A C A B ist im Interdiskurs keine Aussage, die in Formationen in den Diskurs integriert wird. In Spezialdiskursen populärer Musik dagegen, wo die Zeichenfolge in Formation mit anderen Aussagen die Ablehnung von Staatsmacht und die Befürwortung von Anarchie ergibt, ist ACAB eine Aussage, die mit anderen einen universal negativen Charakter von Polizistinnen und Polizisten als Wahrheit hervorbringt. Hat ACAB als Zeichenfolge im Diskurs der Betriebswirtschaftslehre keinen Effekt auf das und keine Funktion für das, was wahr ist und ist aufgrund der Formierung mit anderen Aussagen nicht sagbar, ist das im Diskurs der Populärkultur von Punks und Antifaschist_innen anders. Hier wird die Zeichenfolge ACAB zur Aussage, die in Formation mit anderen einen Baustein des Punkdiskurses hervorbringt und Sagbares ein- bzw. Unsagbares ausschließt. Fragt man sich hier beispielsweise einmal nach dem Effekt von Aussagen im Diskurs auf die Praxis, kann man sagen, dass die Aussagefunktion dieser Zeichenfolge dafür mitverantwortlich ist, dass Eheschließungen zwischen Punks und Polizisten und Polizistinnen die Ausnahme bleiben und ihre Existenz als problematisch thematisiert würde und wäre.

Wenn wir also in Diskursanalysen das Auftauchen von Aussagen beschreiben, müssen wir genau solche Funktionen beschreiben: die Auswirkung der Aussage, die Bedingungen der Aussage, die zusammen das Feld kontrolliert, indem die Aussage auftaucht.

Eine Aussage zu isolieren und zu beschreiben, läuft deshalb laut Foucault »darauf [hinaus], die Bedingungen zu definieren, unter denen sich die Funktion [der Aussage, A. d. V.] ausgewirkt hat, die einer Serie von Zeichen (...) eine Existenz gegeben hat, und zwar eine spezifische Existenz« (Foucault 1973b: 158).

Findet man im Diskursgewimmel mehrere Aussagen mit der gleichen Funktion, die in der Formation ein Feld kontrollieren, dann sind wir einem Diskurs auf der Spur. Diese Aussagen bilden dann und auch nur dann einen Diskurs, wenn sie den gleichen Existenzmodalitäten entspringen und so eine diskursive Formation bilden (vgl. Foucault 1973: 156).

Jetzt können wir auch den Diskursbegriff weiter präzisieren: Ein Diskurs besteht also aus Aussagen, die auf bestimmte Art und Weise angeordnet sind und eine Funktion haben, die über ihre Auswirkungen und Bedingungen ein Gebiet kontrolliert (Foucault 1973). Ein identisches Formationssystem ist in diesem Fall das Gesetz der seriellen Abfolge von Aussagen bzw. das Prinzip der Verteilung und Ausbreitung – im Foucault'schen Vokabular – die Streuung der Aussagen.

In der diskurstheoretischen Arbeit muss man sich also immer wieder ins Gedächtnis rufen, dass Foucault die Aussage weder generell an grammatikalischen, noch an materiellen Merkmalen oder am bloßen Akt der Formulierung festmacht. Eine Aussage muss nicht zwingend eine Satzstruktur vorweisen können, um als solche zu gelten. Mathematische Gleichungen, Bilanzen, tabellarische Schätzungen, Grafiken, Stammbäume und Kurven können durchaus auch als Aussagen im Diskurs auftauchen. Ebenso kann ein und derselbe Satz an verschiedenen Stellen des Diskurses und damit unter verschiedenen Wahrheitsbedingungen eine unterschiedliche Aussage verkörpern. Und genau darin liegt ein gravierender Unterschied zur Äußerung. Aussagen unterscheiden sich darin von bloßen Äußerungen, dass sie unter keinen Umständen identisch wiederholbar sind.

»Eine Aussage existiert außerhalb jeder Möglichkeit wieder zu erscheinen; und das Verhältnis, das sie mit dem unterhält, was sie aussagt, ist nicht identisch mit einer Menge von Anwendungsregeln. Es handelt sich um ein einzigartiges Verhältnis: und wenn unter diesen Bedingungen eine identische Formulierung wieder auftaucht, sind es immer die selben Wörter, die benutzt werden, sind es substantiell dieselben Namen, ist es insgesamt der selbe Satz, aber es ist nicht zwangsläufig die selbe Aussage« (Foucault 1973b: 130).

Dennoch kann aber ein Text mit anderen Worten, vereinfachter Syntax oder übersetzt in verschiedene Sprachen den gleichen Informationsgehalt und dieselben Verwendungsmöglichkeiten haben und somit ein und dieselbe Aussage bilden (vgl. Foucault 1973b: 151).

»Eine Aussage kann nämlich auf ein Blatt Papier geschrieben oder in einem Buch veröffentlicht dieselbe sein; sie kann dieselbe sein, wenn sie mündlich ausgesprochen wird, auf einem Anschlag gedruckt oder durch ein Magnetophon reproduziert wird; wenn umgekehrt ein Romanautor einen beliebigen Satz im täglichen Leben ausspricht, ihn dann so in das von ihm redigierte Manuskript setzt und einer Person zuschreibt oder ihn durch die anonyme Stimme aussprechen lässt, die als die des Autors gilt, kann man nicht sagen, dass es sich in beiden Fällen um die selbe Aussage handelt« (Foucault 1973b: 150).

Gemäß der typischen Annäherung über die negative Abgrenzung ist die Aussage bei Foucault also »keine Einheit neben – über oder unter – den Sätzen oder den Proportionen; sie wird stets in Einheiten dieser Gattung eingehüllt oder sogar in Zeichenfolgen, die nicht ihren Gesetzen gehorchen« (Foucault 1973b: 161).

Merkmale, die auf eine Aussagenfunktion schließen lassen, sind z. B. die Existenz eines assoziierten Gebietes, die Regelung der Existenzbedingungen, das Herstellen einer Beziehung zu bestimmten Subjektpositionen und eine gewisse Materialität. Unter Letzterer muss man sich weniger den eingenommenen Raum der Aussage als die Statuierung zu einer Sache oder einem Objekt vorstellen.

Die zentrale Bedeutung der Aussagen innerhalb des Foucault'schen Diskursmodells ergibt sich nicht nur aus der Tatsache, dass er den für sein Denken zentralen Diskurs als einen Strom von Aussagen, als ein Aussagensystem ansieht, sondern, dass in seinem Verständnis die Aussagen diejenigen Bausteine sind, über die die alles entscheidenden Regeln der diskursiven Praxis rekonstruiert werden. Durch die Aussagen wird die Wahrnehmung der Akteurinnen im diskursiven Feld vorreflexiv geprägt. Die Diskursanalysen, die wir im hinteren Teil des Lehrbuchs noch kennenlernen werden, verfolgen also das Ziel, die Aussagensysteme und deren eigene Wirkmächtigkeit in Bezug auf die Existenzweise geäußerter Zeichen zu untersuchen.

Wann gehören Aussagen nun zu ein und derselben Formation und bilden einen Diskurs, im Speziellen z. B. den Punkdiskurs, den Armutsdiskurs oder den Flüchtlingsdiskurs?

Der Diskurs unterscheidet sich von der Gesamtheit des gesprochenen Wortes dadurch, dass er sich auf das System der Formation von Aussagen beschränkt, was häufig nicht berücksichtigt wird. Der Punkdiskurs ist nicht gleich allem, was von Punks und über Punks gesagt wurde, sondern alle Aussagen, die nach dem gleichen System von den gleichen Aussagefunktionen gebildet wurden, die in den gleichen Beziehungen zu anderen Aussagen und deren Formationen stehen.

Verdeutlichen wir dies an einem anderen Beispiel, das Silke van Dyk bemüht und beforscht: dem Altersdiskurs, der seit der Milleniumswende Demograf_innen, Stadtplaner_innen und Politiker_innen in Atem hält. Ob in der Apothekenumschau, in Bundestagsdebatten, in der Stadtverwaltung oder im Fitness- und Gesundheitssektor, Mode, Urlaub, Medien usw. Das Alter hat sich im Verlauf des Diskurses zum Gegenstand und somit zum Fakt hervorgearbeitet. Um ein Beispiel zu machen: Menschen weisen, auch ohne diesen Diskurs, Symptome von Demenz auf, ohne dass es jemand sagen muss oder es einen Text dazu gibt oder eine Aussage existiert. Aber das Konglomerat aus den Symptomen und den damit verbundenen Wahrnehmungen wird von einer bestimmten Aussage erst zur Demenz umfunktioniert und die Krankheit als solche wird von einem legitimen Sprechenden einer bestimmten Diskursposition als solche bezeichnet und diagnostiziert (Van Dyk 2013: 49). Demenz gibt es nur, weil es und wenn es einen Demenz- bzw. Altersdiskurs gibt.

Atmen Sie kurz durch – und ziehen eine kurze Zwischenbilanz:

Sie wissen, was ein Diskurs ist: ein Fluss von sozialen Wissensvorräten durch die Zeit;

Sie wissen, was Wissen ist: von Aussagenformationen ins Wahre beförderte Teilbereiche des Wissensvorrats;

Sie wissen, was Aussagen sind: Zeichenabfolgen, die in Formationen eine Funktion haben und die gleichen Auswirkungen, sowie die gleichen Bedingungen haben und dadurch das Gedachte und Gesagte kontrollieren.

Stellt sich im nächsten Schritt die Frage, was man sich unter einer Formation vorzustellen hat. Was man da also genau analysiert, wenn man Diskurse analysiert.

Diskursive Formationen – die zentralen Gegenstände der Diskursanalyse

Formationsregeln für Aussagen sind genau diejenigen Prinzipien, nach denen die Vervielfältigung oder Seltenheit und Streuung von Begriffen, Objekten etc. im Diskurs stattfinden. Im Kern diskursiver Formationen stehen Begriffe, Objekte, die Art und Weise der Äußerung und mögliche strategische Wahlentscheidungen.

> »In dem Fall, wo man in einer bestimmten Zahl von Aussagen ein ähnliches System der Streuung beschreiben könnte, in dem Fall, in dem man bei den Objekten, den Typen der Äußerungen, den Begriffen, den thematischen Entscheidungen eine Regelmäßigkeit (...) definieren könnte, wird man übereinstimmend sagen, daß man es mit einer diskursiven Formation zu tun hat« (Foucault 2008: 512)

Foucault betont die Rolle folgender Elemente im Diskurs für die Definition einer diskursiven Formation: »Man wird Formationsregeln die Bedingungen nennen, denen die Elemente dieser Verteilung unterworfen sind (Gegenstände, Äußerungsmodalitäten, Begriffe, thematische Wahl). Die Formationsregeln sind Existenzbedingungen (aber Bedingungen der Koexistenz, der Aufrechterhaltung, der Modifizierung und des Verschwindens) in einer gegebenen diskursiven Verteilung« (Foucault 1973b: 58).

Diskursive Formationen von Aussagen – die zentralen Gegenstände der Diskursanalyse – bilden sich auf der Ebene der Aussagen als ein System von Beziehungen zwischen sprachlichen Performativitäten. Dieses System der Beziehungen verbindet verschiedene koexistente Aussagenfelder, wodurch die diskursive Formation modifiziert, aufrechterhalten oder vernachlässigt wird. Aussagen werden aufgrund ähnlicher oder kontrastierender Merkmale in Bezug auf die an den Tag gelegte Beharrlichkeit einer Aussage, der Frequenz ihrer Anhäufung im Diskurs und den ihr zugrunde liegenden bzw. vorausgehenden Aussagen isoliert. Es geht um Regeln, die die Beziehungen zwischen Aussagen desselben Artikulationsgrundmusters oder Beziehungen zu Aussagen verschiedener Grundmuster herstellen.

Hierbei liegt das Interesse besonders auf Transformationen und Verschiebungen im Rahmen dieser Beziehungsnetze, da Regelmäßigkeiten nicht als stets wiederkehrend oder anhaltend aufgefasst werden, sondern von einem Rückbezug der Praxis mitbestimmt und dynamisch sind. Diskursive Formationen bestimmen als Bündel aus Beziehungen, die als Regeln gehandhabt werden, demnach,

»(...) was in einer diskursiven Praxis in Beziehung gesetzt werden musste, damit diese [diskursive Praxis] sich auf dieses oder jenes Objekt bezieht, damit sie diese oder jene Äußerung zum Zuge bringt, damit sie diesen oder jenen Begriff benutzt, damit sie diese oder jene Strategie organisiert« (Foucault 1973b: 108).

Um die diskursiven Formationen freizulegen, müssen in einem ersten Schritt die Aussagen isoliert und identifiziert werden, die sich in ihrer Aussagefunktion auf die vier Bereiche der Formation auswirken:

1) Zum einen auf die Formation der *Objekte*,
2) weiterhin auf die Formation der *Begriffe*,
3) zum anderen auf die Formation der *strategischen Wahlen* und
4) letztendlich auf die *Äußerungsmodalitäten*.

In Bezug auf die *Diskursobjekte* verhält es sich so, dass diese von den Diskursformationen produziert werden. Die mit den Regeln der diskursiven Praxis formierten Aussagen bestimmen die Möglichkeitsbedingungen von Objekten, ob und wie sie überhaupt im Diskurs auftauchen, indem sie die Beziehungen zwischen den Aussagen systematisch ordnen und das spezifische Objekt zu einem Element der Diskursivierung qualifizieren.

Das über die diskursive Praxis hergestellte Netz von Beziehungen zwischen den Aussagen bietet dem Diskurs

»(...) die Gegenstände, über die er reden kann. Oder vielmehr (...) sie bestimmen das Bündel von Beziehungen, die der Diskurs bewirken muss, um von diesen und jenen Gegenständen reden, sie behandeln, sie benennen, sie analysieren, sie klassifizieren zu können« (Foucault 2008: 521).

Die aussagenimmanenten *Begrifflichkeiten* verbinden mithilfe ihrer Formation Text und Äußerungen und stellen sie in einen Zusammenhang. Die im Aussagesystem verstreuten Begriffe unterliegen Umwälzungen und Transformationen, sie überlagern sich, schließen sich gegenseitig ein oder aus und werden z. T. von anderen ersetzt, denn sie unterliegen ebenfalls in ihrer Streuung den Regeln des anonymen Wahrheitsspiels der diskursiven Praxis, die Formationen einleitet und Aussagen anordnet.

Weiterhin wirkt die Funktion der Aussage auf deren *Äußerungsmodalitäten*. Hierdurch werden potenzielle Subjektkonstitutionen und deren Positionen festgelegt, die die Individuen im Diskurs einnehmen können und müssen, um sich Gehör innerhalb des Diskurses zu verschaffen. Die diskursive Praxis bestimmt die Regeln der Formation, die wiederum die Formierung der Aussagesysteme bestimmt. Die Aussagefunktionen wirken abermals auf die Formierung der Begriffe und Objekte, was wiederholt Auswirkungen auf die diskursive Praxis hat.

Die Aussagefunktionen entfalten auch im Bereich der *Formation der Strategien* eine Wirkung. Sie stellen Beziehungen her und ermöglichen dadurch Themen und Bezüge zu anderen Diskursen, schränken diese ein oder machen sie unmöglich. Dreyfus/Rabinow sprechen in Bezug auf die *strategische Wahl*, auf die die Funktion der Aussage einwirkt, von so etwas wie einem *Manövrierraum* (Dreyfus/Rabinow 1994). Die Diskursformation eröffnet also verschiedene Praxisräume, die Foucault die Felder möglicher Optionen nennt (Foucault 1973b). Im Rahmen der spezifischen strategischen Wahlen werden daraufhin bestimmte Optionen genutzt oder nicht genutzt. Über dieses Instrumentarium ist es dem Diskurs möglich, bereits existierende Themen wiederzubeleben, andere Themen an der Diskursoberfläche zu stabilisieren, auszugrenzen oder zu integrieren.

Nun sind wir wieder ein Stück weiter bei der Frage danach, was denn nun genau ein Diskurs ist:

» Schließlich kann jetzt präzisiert werden, was man diskursive Praxis nennt. (…). Sie ist eine Gesamtheit von anonymen, historischen, stets im Raum und in der Zeit determinierten Regeln, die in einer gegebenen Epoche und für eine gegebene soziale, ökonomische, geografische oder sprachliche Umgebung die Wirkungsbedingungen der Aussagefunktion definiert haben« (Foucault 1973b: 171).

Verdeutlichen wir es wieder an einem unserer Beispiele: Der Armutsdiskurs ist demnach nicht etwa eine Wissenschaft oder kann einer wissenschaftlichen Disziplin zugerechnet werden, die ihn widerspiegelt oder von ihm widergespiegelt wird. Der Armutsdiskurs ist eine Einheit gleicher Formationsregeln, die über die Organisation von Begriffen und strategischen Verkettungen von Aussagen den Gegenstand Armut herstellt. Ob es eine Aussage ins Wahre des Diskurses schafft, regeln die diskursiven Formationen.

Wahrheit

Der Diskurs besteht also aus Aussagen, die es durch die diskursiven Formationen ins Licht der Wahrheit schaffen. Was genau meint Foucault, wenn er von Wahrheit spricht? Auch den Begriff der Wahrheit müssen Sie sich bei Foucault nämlich wieder in Anführungszeichen denken. »*Wahrheit*« ist natürlich nicht etwa einfach eine Abbildung der Realität oder das, was faktisch bewiesen ist. Wahrheit bei Foucault ist keine Qualität, die bestimmten Aussagen oder Dingen innewohnt und Wahrheit ist nichts Bewiesenes oder ewig Bestehendes. In Abgrenzung zu Habermas stellt sich Foucault bei seinen theoretischen Überlegungen und praktischen Handlungen nicht etwa einen idealen Diskurs und die Möglichkeit eines ausgeglichenen Kräfteverhältnisses vor, denn einen solchen schließt sein Diskurskonzept, dessen Motor gerade die Unausgeglichenheit der Kräfteverhältnisse ist, aus. Die im Diskurs wütenden ungleichen Kräfteverhältnisse sind vielmehr Motiv und Ursache des immerwährenden Wahrheitsspiels. Ähnlich bildlich fällt auch ein Kommentar Foucaults zu den Umständen aus, die zur erfolgreichen Wahrheitsbildung führen. In der Vorlesung zur *Ordnung des Diskurses,* mit der Sie sich in der Mitte des Lehrbuchs intensiver auseinandersetzen werden, spricht er ganz zu Anfang über die Chancen, als Autor einen Wahrheitsanspruch zu erlangen:

»Im Wahren ist man nur, wenn man den Regeln einer diskursiven ›Polizei‹ gehorcht, die man in jedem seiner Diskurse reaktivieren muß« (Foucault 2014: 25).

Diese diskursive Polizei umfasst mehrere Einheiten, welche ich Ihnen im Folgenden erläutern werde. Die Enttarnung dieser *Agents Provocateurs* der Polizeieinheiten ist Ziel jeder diskursanalytischen Forschung.

Im Foucault'schen Diskursmodell kann jede beliebige und noch so abwegig erscheinende Äußerung zu einer wahren Äußerung werden. Dies geschieht in verschiedenen Validierungsprozeduren, durch diskursive Expert_innen, wie z. B. Fachbereiche, Disziplinen, Prüfungskommissionen, Gutachtende usw. Man muss sich hier wieder darüber im Klaren sein, dass Foucault sich auch den gängigen Wahrheitsbegriff lediglich ausleiht, um ihn in seinem Diskursmodell zu transformieren:

»(...) daß ich unter Wahrheit nicht das Ensemble der wahren Dinge, die zu entdecken oder zu akzeptieren sind, verstehe, sondern das Ensemble der Regeln, nach denen das Wahre vom Falschen geschieden und das Wahre mit spezifischen Machtwirkungen ausgestattet wird« (Foucault 1978: 51, z. n. Dreyfus/Rabinow 1994: 146).

In Bezug auf Wahrheiten müssen sich diskursanalytisch Forschende also stets die Fragen stellen, wer von den Diskursteilnehmer_innen sich grundsätzlich in der Position befindet, wahr sprechen zu können und in welchem Feld das geschieht.

So verleiht beispielsweise ein Master-Abschluss im Fach Mathematik in der akademischen Praxis des Faches die Befähigung, im Lichte des mathematischen Wahrheitsfensters zu sprechen und gegenüber BA-Studierenden Wahrheiten festzulegen; sie verleiht aber längst nicht die Befugnis, etwa über soziale Verhältnisse in Großstädten anders als mathematisch zu sprechen, etwa über den sozial-strukturellen Habitus der Bewohnerinnen oder andere Objekte außerhalb des ihm zugeordneten Wahrheitsanspruches, was sich in nicht vorhandenem Gehör für einen Mathematiker im diskursiven Feld der Sozialwissenschaften und umgekehrt äußert.

Grundsätzlich ist es zwar unter gewissen Voraussetzungen beinahe jedem, der dazu physisch imstande ist, möglich, auf ein Podium zu steigen und in einem wohldefinierten Feld der Wissenschaft drauflos zu diskutieren. Der Grad der Wahrheit jedoch, die sich in Aufmerksamkeit gegenüber diesem Beitrag äußert und in der nach sich gezogenen Wirkung des Gesagten (Leibnitz-Preis – oder Psychiatrieaufenthalt) richtet sich nach der Subjektposition und der Befugnis derjenigen Person, die spricht. Diese Position wird u. a. über Bildungstitel und einen dem Feld angemessenen Sprachstil mit fachspezifischer Aussprache, Wort- und Methodenauswahl erlangt.

Wahrheit zeigt sich in der Diskurstheorie nicht als eine gegebene, ontologische Größe außerhalb des Diskurses, nach der dieser streben würde, sondern als »das Ensemble der Regeln, nach denen das Wahre vom Falschen geschieden und das Wahre mit spezifischen Machtwirkungen ausgestattet wird« (Foucault 1978: 53).

Die nähere Betrachtung der Kriterien des Wahrsprechens und die Folgen und Auswirkungen, die das Sprechen im Bereich des Geltungsanspruchs des Wahren gegenüber dem Nichtwahren hat, sind für angehende Diskursanalytikerinnen unerlässlich. Dabei ist es dann möglich, Beziehungen zu entdecken, die das Wahrsprechen in der betrachteten Situation und vor dem spezifischen Hintergrund mit Machtwirkungen verbindet:

> »Wer ist in der Lage, die Wahrheit zu sprechen, worüber, mit welchen Folgen, und mit welcher Beziehung zur Macht« (Foucault 1996: 177).

Dies sind die Fragen, die sich im Laufe von Diskursanalysen stellen. Jetzt wo wir wissen, dass Wahrheit im Foucault'schen Sinne nicht immer einfach das ist, was die Wissenschaft feststellt, sollten wir uns auch Foucaults Begriff und Vorstellung von Wissenschaft näher anschauen.

Die Wissenschaften

Trotz des radikalen Wahrheitskonzepts nimmt Foucault die Wissenschaften sehr ernst:

> »Die Wissenschaft (oder was sich als solche ausgibt) lokalisiert sich in einem Feld des Wissens und spielt darin eine Rolle« (Foucault 1973: 262).

In der Archäologie des Wissens unternimmt er den Versuch, die Wissenschaften in das große Feld des Wissens einzureihen und beschreibt die Position, die die Wissenschaft in der diskontinuierlichen und heterogenen Konstitution von Wissen einnimmt. Bereits im Vorfeld hatte er die *Episteme* für die Herausbildung von wissenschaftlichen Disziplinen verantwortlich gemacht:

> [Ich könnte] die Episteme […] als strategisches Dispositiv definieren, das es erlaubt, unter allen möglichen Aussagen diejenigen herauszufiltern, die innerhalb, ich sage nicht: einer wissenschaftlichen Theorie, aber eines Feldes von Wissenschaftlichkeit akzeptabel sein können und von denen man wird sagen können: diese hier ist wahr oder falsch. Die Episteme ist das Dispositiv, das es erlaubt, nicht schon das Wahre vom Falschen, sondern das wissenschaftlich Qualifizierbare vom Nicht-Qualifizierbaren zu scheiden. (Foucault 1978: 124)

In der Analyse der Human-Wissenschaften geht es Foucault um die Verteilung der vier Stufen: Positivität, Epistemologisierung, Wissenschaftlichkeit und Formalisierung. Zuerst muss nämlich laut Foucault ein isoliertes und bis zu einem gewissen Grad autonomes Formationssystem von Aussagen im Diskurs auftreten, um die erste Schwelle der Positivität auf dem Weg des Wissens zur Wissenschaft zu erklimmen. Daraufhin gibt eine Gruppierung von Aussagen innerhalb der diskursiven Formation spezielle Normen vor, die als Verhaltenskodex, Fachbegriffe oder Methodenbündel verifizieren und einen inneren Zusammenhalt vorgeben. So wird Wissen als Erkenntnis deklariert und passiert die nächste Schwelle der Epistemologisierung. Entsprechen dann die Aussagen bestimmten Konstruktionsgesetzen auf der Ebene der Propositionen (der durch einen Satz ausgedrückten Sachverhalte), spricht Foucault bereits von einer Wissenschaft und es kommt zu einer eigenständigen Entfaltung der Formalia.

Wie Sie bereits bemerken, ist dies eine kritische Perspektive auf Wissenschaft und holt diese von ihrem hohen Ross, ohne die enormen Machtwirkungen, die von ihr faktisch ausgehen, zu relativieren. Die Wissenschaftskritik Foucaults äußert sich vor allem in der These, dass nicht etwa geniale Geister und große Köpfe eine Wissenschaft begründen, sondern diskursive Praktiken einen Wissensraum eröffnen, der einer Gruppe von Aussagen die Rolle und das Statut von Wissenschaftlichkeit verleiht. Das Errichten einer Wissenschaft bleibt dabei nie ohne Folgen und auch die Rolle der jeweiligen Wissenschaft variiert von Diskursformation zu Diskursformation (vgl. Foucault 1973: 262).

Wann, in welcher Art und Weise und vor welchem historisch-sozialen Hintergrund in einem Wissensfeld der Anspruch von Wissenschaftlichkeit erhoben wird, ist nicht universal auf andere wissenschaftliche Bereiche übertragbar und muss also hinterfragt werden. Die Beziehungen zwischen dem Wissensfeld und der errichteten Wissenschaft bilden hierbei einen Spielraum, innerhalb dessen auch die Ideologie ihren festen Platz findet. Diese wird von ihm aber nicht einfach angeprangert und als unwissenschaftlich diffamiert:

> »(…), die in der Wissenschaft gestellte Frage nach der Ideologie ist nicht die Frage nach Situationen oder Praktiken, die sie auf mehr oder weniger bewusste Art und Weise reflektiert; ist auch nicht die Frage nach ihrer möglichen Anwendung oder dem Missbrauch, den man damit treiben kann; es ist die Frage ihrer Existenz als diskursive Praxis und ihres Funktionierens neben anderen Praktiken« (Foucault 1973: 264).

Für Foucault liegt mit Verweis auf den klinischen Diskurs oder den der politischen Ökonomie die Ideologie ganz klar nicht außerhalb der Wissenschaftlichkeit, was ihn aber auch nicht dazu bewegt, »die Gesamtheit wissenschaftlicher Aussagen dem Irrtum, dem Widerspruch und dem Fehlen von Objektivität zuzuschlagen« (Foucault 1973: 264). Ebenso weist er an gleicher Stelle darauf hin, dass auch eine Diskurskorrektur, eine Beseitigung ideologisierender Irrtümer nicht zu einer Auflösung der Beziehung zwischen Wissenschaft und Ideologie führe und eher das ideologische Funktionieren als diskursive Formation infrage gestellt werden müsse.

Vor allem wissenschaftsgeschichtliche Einheit verheißenden Begriffen gegenüber, die sich um das weitreichende Phänomen der Tradition gruppieren, bleibt Foucault skeptisch und sollte auch jeder diskursanalytisch Arbeitende skeptisch bleiben. Auch aktuell beginnt noch jede wissenschaftliche Abhandlung mit einer überblicksartigen Einordnung des Autors oder der Autorin in eine bestimmte Reihe einflussreicher Wissenschaftler und in eine oder mehrere Theorietraditionen. Wissenschaftler (meist keine Wissenschaftlerinnen) stehen hierbei in einer Linie mit Vorgängern, führen die Entwicklung bestimmter Forschungsrichtungen fort, forschen im Geiste eines ihrer Vorbilder, unter dem Einfluss eines Anderen oder in der Mentalität einer Schule. All diese kontinuierliche und stufenweise Entwicklung der Erkenntnisgenerierung ist mit Foucault aber nicht anders zu denken, als ein Mechanismus der Diskurskontrolle. Das Aufzeigen und Einreihen in Traditionen dient durch Begrifflichkeiten wie Einfluss, Entwicklung, Mentalität oder

Geist innerhalb eines Diskurses als magische Stütze der Übertragung und verbindet ursprünglich differente Einheiten zu Symbol- oder Sinngemeinschaften. Mit der Gruppierung einer eigentlich gestreuten Einheit durch den Verweis auf eine kontinuierliche Theorietradition entsteht ein Bezug zu diesem Einheit stiftenden Prinzip. Trotz neuartiger und sogar widersprüchlicher Erkenntnisse, deren Anerkennung auf der Grundlage des bereits vorliegenden Wissens und der Regeln des Wissenschaftsbereichs nicht möglich gewesen wäre, weil damit ein Bruch vollzogen und Herkömmliches infrage gestellt wäre, werden Kontinuitäten und Permanenz suggeriert, um die Diskursposition zu stabilisieren. Auch in der Soziologie werden durch Unterordnung unter verschiedene fachbezogene Dogmen und Doktrinen Diskurslegitimitäten hergestellt, Wissen integriert und das Diskursfeld ausgeweitet oder eingeschränkt. Spezifische Machtwirkungen fixieren und präparieren hierbei Wissensobjekte im Wahren (vgl. auch Gehring, z.n. Anhorn/Bettinger/Stehr 2007). Vor diesem Hintergrund verstehen Sie nun meine Zurückhaltung bei der Einordnung des Begriffes *Diskurs* zu Beginn des Lehrbuchs.

Der Zusammenhang zwischen Wissensgenerierung, Wahrheitsgeltung und Macht wird für Foucault vor allem in den empirischen Wissenschaften in der Art und Weise der Wahrheitsgewinnung – den Methoden – sichtbar. Häufig bestimmt die Art und Weise, wie das Wissen zustande gekommen ist, ob es in einer wissenschaftlichen Disziplin als wahres Wissen anerkannt wird.

Für das Phänomen von Widersprüchen im Diskurs und in Bezug auf den Umgang der Wissenschaften damit stellt Foucault ganz Ähnliches fest, wie für die Integration neuen Wissens in die theoretischen Fachtraditionen. Die traditionelle Ideengeschichte verfährt nämlich z.B. im Falle des Auftauchens eines Widerspruchs so, dass sie ein verborgenes Kohäsionsprinzip sucht und findet, das den gesamten Diskurs organisiert, die Abweichung negiert und dem Diskurs seine Einheit wiedergibt, um die Illusion einer kontinuierlichen Entwicklung und Ursprungsverbundenheit des aktuell gültigen Wissens aufrechtzuerhalten. Foucault geht sogar so weit, dieses Vorgehen als heuristische Regel, als Verpflichtung im Vorgehen und moralischen Zwang der Forschung einzuordnen. Diese Regel kommt immer dann unabdingbar zum Einsatz, wenn die Gefahr besteht, durch ein Anerkennen neuer Erkenntnisse geistigen Vater- oder Muttermord begehen zu müssen und so die legitimierende Obhut eines/einer wissenschaftlichen Förderers/Förderin und die damit verbundene Diskursposition zu verlieren. Es erweist sich in diesen Fällen als hilfreich

> »(...) die Widersprüche zu vermehren; sich nicht bei den kleinen Unterschieden aufzuhalten; den Veränderungen, dem Bedauern, den Rückwendungen zur Vergangenheit und den Polemiken nicht allzu viel Gewicht beizumessen; nicht vorauszusetzen, daß der Diskurs der Menschen fortwährend von innen her durch den Widerspruch ihrer

Wünsche, durch die Einflüsse, denen sie unterlagen, oder die Bedingungen, unter denen sie leben, unterminiert wird, sondern zuzugestehen, daß wenn sie sprechen und wenn sie untereinander Zwiegespräche führen, es wohl eher darum geht, diese Widersprüche zu überwinden und den Ausgangspunkt zu finden, von wo aus sie in den Griff zu bekommen sind. Aber diese selbe Kohärenz ist auch das Ergebnis der Forschung: sie definiert die letzten Einheiten, die die Analyse abschließen; sie legt die innere Organisation eines Textes, die Entwicklungsform eines individuellen Werkes oder den Begegnungsort verschiedener Diskurse frei. Man muß sie wohl annehmen, um sie zu rekonstruieren, und nur, wenn man ihr weit und lange nachgegangen ist, wird man sicher sein, sie gefunden zu haben. Sie erscheint als ein Optimum: die größtmögliche Zahl von mit den einfachsten Mitteln gelösten Widersprüchen« (Foucault 1973b: 213).

Spätestens an dieser Stelle würde es mich nicht wundern, wenn in Ihren Köpfen ein Stimmchen laut wird und lautstark protestiert: Diskurs ist ja schön und gut, aber mich gibt es doch auch noch und ich mische erheblich mit und bin doch dem Ganzen gegenüber reflektiert und kann also autonom entscheiden, ob ich mitmache bei diesem ganzen Diskurs oder nicht ... Was ist also mit Ihnen? Wo bleiben die Subjekte im Diskursgewimmel?

Subjekte

Das Erfrischende bei Foucault, das den ein oder anderen in der Auseinandersetzung mit ihm aber gleichzeitig verschreckt, ist, dass er die schöne Vorstellung, dass Individuen Subjekte sind, die nach erfolgreicher Aufklärung und Modernisierung nun ihre Autonomie selbst bestimmt leben (vgl. Rosa et al. 2013: 286) komplett in die Tonne haut. Foucault ist dem Subjekt der Aufklärung gegenüber mehr als skeptisch und zweifelt nicht nur die Autonomie des Subjekts an, sondern auch die Einheit des Subjekts überhaupt.

»Die Konstitution des Subjekts entspricht der seiner Verhaltensweisen: Man verhält und betrachtet sich als treuer Vasall, loyaler Untertan, guter Bürger usw. Dasselbe Dispositiv, das die Gegenstände – wie Wahnsinn, Fleisch, Sexualität, Naturwissenschaften, Gouvernementalität – konstituiert, macht aus dem Ich eines jeden Menschen ein bestimmtes Subjekt. Die Physik macht den Physiker. In ähnlicher Weise gäbe es ohne einen Diskurs für uns kein bekanntes Objekt, so wie es auch ohne eine Subjektivierung kein menschliches Subjekt geben könnte. Hervorgebracht durch das Dispositiv seiner Epoche ist das Subjekt nicht souverän, sondern Kind seiner Zeit.« (Veyne 2009: 126)

Stattdessen fasst Foucault ein Subjekt als instabiles Produkt sich wandelnder Diskurse und Machtverhältnisse, das im Zuge von Modernisierungsprozessen bei Weitem nicht an emanzipatorischem Potenzial gewinnt, sondern eher einbüßt. Foucault beschreibt die Subjektposition *Mensch* nämlich eben nicht als stabilen Gegenstand des humanwissenschaftlichen Wissens. In der *Ordnung der Dinge* hat er in Analogie zu den vergänglichen Epistemen der *Repräsentation* und der *Ähnlichkeit* auch dem Epistem *Mensch* Flüchtigkeit diagnostiziert. Hierauf werden wir noch ausführlicher zurückkommen. Damit ist auch die menschliche Selbsterkenntnis äußerst instabil und der Menschen eine junge Erfindung im Rahmen der Verschiebungen der Wissensordnung zwischen klassischer Repräsentation der Zeichen und moderner Interpretation durch das Subjekt im Übergang vom 18. zum 19. Jahrhundert. Auf dieser Erkenntnis fußt dann auch sein berühmt gewordener Ausspruch zum Tod des Subjekts. Mit Blick auf die Möglichkeit zukünftiger Verschiebungen ähnlichen Ausmaßes und eines erneuten Bruches in der Wissensordnung schließt Foucault seine Überlegungen in *Die Ordnung der Dinge* mit dem Hinweis, dass man in diesem Falle »sehr wohl wetten [kann], daß der Mensch verschwindet wie am Meeresufer ein Gesicht im Sand« (Foucault 2008: 463).

Zudem bewertet Foucault dann auch noch den Switch vom Fremd- zum Selbstzwang des unterworfenen Subjekts als Ausweitung der Kontrolle und Disziplinierung, statt wie die herkömmliche Soziologie seiner Zeit dies als Zugewinn an Freiheit zu verbuchen. Das Subjekt wird in der Perspektive der Biopolitik und der Gouvernementalitätsforschung Foucaults zum konstituierten und *unterworfenen* Subjekt, dessen Körper trotz oder gerade wegen der Aufklärung bis ins Mark von Disziplinartechnologien durchzogen ist. Dabei üben diskursive Formationen, institutionelle Vorgaben und kulturelle Praktiken erheblichen Einfluss auf das Subjekt aus.

Hierbei wird häufig auf die Einseitigkeit dieses negativen Denkens vom Subjekt von Foucault geschimpft. Dies trifft jedoch im Original bei Foucault nicht zu. Er arbeitet zwar einen kreativen Eigensinn der Subjekte nicht explizit heraus, betont aber doch auch die produktive Seite der Macht und denkt die Unterwerfung nicht als rein negativ. Vielmehr kann das unterworfene Subjekt im Rahmen dieses Verhältnisses durchaus produktiv werden und dies meines Erachtens nicht nur im Rahmen der *Praktiken des Selbst*, die Foucault gegen Ende seines Werkes entwickelt. Einen gerahmt relativen und gesellschaftlich vermittelten Eigensinn des Subjekts sehen auch aktuelle Strömungen der Soziologie bei Foucault.

> Beispielsweise ist die Soziologie im Rahmen der Körpersoziologie für diese Ambivalenzen des Foucault'schen Subjektbegriffs sensibel. Bei Interesse weiterlesen bei Alkemeyer/Villa (2010).

Grundsätzlich muss man sich das Subjekt bei Foucault so vorstellen: Die Produktion von Subjektivität geht von Macht-Wissens-Konstellationen aus und legt das Individuum auf bestimmte Seinsweisen fest, ohne dass sich das Subjekt dieser Grenzen bewusst wäre. Dass der Mensch Individualität entwickeln kann, weil er ein autonomes und aus Traditionen herausgelöstes Subjekt ist, dieser Vorstellung der verbreiteten Individualisierungsthesen à la Beck und Co. gegenüber ist Foucault mehr als skeptisch und fragt sich wie schon in Bezug auf alles andere: Warum gibt es diese Wissensordnung, die zur Vorstellung eines »modernen« Erkenntnissubjekts führt?

Dies tut er, weil Foucault davon ausgeht, dass das Subjekt kein stabiles Wesen des Menschen ist. Das Subjekt und Subjektivität sind Produkte dynamischer und instabiler Macht-Wissenskomplexe, hervorgebracht von Diskursformationen. Zu Hochzeiten der Individualisierungsthese stampft Foucault also den ins Unermessliche steigenden Autonomiezuschuss des Subjekts komplett ein. Er kommt später zu dem Schluss, dass das Individuum im Zuge der Aufklärung zur Gegenwartsgesellschaft an Autonomie, Kontrolle und Freiheit verliert.

Was heute das Gros der soziologischen Zunft unterschreiben würde, war in den 1980er-Jahren noch ein völliges *no go*. Wie wir heute feststellen und Foucault bereits damals schrieb, führt der Umbruch von der Fremd- zur Selbstbestimmung nicht eins zu eins zu mehr Freiheit.

Erinnern Sie sich daran, wie wir die Auseinandersetzung mit dem Diskurskonzept begonnen haben. Wir haben uns klar gemacht, dass es für Foucault nichts gibt, was den gedanklichen Ausgangspunkt allen Weltgeschehens bilden könnte. Wie kommt dann Subjektivität zustande?

Wir haben mit Foucault beim Diskurs begonnen und sind nun bei den Machtwirkungen dieses Diskurses angekommen, die das den diskursiven Machtwirkungen unterworfene Subjekt hervorbringen. Man kann nicht oft genug ins Gedächtnis rufen: Der Foucault'sche Kosmos wird nicht durch das denkende Subjekt begründet. Wenn wir uns also Sozialität ansehen, dürfen wir das Soziale nicht als etwas vom intentional handelnden Menschen Bestimmtes denken. Die Welt und das, was wir analysieren, schließt Menschen mit ein, wird aber nicht vom Menschen an sich gestaltet. In einer diskursanalytischen Perspektive muss man sich also davon verabschieden, dass der Mensch einen freien Willen hat und mit einer Intention, etwas zu tun, den Diskurs hervorbringen kann.

Beispiel: Wenn ich möchte, dass am Sonntagabend in den gängigen Polittalkrunden über Menschenrechte in China gesprochen wird, bin nicht ich es, die dies veranlasst, oder eine Programmdirektorin oder die Moderatorin, oder geladene Gäste, sondern es ist genau umgekehrt. Es ist der Diskurs, der die Grenzen des Sagbaren vorgibt und bestimmt, ob es gerade legitim und möglich ist, über Menschenrechte in China in solchen Sendeformaten zu sprechen.

Die viel beschworene Subjektivität ist nach Foucault also ein eher zufälliges Produkt, weshalb in der Konsequenz gilt, dass »ein Gedanke kommt, wenn ›er‹ will, nicht, wenn ›ich‹ will.« (Foucault 2014: 65).
Das Subjekt denkt Foucault als eine vom Diskurs eröffnete Position, die von Individuen besetzt werden kann. Der Diskurs ist damit eine Realität an sich, die lediglich der Subjekte bedarf, weil sie nur in Form von Sprechakten und Texten bzw. Zeichen und Bildern besteht. Subjektpositionen wie die ›Arbeitskraftunternehmerin‹, der ›Karrieremensch‹ oder das ›Nachkriegskind‹ werden vom Diskurs eröffnet und daraufhin lediglich von Individuen eingenommen. Subjekte haben deshalb einen ambivalenten Status – einerseits bilden sie dadurch, dass sie die eröffneten Positionen einnehmen den Diskurs, andererseits können sie das zufällige Wuchern des Diskurses gefährden, wenn sie Strategien einsetzen, um Dispositive stabil zu halten. Hierzu später mehr.

Haben die Individuen eine Position als Subjekte eingenommen, werden sie in dieser Position zum Gegenstand von Disziplinierung und Lenkung durch Machtwirkungen des Diskurses. Innerhalb dieser Prozeduren wird von den Formen der Disziplinar- und Gouvernementalitätsmacht die Beziehung des Individuums zu sich selbst geformt und die Mikrophysiken der Macht durchdringen die Körper. Subjekte gibt es bei Foucault also nur als dem Diskurs unterworfene und von ihm hervorgebrachte Subjekte. Davon ausgehend zeigt sich die Verschränkung von Wissen und Macht im Diskurs als wesentlich für die Konstituierung des Subjekts. Das Subjekt wird bei Foucault nicht als Ausgangspunkt des Diskurses begriffen, sondern als ein Resultat der sich entfaltenden Machtbeziehungen der diskursiven und nichtdiskursiven Praktiken, in die es eingebettet ist. Gerade mit seinen empirischen Arbeiten in den Archiven versucht Foucault, eine Geschichte der verschiedenen Aspekte der Subjektkonstituierung zu schreiben. Entsprechend kritisiert das Foucault'sche Diskursverständnis die Vorstellung eines ahistorischen und an sich gegebenen Subjekts, zumal sich das Subjekt in seiner Relevanz erst im diskursiven Kontext herauskristallisiere (vgl. Ruoff 2009: 197). Dies bringt Foucault auf den Punkt, wenn er sagt:

»Man muß sich vom konstituierenden Subjekt, vom Subjekt selbst befreien, d.h. zu einer Geschichtsanalyse gelangen, die die Konstitution des Subjekts im geschichtlichen Zusammenhang zu klären vermag. Und genau das würde ich Genealogie nennen, d.h. eine Form der Geschichte, die von der Konstitution von Wissen, von Diskursen, von Gegenstandsfeldern usw. berichtet, ohne sich auf ein Subjekt beziehen zu müssen, das das Feld der Ereignisse transzendiert und es mit seiner leeren Identität die ganze Geschichte hindurch besetzt.« (Foucault 1978: 32)

Gegen Foucaults scheinbar ›subjektlose‹ Diskurstheorie wird durchaus mitunter der Vorwurf erhoben, sie negiere das autonome Subjekt völlig. Foucault leugnet die Existenz der Subjekte jedoch keinesfalls. Vielmehr wendet er sich gegen Individualismus und Subjektivismus durch die Betonung der diskursiven Bedingungen, die mit den unterschiedlichen Lebensbedingungen einhergehen, damit die nichtdiskursiven Praktiken mitgestalten und zu der Ausbildung einer Vielzahl verschiedener Subjektpositionen führen (vgl. Jäger/Jäger 2007: 22). Zudem hatte ich bereits mit Blick auf die späten Arbeiten Foucaults darauf hingewiesen, dass gerade in den Selbsttechniken der Ethik des Selbst Potenziale für die Gestaltung von Gegenmacht in Form autonomer Selbstbestimmung vorhanden sind (vgl. Ruoff 2009: 199). Hierauf kommen wir an anderer Stelle zurück.

Was Sie sich merken sollten, ist, dass die Subjekte nicht den Diskurs machen, sondern umgekehrt, wie Jäger verständlich auf den Punkt bringt:

»Der Diskurs ist nicht das Werk einzelner Subjekte, während der einzelne Text ein subjektives Produkt ist, den ein einzelner Mensch, der dabei zugleich immer als in Diskurse verstrickt vorzustellen ist, als gedanklichen Zusammenhang produziert. Der Diskurs wird zwar von der Gesamtheit letztlich aller Subjekte gemacht, bei unterschiedlicher Beteiligung der Subjekte an jeweiligen Mengen von diskursiven Strängen und unterschiedlicher Nutzung der Spielräume, die die sozio-historisch vorgegebenen Diskurse erlauben. Aber kein einzelner determiniert den Diskurs, obwohl es mancherlei Versuche von einzelnen oder sozialen Gruppen dazu gibt, strategisch auf die Diskurse Einfluss zu nehmen. Der Diskurs ist sozusagen die Resultante all der vielen Bemühungen der Menschen, in einer Gesellschaft zu existieren und sich durchzusetzen. Was dabei herauskommt, ist Etwas, das so keiner gewollt hat, an dem aber alle in den verschiedensten Formen und Lebensbereichen (mit unterschiedlichem Gewicht) mitgestrickt haben.«(Jäger 2012: 37)

Mit den nun geklärten Konzepten von Diskurs, Wissen, Aussage, Formation, Wahrheit, Wissenschaft und Subjekt ist es nun möglich, sich der Königsdisziplin zuzuwenden und sich der, für die damaligen Verhältnisse, in denen Foucault im wissenschaftlichen Feld unterwegs war, sehr innovativen Vorstellung davon, was Macht ist und was Macht macht, zu widmen.

Was ist Macht?

Ende 1968 wendet Foucaults Interesse sich von der reinen Diskurstheorie ab und der Machtanalyse zu. Dieser liegt aber natürlich weiterhin das Diskursmodel aus der Archäologie des Wissens mit einer Erweiterung der Wirkung um nicht-diskursive Praktiken und einer Einschränkung der Diskursautonomie zugrunde:

> »Was meiner Arbeit fehlte, war dieses Problem der diskursiven Ordnung, der sich aus dem Spiel der Aussagen ergebenden spezifischen Machtwirkungen« (Foucault 1978: 26).

Nach der Macht und ihren Wirkungen sucht Foucault dabei natürlich nicht im Staat oder in hierarchisch strukturierten Eliten aus einzelnen mächtigen Personen. Auch bei dem, was er später die Mikrophysik der Macht nennt, gesteht er dem Individuum keine zentrale Rolle zu, sondern sucht nach einer produktiven und ubiquitären Macht im Vollzug der Praxis, die lediglich die physischen Körper der Individuen durchdringt und sich in Körperbewegungen einschreibt.

> »Macht existiert nur in actu, auch wenn sie sich, um sich in ein zerstreutes Möglichkeitsfeld einzuschreiben, auf permanente Strukturen stützt« (Foucault/Seitter 1997: 34 f.).

Damit ist Macht nichts, was man oder Frau hat und andere Personen nicht oder weniger haben. Macht ist in keiner Weise an Personen gebunden, sondern muss sich praktisch vollziehen, um zu existieren.

> »Diese Macht ist nicht so sehr etwas, was jemand besitzt, sondern vielmehr etwas, was sich entfaltet; nicht so sehr das erworbene oder bewahrte ›Privileg‹ der herrschenden Klasse, sondern vielmehr die Gesamtwirkung ihrer strategischen Positionen – eine Wirkung, welche durch die Position der Beherrschten offenbart und gelegentlich erneuert wird.« (Foucault 2008 ÜuS: 729)

Macht hat man also nicht, Macht macht!

Die Aussage, Macht sei nichts, was man besitzt und andere nicht, macht es unabdingbar, von herkömmlichen Machtanalysen, wie Sie sie aus anderen Bereichen kennen, Abstand zu nehmen. Foucault geht von einem völlig dezentralen Machtbegriff aus. Er setzt sich ab von den zahlreichen pyramidenförmig angeordneten Machtmodellen, in welchen Macht in hierarchischer Anordnung mit einem aus einer Person bzw. privilegierten Personengruppen bestehenden Zentrum gedacht wird. Macht ist demnach nicht nur in der Institution des Staates oder in einer

Gruppe Regierender lokalisierbar und beruht auch nie auf der sie ausübenden Person. In seiner eigenen wunderbaren Art der Formulierung schreibt er:

> »Andererseits richtet sich diese Macht nicht einfach als Verpflichtung oder Verbot an diejenigen, welche ›sie nicht haben‹; sie sind ja von der Macht eingesetzt, die Macht verläuft über sie und durch sie hindurch; sie stützt sich auf sie, ebenso wie diese sich in ihrem Kampf gegen sie darauf stützen, dass sie von der Macht durchdrungen sind. Diese Beziehungen reichen nämlich tief in die Gesellschaft hinein und reduzieren sich nicht auf das Verhältnis des Staates zu den Bürgern oder auf die Schranke zwischen den Klassen; sie beschränken sich nicht darauf, auf der Ebene der Individuen, der Körper, der Gesten oder der Verhaltensweisen die allgemeinen Formen des Gesetzes oder der Herrschaft zu reproduzieren.« (ebd. 729 f.)

Das Zustandekommen der zur Zeit Foucaults noch weit verbreiteten Illusion, Macht gehe von Personen aus, der wir bis heute aufsitzen, erklärt Foucault mit folgendem Hinweis:

> »Die Leute wissen, was sie tun; häufig wissen sie auch, warum sie das tun, was sie tun; was sie aber nicht wissen ist, was ihr Tun tut« (Foucault im Rahmen eines persönlichen Gespräches mit den Autoren Dreyfus/Rabinow im Rahmen der Arbeiten an dem 1982 erschienenen Buch über selbigen, z. n. Dreyfus/Rabinow 1994: 219).

Foucault begreift Macht viel eher als ein Netz aus ungleichen Beziehungen, ein zum Teil koordiniertes Beziehungsknäuel, welches jeder nutzen, jedoch keiner beherrschen kann. Die Individuen können lediglich vorhandene und durch verschiedene Technologien kurzzeitig erstarrte Machtverhältnisse in Form von Diskurspositionen für ihre Zwecke nutzen und sie als Instrumente zur Durchsetzung bestimmter Ziele einsetzen. Grundsätzlich beschreibt Foucault deshalb Machtverhältnisse immer als instabil, sodass begrenzte Dauerhaftigkeit nur im Rahmen ständiger Erneuerung und strategischer Nutzung erreicht wird.

Macht wird von Foucault als universale, und noch wichtiger, als ubiquitäre Kraft eingestuft, welche alle gesellschaftlichen Schichten durchsetzt, einschließlich des politischen Staatsapparates, auf den sie jedoch in keiner Weise zu reduzieren sei. Die als herrschend erscheinenden Personengruppen unterliegen jedoch wie alle anderen den Machtverhältnissen. Dreyfus/Rabinow umschreiben den Umstand, der nicht personenbezogenen, dennoch individuell nutzbaren Form der Macht mit einer unkonventionellen Umschreibung:

> »Es gibt einen Schub in Richtung auf ein strategisches Ziel, doch niemand schiebt!« (Dreyfus/Rabinow 1994: 219).

Diskurstheorie 63

Subjekte und Handlungen sind den machtvollen Diskursivierungsprozessen einer Gesellschaft gegenüber nicht autonom, sondern in hohem Maße abhängig und werden von ihnen erst hervorgebracht. Bedeutsam für die Arbeit mit dem Foucault'schen Machtbegriff ist, dass die von Foucault antizipierte Macht nicht als eine rein negative und repressive Machtform gedacht wird, sondern in der Hauptsache produktive Züge offenbart. Mit ihren Wirkungen konstruiert sie Situationen, die einen repressiven Eindruck erwecken, in ihrem Wirken aber Differenzierungen von beispielsweise ökonomischen Prozessen, wissenschaftlicher Erkenntnis und sozialen wie intimen Beziehungen fördern und somit im Gegenteil produktiv wirken. Als Hauptziele der Machtwirkungen macht Foucault zwei verschiedene Körper aus: den menschlichen Körper als Gegenstand von Machtformen der Disziplinierung und den Gesellschaftskörper als Gegenstand von Machtformen der Regulierung.

Foucault nähert sich seinem Machtbegriff wieder über das Ausschlussverfahren an. Nachdem er wie gerade beschrieben alle möglichen Formen der personengebundenen oder institutionsgebundenen Machtformen ausgeschlossen hat, schreibt er über die Beschaffenheit von Macht so vage wie präzise:

»Die Macht ist der Name, den man einer komplexen strategischen Situation in einer Gesellschaft gegeben hat« (Foucault 1984: 39, z. n. Wolf 2003: 13).

Was ebenfalls bemerkenswert ist, ist Foucaults Konzeption der Beziehung von Macht zu Wissen. Er weist die Beziehung von Macht und Wissen als sich gegenseitig bedingend nach und stellt fest,

»dass Macht und Wissen einander unmittelbar einschließen, dass es keine Machtbeziehung gibt, ohne dass sich ein entsprechendes Wissensfeld konstituiert; und kein Wissen, das nicht gleichzeitig Machtbeziehungen voraussetzt und konstituiert« (Foucault 2008: 730).

Das Verhältnis von Macht und Wissen beschreibt Foucault treffend als ein inneres und weist auf den grundlegenden Irrtum hin, Wissen und analog hierzu Wissenschaft könne nur außerhalb von Machtstrukturen entstehen und sich jenseits von Machtinteressen entfalten.

Als Ziel der Machtwirkungen gelten für Foucault seit *Überwachen und Strafen* die individuellen Körper, später im Werk der kollektive Gesellschaftskörper. Foucault stellt grundsätzlich den Körper in den Fokus der Macht, auch im Feld der Politik. Bildlich zerteilt die Macht den Körper in verschiedene Funktionszusammenhänge, manipuliert ihn und setzt ihn anschließend zu einem lenkbaren und gehorsam unterwürfigen Körper neu zusammen. »(...) die Machtverhältnisse legen ihre Hand auf ihn, maskieren ihn, dressieren ihn, zwingen ihn zu arbeiten, verpflichten ihn zu Zeremonien, verlangen von ihm Zeichen, (...)« (Foucault 2008: 728), denn nur in unterworfenem Zustand ist der Körper nützliches Ziel und Instrument der Macht. Wie Foucault gebetsmühlenartig wiederholt, durchziehen die Machtwirkungen vor allem das Innere der Körper. Er geht also über die Annahme hinaus, dass Macht nur von außen auf die Form oder die Beschaffenheit und Haltung von Körpern wirkt. Mit seiner Genealogie der politischen Ökonomie des Körpers legt Foucault die diffizilen Mechanismen der Mikrophysik der Macht dar und führt aus, wie eine innere Kontrolle ausgeübt wird.

Veranschaulichen wir die Konsequenzen des Machtbegriffs wieder an einem Beispiel: In Anlehnung an Truschkat kann man davon ausgehen, dass die konstituierende Macht z. B. des Armutsdiskurses in seinem Potenzial liegt, eine Legitimationsinstanz zu sein für die lebensweltliche Teilungspraxis in unterstützungswürdige, unterstützte und nicht-unterstützte Körper (vgl. Truschkat 2008: 43). Der Diskurs rechtfertigt und produziert also Segmentierungen der Gesellschaft in arme und nicht arme Gruppen. Die Macht ist in diesem Beispiel also in der regulativen Funktion des Armutsdiskurses zu suchen. So differenziert der Diskurs in gleichem Maße, wie er Grenzen zieht und Einheiten konstruiert (vgl. Schäfer 2013).

In der heutigen Rezeption werden viele der bis jetzt kennengelernten Konzepte von Macht, Wissen, Diskurs, Aussage usw. in ihrem Zusammenwirken rezipiert, denn wie Foucault so schön sagte:

> »Vielleicht muss man dem Glauben entsagen, dass die Macht wahnsinnig macht und dass man nur unter Verzicht auf die Macht ein Wissender werden kann. Eher ist wohl anzunehmen, dass die Macht Wissen hervorbringt.« (Foucault 2008: 730)

Zur Abwechslung hören Sie doch einmal in einen populärwissenschaftlichen Audiobeitrag zum Machtbegriff bei Foucault vom Bayrischen Rundfunk 11. 09. 2013[6] hinein und lassen das Ganze ein wenig sacken.

---

6   https://www.youtube.com/watch?v=Ir3P2O2yuCs

Die beschriebene Produktivität der Macht gilt auch für andere Dimensionen des Sozialen, wofür Foucault einen weiteren heute enorm stark frequentierten Begriff prägte:

Das Dispositiv

Dispositive beschreibt Foucault als ein Ensembles aus diskursiven und nicht diskursiven Praktiken, die sich aus heterogenen Elementen, wie beispielsweise

> »Diskursen, Institutionen, architektonische Einrichtungen, reglementierte Entscheidungen, Gesetzen, administrativen Maßnahmen, wissenschaftlichen Aussagen, philosophischen, moralischen oder philanthropischen Lehrsätzen, kurz: Gesagtem, eben sowohl, wie Ungesagtem« zusammensetzen (Foucault 1978: 119).

Mit diesem Dispositiv-Begriff ist es nicht nur möglich, die Summe der einzelnen Dispositiv-Bestandteile in den Blick zu nehmen, sondern es geht bei diesem analytischen Konzept vor allem um »das Netz, das zwischen diesen Elementen geknüpft werden kann« (Foucault 1978: 123). Die Mikrophysik der Macht, die auf die Körper einwirkt, wird genau hier in diesen Knotenpunkten produktiv und bildet die strategischen Situationen aus, die wir Macht nennen.

Es verknüpfen sich hier die verschiedenen diskursiven und nicht-diskursiven Praktiken zu »Strategien von Kräfteverhältnissen, die Typen von Wissen stützen und von diesen gestützt werden« (Foucault 1978: 123). Wie erkennen Sie ein Dispositiv bzw. wann können Sie bei Machtstrukturen von einem Dispositiv im Foucault'schen Sinne sprechen?

Um von einem Dispositiv sprechen zu können, bedarf es, genau wie im Fall des Diskurses, einer gewissen Regelmäßigkeit im Auftreten von miteinander in Verbindung stehenden Elementen. Nur wenn ein Ensemble über einen längeren Zeitraum relativ stabil bleibt, kann es Möglichkeitsräume für wahres Wissen konstituieren. Dispositive selber sind dabei auch immer schon Effekte von Machtbeziehungen. Wichtig sind Foucault dabei immer die machtstrategischen Funktionen der Dispositive: In einem Gespräch mit Angehörigen des ›Departement de Psychanalyse‹ der Universität Paris sagt er, eine der zentralen Aufgaben des Dispositivs sei, »zu einem gegebenen historischen Zeitpunkt [...] auf einen Notstand (Urgence)« zu antworten, also gesellschaftliche Problemlagen zu bearbeiten (Foucault 1978: 123). Somit sei das Dispositiv ein »Problemlösungsoperator« (Bührmann/Schneider 2008: 53), es sei »immer in ein Spiel der Macht eingeschrieben, immer auch an eine Begrenzung oder besser gesagt: An Grenzen des Wissens gebunden, die daraus hervorgehen, es gleichwohl aber auch bedingen« (Foucault 1978: 123). Wobei hier der Begriff des Notstands zahlreiche Missverständnisse nach sich zog, denn unter Notstand darf man sich nun keine Hungersnot oder ein Hochwasser, Parkplatzmangel oder Armutsrisiken vorstellen, sondern der Notstand besteht bezüglich dessen, dass stabilisierte Machtverhältnisse drohen, sich zu verflüchtigen. Ein Dispositiv entwickelt sich immer dann, wenn die Legitimität einer Wissensordnung in Gefahr ist und eine Not bezüglich der hegemonialen Diskurspositionen besteht. Dann produziert die Macht Dispositive, und verknüpft Institutionen, architektonische Gebilde, Diskurse und nicht-diskursives Miteinander, um die Legitimität der Wissensordnung zu ›retten‹.

Die Formierung eines Dispositivs geht dabei immer mit der Deformierung eines bestehenden anderen einher. Allerdings geht das nicht in klaren Abwechslungsverhältnissen deutlich abgrenzbarer Einheiten, die sich gegenseitig ablösen, vielmehr vollziehen sich in der Praxis Brüche und Risse und stellen Aneignungs- und Umdeutungsmöglichkeiten für ein neues Dispositiv zur Verfügung. In den Dispositiven spielen vielfältige Kräfteverhältnisse mit ihren unterschiedlichen Wirksamkeiten zusammen. Dadurch können Intentionen einzelner Akteur_innen, die diese Wirksamkeiten aufgreifen, verwirklicht werden.

Dispositive entstehen somit weder zufällig, noch sind sie intentional. Sie antworten mit einer strategischen Zielsetzung auf eine bestimmte historische Situation. Damit verweist Foucault auf die Vorstellung einer Strategie ohne dahinterstehende Strateg_innen, was aber nicht bedeutet, dass die entsprechenden Akteur_innen nicht versuchen, ihre Interessen zu verfolgen. Diese höchst heterogenen Ensembles jedoch lediglich aus den Herrschaftsinteressen einzelner oder kollektiver Akteur_innen erklären zu wollen, würde zu stark vereinfachen.

Mit dem Dispositiv-Konzept wird der Fokus auf die Verknüpfung von Diskursen, Praktiken und Macht gelegt. Neben Vergegenständlichungen diskursiver Prozesse sollen insbesondere auch spezifische Subjektivierungsformen betrachtet werden. Die Analyserichtung ist hierbei nicht mehr eindeutig vorgegeben: Es öffnet sich der Blick sowohl für den gesellschaftlichen Anlass der Entstehung eines Dispositivs als auch auf die Folgewirkung der Formierung eines Dispositivs.

Mit Bührmann und Schneider, die das Foucault'sche Konzept des Dispositivs maßgeblich weiterentwickelten, sind unter Dispositiven

»folglich sowohl die – in diesem Sinne als machtvoll zu verstehenden – Effekte der diskursiv erzeugten und vermittelten Wissensordnungen auf die (nicht-diskursiven) Praktiken in den betreffenden Praxisfeldern wie auch die (Rück-)Wirkungen dieser Praktiken auf die diskursiven Wahrheitsspiele auf die Wissenspolitiken selbst gemeint, die als solche immer in eine historisch spezifische gesellschaftliche Situation eingebettet sind« (Bührmann/Schneider 2008: 55).

Um ein Beispiel zu geben, woraus denn nun ein Dispositiv besteht, kann man wieder die Forschungen von van Dyk und Lessenich zum Alter(n) heranziehen. Diese haben die Verknüpfungen von Wissensordnungen, Körper-, Objekt- und Institutionenordnungen zum Alter(n)-Dispositiv herausgearbeitet und eine Transformation von *verdientem Ruhestand* zum *Alterskraftunternehmer* herausgearbeitet: Es geht also darum, die Formierung aus Wissensordnungen wie dem »verdienten Ruhestand«, der »Überalterung der Gesellschaft« und »Alter als Ressource«, Körperordnungen wie Falten, graue Haare, gebeugte Körperhaltungen und Gerüche mit objektbezogenen Ordnungen wie dem Treppenlift, der Anti-Falten-Creme, dem Herzschrittmacher und dem Kreuzfahrtschiff zu analysieren und dabei auch die Formierung der Institutionen und deren Relation zu den anderen Elementen zu bedenken, wenn man beispielsweise an Altersheim, Rentenversicherung und Co. denkt. Die Herausforderung bleibt es dann, die Walkingstöcke, die dritten Zähne, das Fitnesstraining und die Wissensordnung der neuen Alten in einer Analyse methodisch zusammenzubringen und die Formation dieser Elemente in den Fokus zu nehmen (vgl. van Dyk 2013: 50). Forschenden geht es um die Verknüpfung dieser Elemente, um die Relation zueinander und die Regelhaftigkeit, mit der die Dinge, Körper, Wissensordnungen und Institutionen in Verbindung oder Abgrenzung miteinander auftauchen.

Im Vergleich zu anderen Theorien ist das Konzept des Dispositivs von Foucault am ehesten vergleichbar mit dem Begriff des sozialen Feldes bei Bourdieu (vgl. auch Kajetzke 2008: 81). Folgt man aber dem französischen Kollegen Gilles Deleuze und seiner Antwort auf die Frage, was ein Dispositiv ist, dann geht es um die Entwirrung der Linien, die zwischen den einzelnen Elementen wie ein chaotisches Netz verknüpft sind. Und dies geht am besten über eine Karte, in der man Linie für Linie entwirrt und den Weg nachzeichnet, den man bei der Entwirrung der Verknüpfungen geht (Deleuze 1991: 153).

Fruchtbarer noch als Bourdieu und Deleuze ist meines Erachtens jedoch die Verknüpfung mit Bruno Latour und dessen Akteur-Netzwerk-Theorie, wo es im Konzept der Blackbox Parallelen zum Dispositiv-Konzept gibt (vgl. Bark in Schäfer et al. 2015) und mit Theorien der Praxis, die mit dem Konzepten der zu Praxisformen und Praxisformationen verketteten Einzelpraktiken ähnliche Erkenntnisinteresse, wie in Dispositivanalysen verfolgen (vgl. Hillebrandt 2014).

Um das theoretische Konzept des Dispositivs abschließend zu veranschaulichen, möchte ich Ihnen einen Versuch der Visualisierung – die grundsätzlich alle schwierig und mit Vorsicht zu genießen sind – von Denninger et al. 2010 nicht vorenthalten. Hieraus wird am ehesten schematisch sichtbar, worauf wir abzielen, wenn wir Dispositivanalysen durchführen und wie die Dispositive im Verhältnis zu Diskursen stehen. Zudem werden hier die einzelnen gerade kennengelernten Elemente der Foucault'schen Diskurstheorie im Verhältnis zueinander dargestellt:

Abbildung 5 Visualisierung Diskurs: Dispositiv (Denninger et al. 2010: 231)

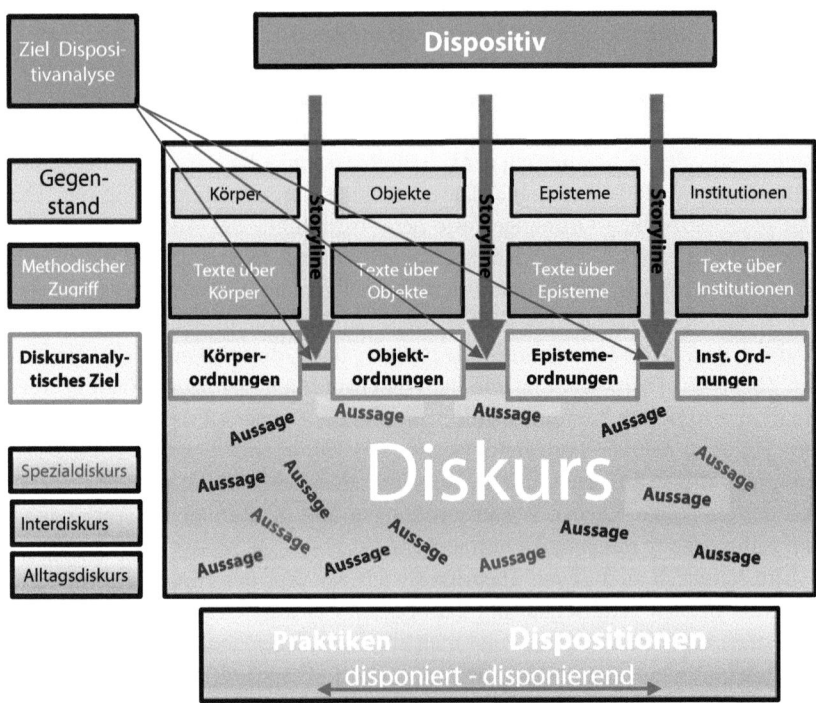

An dieser Stelle wollen wir es mit dem komplexen Begriffshorizont Foucaults erst einmal gut sein lassen und die zentralen Begriffe des Diskurses und des Dispositivs in Verbindung mit dem Machtkonzept für die weitere Arbeit fruchtbar machen. Das beschriebene Diskursmodell kann nun von Ihnen als theoretisches Modell für empirische Arbeiten an konkreten Gegenständen wie z. B. Armut, Migration, Gender, Fußball oder Rock und Pop genutzt werden, um die zugehörigen Diskurse zu analysieren, die diese Gegenstände gebildet haben. Da die Theorie in jeglicher Hinsicht eine letzte Instanz bildet und hierarchisch gesehen über Methodologie und Methode zu stellen ist, sind im Diskurskonzept Foucaults alle prinzipiellen Überlegungen enthalten, die ein solides Fundament bilden, auf dem die Grundlagen der im Verlauf des Forschungsprozesses zu generierenden mittleren Theorie zu den jeweiligen Gegenständen stoßen. Dabei gibt gemäß des Anspruchs den z. B. Rainer Diaz-Bone formuliert, der u. a. die Implizierung eines Gegenstandes zum Kennzeichen eines wohl gewählten Theoriekerns ernennt, »dass die Theorie vorgibt, um was es bei der Messung geht« (Diaz-Bone 1999: 3). Wenn Sie mit Foucault arbeiten, gibt die Diskurstheorie also vor, um was es bei der empirischen Arbeit geht: Um Funktionen von Aussagen, die in Formation einen speziellen Diskurs hervorbringen, über den legitime Wissensordnungen und hiermit verbundene Machtbeziehungen herausgearbeitet werden können.

Mit dem Diskurskonzept Foucaults haben Sie nun also eine theoretische Basis für empirische Arbeiten und können erste Versuche starten, das umkämpfte Geworden sein und normal und notwendig Scheinen der Forschungsgegenstände, die Sie interessieren, darzustellen. Wenn es Ihnen dann gelingt, durch die diskursanalytische Brille das Geschichtsbild der gegenwärtigen Forschung ein klein wenig zu verschieben und ein gesundes Maß an kritischer Irritation beizufügen, ist das ganz im Sinne Foucaults.

Bevor wir uns nun kopfüber in die Empirie stürzen und mehr darüber erfahren, wie man denn nun mit der diskurstheoretischen Perspektive analytisch arbeitet, sollten wir das gerade erlernte Begriffs- und Definitionswissen ein wenig sacken und sich festigen lassen. Dies tut es, wenn man sich quasi zur Erholung noch einmal ein wenig zurücklegt und die theoretische Begriffsarbeit ins Verhältnis zu Foucaults Biografie und Gesamtwerk setzt. Hieraus wird vermehrt deutlich, was und wohin Foucault mit diesen sehr komplizierten Begriffsverschwurbelungen denn eigentlich wollte.

Foucault – zentrale Lebens- und Arbeitsphasen

Bei der Auseinandersetzung mit den soziologisch relevanten Teilen der Philosophie Foucaults entsteht schnell der Eindruck, er ließe sich ganz im Sinne der Werturteilsfreiheit im Rahmen seines Schaffensprozesses weniger als andere von machtvollen Personen, Traditionen, Wert- oder Vorurteilen leiten. Dies wird noch mal deutlicher, wenn man sich seinen Lebensverlauf genauer ansieht. Nachdem Sie sich nun schon intensiv mit den Möglichkeitsbedingungen seines wissenschaftlichen Arbeitens in Form der zentralen theoretischen Konzepte auseinandergesetzt haben, können Sie sicher schon ein wenig nachvollziehen, dass Foucault als Synonym für eine Lebens- und Arbeitseinstellung steht, die sich nicht von empirisch vorgefundenen Wirklichkeiten stören lässt und sich nicht scheut, selbstkritische Korrekturen eigener geistiger Erkenntnisse jenseits gekränkter wissenschaftlicher Eitelkeit vorzunehmen. Dies sollten sich Wissen schaffende von heute auch im Angesicht der Zwänge des stringenten Wissenschaftssystems durchaus wieder vermehrt zum Vorbild nehmen. Foucault geht mit seinen eigenen Erkenntnissen oft sehr unkonventionell um. Diesen Eindruck bestätigen nicht nur die einleitenden Ausführungen Foucaults in *Der Gebrauch der Lüste*, mit denen u. a. auch Fink-Eitel (2002: 11) die besondere Neugier des Foucault'schen Philosophierens ausweist.

> »Das Motiv, das mich getrieben hat, ist sehr einfach. (…). Es war Neugier – die einzige Art Neugier, die die Mühe lohnt, mit einer Hartnäckigkeit betrieben zu werden: nicht diejenige, die sich anzueignen sucht, was zu erkennen ist, sondern die, die es gestattet, sich von sich selber zu lösen. Was sollte die Hartnäckigkeit des Wissens taugen, wenn sie nur den Erwerb von Erkenntnissen brächte und nicht in gewisser Weise und so weit wie möglich das Irregehen dessen, der erkennt? Es gibt im Leben Augenblicke, da die Frage, ob man anders denken kann, als man denkt, und anders wahrnehmen kann, als man sieht, zum Weiterschauen oder Weiterdenken unentbehrlich ist. (…). Aber was ist die Philosophie heute – ich meine die philosophische Aktivität –, wenn nicht die kritische Arbeit des Denkens an sich selber? Und wenn sie nicht, statt zu rechtfertigen, was man schon weiß, in der Anstrengung liegt, zu wissen, wie und wie weit es möglich wäre, anders zu denken?« (Foucault 2008: 1163)

Rein biografisch gesehen bestätigt dies auch die von Foucault mehrfach vorgenommene inhaltliche Revidierung seiner Bücher und seine geistige Beweglichkeit, die er ohne Rücksicht auf etwaige Verluste durch das Abweichen von Konventionen wissenschaftlicher Normalbiografien konsequent an den Tag legte:

> »Wenn ich mich dazu entschlossen habe, diese vielleicht ein wenig sonderbare Frage zu behandeln, so geschieht dies zunächst, weil ich da und dort Kritik üben wollte an dem, was mir früher einmal beim Schreiben unterlaufen ist. Und ich wollte auf einige Unvorsichtigkeiten zurückkommen, die ich begangen habe« (Foucault 2000: 189).

Mit diesen selbstkritischen Worten leitet Foucault nicht nur einen Vortrag vor der französischen Gesellschaft für Philosophie im Februar 1969 ein, in dem er sich der Frage: *Was ist ein Autor?* widmet, er praktiziert diese skrupellose Selbstrevision, wann immer möglich und nötig. Und dies trifft sowohl, was seinen Arbeits- als auch was seinen Lebensstil angeht, zu.

Der Forschungs- und Lebensstil Foucaults macht ihn zum außergewöhnlichen *Experimentator* – wie er sich selbst in Abgrenzung zu *herkömmlichen* Theoretiker_innen gerne selbstbewusst bezeichnete – und prädestiniert ihn für die Beantwortung diskursanalytischer Forschungsfragen:

> »Ich denke niemals völlig das Gleiche, weil meine Bücher für mich Erfahrungen sind, Erfahrungen im vollsten Sinne, den man diesem Ausdruck beilegen kann. (…) Jedes Buch verändert das, was ich gedacht habe, als ich das vorhergehende Buch abschloß.

> Ich bin ein Experimentator, kein Theoretiker. Als Theoretiker bezeichne ich jemanden, der ein allgemeines System errichtet, sei es ein deduktives oder ein analytisches, und es immer in der gleichen Weise auf unterschiedliche Bereiche anwendet. Das ist nicht mein Fall. Ich bin ein Experimentator in dem Sinne, daß ich schreibe, um mich selbst zu verändern und nicht mehr das Selbe zu denken wie zuvor.« (Foucault: Gespräch mit Ducio Trombadori (1978), in Foucault 2008: 1585).

Unabhängig davon wurde der nicht nur an der Grenze zum Wahnsinn forschende, sondern auch lebende Experimentator von namhaften Autor_innen wie Bublitz, Bührmann, Hanke und Seier (vgl. Bublitz et al. 1999), Keller, Hirseland, Schneider und Viehöver (vgl. Keller et al. 2003/04) zum unwiderruflichen Theorie-*Star* der sozialwissenschaftlichen Diskursanalyse gekürt. Vor diesem Hintergrund mutierte Foucault, der lange selbst zur Autorfunktion forschte, jedoch oft unreflektiert zum legitimierenden *Hans Dampf* in allen diskursanalytischen Forschungsbereichen.

Die Problematik unreflektierten Umgangs mit Foucaults Diskursbegriff ergibt sich in erster Linie aus dem Umstand, dass Foucault im Singular überhaupt nicht existiert. Sein wissenschaftliches Werk ist, wie ich entgegen anderer Meinungen hierzu vertrete, extrem mit seinem Biografieverlauf und Privatleben verwoben. Häufig beeinträchtigen sich seine inhaltliche und theoretische Ausrichtung in einem reziproken Verhältnis zu seinem Lebensverlauf. Er selbst formulierte in einem Interview kurz vor seinem Tod im Jahr 1984:

> »Das Privatleben eines Individuums, seine sexuelle Vorliebe und sein Werk hängen eng miteinander zusammen, weil das Werk das gesamte Leben ebenso einschließt wie den Text.« (Foucault in: Spiegel 1993: 227)

Foucaults Schriften zur Psychiatrie fallen mit eigenen psychischen Disbalancen und Erfahrungen psychiatrischer Behandlungen zusammen, ebenso wie der *späte Foucault* aufgrund von Erfahrungen mit sozialen Protestbewegungen verstärkt nicht-diskursive Praxis in sein Denkmodell aufnimmt oder die völlige Autonomie des Diskurses und die hiermit verbundene Rolle der Individuen revidiert. Auch anders herum: der Privatmensch Foucault identifiziert sich stark über sein wissenschaftliches Arbeiten. Wichtig ist es deshalb, jeweils im Hinterkopf zu behalten, von wo aus der Wissenschaftler Foucault jeweils spricht, da er selbst in seinen Arbeiten immer wieder betont, wie entscheidend die historischen und sozialen Kontexte von Aussagen für deren Wirkung sind. Dies soll nun vor allem für die Werke aus den ersten Schaffensphasen Foucaults passieren, die für die Diskurstheorie besonders prägend sind. In *Die Ordnung der Dinge, Die Archäologie des Wissens* und *Die Ordnung des Diskurses* setzt sich Foucault explizit mit den Wissensordnungen und der Wissensproduktion im Zusammenhang mit vorherrschenden Kräfteverhältnissen auseinander.

Foucaults Werk enthält, wie Sie sehen werden, unglaublich viele Brüche und Diskontinuitäten und bietet keine einfache Einheit, deren Zugang man sich über eine geradlinige Schnellstraße erschließen kann. Die Logik entspricht eher einem verwirrenden Labyrinth, wie Georg Kneer einmal den Vergleich zog (Kneer 1998: 266). Somit legt das Lehrbuch für Sie auch lediglich einen möglichen Weg durch dieses Labyrinth, den Sie gehen können, um sich einen Überblick zu verschaffen. Daraufhin sollten Sie sich aber unbedingt auch abseits dieses vorstrukturierten Pfades bewegen und sich in dem Gewirr aus Gassen, Sträßchen, Durchgängen und Unterführungen, Brücken und Zubringern verlieren, die Foucalts Texte für Sie bereit hält. Gehen Sie selbst auf Entdeckungsreise und nehmen sich weitere Originalauszüge der Foucault'schen Schriften vor, um wie Foucault dies selbst im Hinblick auf sein eigenes Denkgebäude stets getan hat, Einwände zu formulieren und andere Lesarten zu entwickeln.

Hinweise darauf, was sich gut zur Lektüre der Primärliteratur Foucaults für Einsteiger_innen eignet, finden Sie am Ende des Lehrbuchs in Kapitel 5 *weiterführende Literatur*.

Wer also ist der Philosoph mit der Maske?

Die Wandlungsfähigkeit Foucaults, der sich vom unsicheren und Streit suchenden, von der Idee des Selbstmords besessenen Provokateurs, über den Sportwagen fahrenden Beau, den Steine werfenden Demonstranten zum engagierten Philosophen wandelte (vgl. Eribon 1991, Marti 1988), lässt leicht das Bild eines in verschiedenen Maskierungen auftretenden und schwer greifbaren Geists assoziieren. Dieses Bild leitet auch die nachfolgende Darstellung von Foucaults Werken und Wirken. Auch die immer wieder zugestandene Selbstkritik, in der er nicht scheute, aufgestellte Thesen zu revidieren, verstärkt den Eindruck, man habe es mit einem maskierten Philosophen zu tun, über den der Zeitgenosse Georges Dumezil sagte: »Er trug Masken und wechselte sie ständig« (Dumezil, z. n. Eribon 1991: 14). Der Foucault Biograf Eribon stellt sich sogar die Frage, ob es eventuell nicht mehrere – Dumezil zu Folge sogar Tausende – Foucaults gäbe.[7] Hier findet die Per-

---

7   Eribon löst dieses Problem der Vielgesichtigkeit Foucaults sehr elegant und wendet ein, es ginge ihm schließlich nicht darum, endgültige Wahrheiten über die Persönlichkeit Foucaults herauszuarbeiten, da es die dem Foucault'schen Gedankengebäude folgend nicht geben kann. »Ich habe nicht versucht die Wahrheit über Foucault zu enthüllen: hinter jeder Maske taucht immer eine Neue auf, und ich glaube nicht an eine Wahrheit der Persönlichkeit, die sich aus den sukzessiven Verkleidungen herausschälen ließe« (Eribon 1991: 14).

sönlichkeit Foucaults eindeutig ihre Entsprechung in dem monolithischen Block des Gesamtwerks, das wie bereits in dem Zitat von Ruoff angeführt »zahlreiche Verfahrensweisen zur Entdeckung versteckter Forschungsfelder an[bietet]« (Ruoff 2009: 13) und vielfältige und wechselnde Aspekte des Phänomens Foucault entdecken lässt.[8]

Lassen Sie uns also versuchen, Foucault auf die Spur zu kommen, um zu sehen, wer hinter dem Projekt der interpretativen Analytik der Diskurse steht. Wodurch wird das, was hinter der Stirn des Denkers vor sich geht, beeinflusst und warum lässt sich Foucault so ungern zum Strukturalisten, zum Hermeneutiker, zum Linguisten, Marxisten, Kommunisten oder Postmodernisten küren? In der Betrachtung biografischer Stationen wird klar, warum die Foucault'sche Diskurstheorie entgegen mannigfacher Annahmen keine Diskurs*theorie* im herkömmlichen Sinn sein kann. Das übergeordnete Ziel Foucaults war es nämlich nicht, eine universale und allgemeingültige Theorie der Diskurse zu schreiben. So gibt es zwar einige Vorstöße in diese Richtung, wenn Foucault beispielsweise in der Archäologie des Wissens den Theorieanspruch ins Verhältnis zur Wirklichkeit stellt:

»Es handelt sich weniger darum, direkt eine Theorie zu gründen – und dies noch, bevor man es eventuell tun kann. Ich leugne nicht, daß ich bedaure, noch nicht bis dahin gelangt zu sein, es handelt sich im Augenblick darum, eine Möglichkeit herzustellen« (Foucault 1973: 167).

Dennoch beziehen sich diese Ansätze der Theoriebildung nicht auf das Gesamtprojekt, wovon Kritiker Foucaults wie zuletzt Axel Honneth und Martin Saar behaupten, dass es ein solches aufgrund der bruchhaften Biografie Foucaults überhaupt nicht gäbe (vgl. Honneth/Saar, in Foucault 2008). Es zeigt sich auch hier wieder, dass *traditionelle* Begriffe bei Foucault nicht wirklich greifen, denn sicherlich gibt es ein *Gesamtprojekt*. Foucaults Anliegen war es, sowohl eigener Auffassung nach als auch aus der historischen Distanz heraus gesehen, die Geschichte

---

8   Auch Canguilhem weist zu Beginn seiner posthumen Laudatio auf seinen engen Freund im Geiste darauf hin, dass vor allem vor dem Hintergrund von Foucaults Denkmodellen, die Begrifflichkeiten wie Werk, Autor, Entwicklung, Tradition, Mentalität und Geist im herkömmlichen Sinne einer traditionalen Ideengeschichte kategorisch abzulehnen sind und eine angemessene Würdigung des Wirkens des Philosophen mit der Maske schwierig sei: »Bedauerlicher Weise kommt in der Zeit der Würdigungen eines Werks oder eines Autors sehr häufig auf unerbittliche Weise eine heimliche Bewegung zum Tragen, die Werk und Autor in eine Linie geistiger Nachfolge integriert und so an staubige Gemälde in einer Ahnengalerie erinnert, in der das Auslöschen jeder Originalität üblich ist.« (Canguilhem in: Marques 1988: 7)

des menschlichen Subjekts im Bedingungskreis der Macht- und Wissensgeschichte zu schreiben und diese nicht einfach nur zu schreiben, sondern umzuschreiben, Verschiebungen offen zu legen und das Subjekt vor dem jeweiligen historischen Hintergrund auf Bedingungen, Konstitution und Reflexivität hin zu untersuchen (vgl. Fink-Eitel 2002).

Eines der Hauptanliegen Foucaults war es bei diesem Unterfangen, sich nicht dem traditionellen Denken herkömmlicher Ideengeschichte hinzugeben und gerade *nicht* die konstruierten Kontinuitäten, die sonst im Rahmen des Denkens von Ursprüngen entstehen, nachzuzeichnen. Deswegen ist der adrette Überblick über Leben und Werk Foucaults, eine Beschreibung von dessen Geburt bis hin zur Grabinschrift auf dem Cimetière Montmartre entlang eines begradigten Lebensweges, sicherlich an dieser Stelle auch kontraproduktiv. Der Protagonist wird mit allen Ungereimtheiten, Biografiebrüchen und Diskontinuitäten anhand einer Darstellung der verschiedenen Arbeitsphasen vorgestellt. Durch diese soll dem Vorwurf entgangen werden, dass Foucault als »Objekt der Würdigung zum ohnmächtigen Opfer einer diskursiven Ausbreitung [wird], die in den meisten Fällen zur Enteignung seiner Fähigkeiten zur Produktion von Neuem, von neuen Konzepten, von neuen Strategien des Denkens führt« (Canguilhem, z. n. Marques 1988: 7). In Anlehnung an ein bereits von Schlegel benutztes Bild umschreibt Konersmann die Abneigungen Foucaults gegen klare Traditionslinien und Einordnungen in philosophische Schulen:

> »Er weigert sich vor den Augen des Beifall klatschenden Publikums auf die Schultern des Riesen zu steigen, der wiederum auf den Schultern eines anderen Riesen steht« (Konersmann in Foucault 2014: 75).

In der Tat gelingt es Foucault häufig, sich in seinem Denken von existierenden Schubladen fernzuhalten, um auf Grundlage völlig neu konstruierter Begrifflichkeiten andere Problematisierungen zu sehen, und der Reduzierung von Forschung und Wissenschaft auf eine Abfolge von Synonymen und Traditionen entgegenzuwirken. Diese Eigenschaft erschwert Ihnen heute zusätzlich zu den mehrmaligen kritischen Selbstkorrekturen die Lektüre. Doch sicherlich eröffnet gerade die Eigenschaft des ständigen Querdenkens und das unermüdliche Verschieben eingefahrener Blickwinkel überhaupt erst die bemerkenswerte analytische Schärfe des Foucault'schen Blickes. Ruoff vergleicht den Vorgang des rastlosen Umdenkens Foucaults passend mit dem Bild der Bewegung einer »Schraubenlinie besonderer Raffinesse« (Ruoff 2009). Er spielt damit darauf an, dass Foucault niemals an gleicher oder vermuteter Stelle auftrat und sich immerfort in einem historischen Prozess befand. Auf den in Form eines fiktiven Dialogs formulierten selbstkritischen Vorwurf, Foucault sei sich nicht sicher, was er sage, er verlagere seinen

Standpunkt im Verhältnis zu den Fragen, die man ihm stelle, er behaupte stets, dass er nie das gewesen sei, was zu sein man ihm vorwerfe, er präpariere bereits den Ausweg, der ihn im nächsten Buch gestattet, woanders aufzutauchen und zu höhnen, er sei nicht da, wo man ihn vermutet, sondern an einer anderen Stelle, von der aus er lachend herübersieht, erwidert Foucault, dass es ihm durchaus Mühe bereite, zu schreiben und er nicht aus Jux und Tollerei ein Labyrinth bereite, in dem er dann gedanklich umherirre, seine Worte verlagere, ein Souterrain öffne, es fernab wieder einstürzen ließe, an selbigem Vorkragungen fände, die seine Bahn zusammenfassten und deformierten, wo er sich verliere und schließlich vor Augen auftauchen, die er nie wieder treffen werde (Foucault 1973: 30).

Foucault beschließt dementsprechend auch die Einleitung zur *Archäologie des Wissens* mit dem Ausspruch:

> »Man frage mich nicht, wer ich bin und man sage mir nicht, ich solle der Gleiche bleiben: das ist eine Moral des Personenstandes; sie beherrscht unsere Papiere. Sie soll uns freilassen, wenn es sich darum handelt, zu schreiben« (Foucault 1973: 30).

Trotz dieser Schwierigkeit und aller Abkehr von traditionellen Einordnungen ist es dennoch unabdingbar für das Verständnis des Foucault'schen Gedankenspiels, die historische Situation zu beschreiben, die den Hintergrund und Rahmen seines zehn Bücher und insgesamt ca. 12 000 Druckseiten umfassenden Wirkens bildet (Fisch 2011: 11).[9] Die Themen, die Foucault im Laufe seines Lebens beschäftigen, sind grob vereinfacht die folgenden: Das Gesamtprojekt Foucaults – die Geschichte des Subjekts – beginnt mit Überlegungen zu Diskursformationen, mit denen sich Foucault bis Mitte der 1960er-Jahre beschäftigt, und der Analytik kultureller Praktiken und Machtwirkungen. In seiner zweiten Schaffensphase setzt sich Foucault mit minutiösen Machtritualen auseinander und begründet eine Mikrophysik der Macht, die sich speziell mit den kulturellen Praktiken auseinandersetzt, die Wissen mit Macht zu einem folgenreichen Komplex vereinen. Gegen Ende seines Wirkens isoliert Foucault die Biomacht als Form politischer Ressourcenkontrolle nach ökonomischen Gesichtspunkten und widmet sich schließlich der Ethik des Selbst, womit er sein anfängliches Ziel, die Geschichte des abendländischen Subjekts zu schreiben, vollendet.

Einer, der sich durchaus erfolgreich an einer unkonventionellen Biografie über Foucault versucht hat, beschreibt den Menschen Foucault beim Schreiben der Geschichte des Subjekts als »Zertrümmerer der Gewissheiten des Denkens« (Eribon 1991: 177), was in der Rückschau nicht nur vor dem Hintergrund der historischen

---

9   Angaben beziehen sich auf deutsche Buchausgaben.

Situation in Europa, in der Foucault (1926–1984) Ende der 1940er-Jahre zu arbeiten beginnt, Sinn ergibt.

Foucault kommt aus sehr gutem Hause. Seine Sozialisation ist durch strikte Konventionen, die Erwartungen die familiären Traditionen fortzuführen und eine Karriere in der Medizin anzustreben, geprägt. Zudem steht die vom Vater als unabdingbar betrachtete elitäre Schulbildung im Vordergrund der Kindheit und Jugendzeit Foucaults, die ihm, wenn auch erst im zweiten Anlauf, das Rüstzeug für die Aufnahme an der elitären Universität École Normale Supérieure liefert.

Neben der Erfahrung des Versagens und den damit verbundenen Selbstzweifeln beim Nichtbestehen des ersten Aufnahmeverfahrens an der École im Jahr 1945 machen dem jungen Foucault zusätzlich die Eindrücke der Gräueltaten des 2. Weltkriegs zu schaffen, die Gewissheiten zertrümmert und eine beklemmende Furcht hinterlassen hatten. Gleichzeitig tut sich der Einzelgänger Foucault mit der beengten und auf Gemeinschaftlichkeit angelegten Umgebung der École Normale Supérieur, die er seit 1946 besucht, schwer und kann sich schlecht in die Gemeinschaft der Schüler einfügen. Er zieht sich nervlich angeschlagen zunehmend zurück. Seine freiwillige Eremitage unterbricht er nur, um andere vor den Kopf zu stoßen, zu provozieren oder Streit vom Zaun zu brechen. Er ist sich seiner gedanklichen Genialität zu diesem Zeitpunkt schon durchaus bewusst und genießt es, sich provozierend in Szene zu setzen (vgl. Eribon 1991). Seine Schwierigkeiten im Umgang mit den Kommilitonen in Verbindung mit der Erkenntnis der eigenen Homosexualität und einer Neigung zu übermäßigem Alkoholgenuss werden stets als Motive der beiden Selbstmordversuche herangezogen, die Foucault im Jahr 1948 begeht. Inwieweit Foucaults Sexualleben seine wissenschaftlichen Werke bestimmt, darüber streiten sich die Biografen leidenschaftlich (vgl. Diskrepanzen zwischen Eribon (1991) und Miller (1993), vgl. weiter hierzu Fisch 2011). Unabhängig davon werden die Lebensmüdigkeit Foucaults Ende der 1940er-Jahre und die Versuche, sein Leben zu beenden, als Höhepunkte psychischer Krisen, die der junge Foucault durchlebt, gewertet. Auf Geheiß des Vaters kommt Foucault im Rahmen eines Klinikaufenthaltes erstmals in Kontakt mit der später von ihm zum Untersuchungsgegenstand seiner Forschungen auserkorenen Psychiatrie (Eribon 1991).

Trotz all dieser Widrigkeiten erwirbt Foucault bis 1952 Diplome in Philosophie, Psychologie und Psychopathologie und besteht das Staatsexamen der Philosophie. Während des Studiums befasst er sich unter anderem mit dem Phänomenologen Merleau-Ponty und tritt über diesen mit der den Strukturalismus prägenden Sprachtheorie Ferdinand de Saussures in Kontakt, welche häufig als Ausgangspunkt seiner eigenen Überlegungen zum Diskurs bezeichnet wird. Darüber hinaus ist zu erwähnen, dass Foucault bereits nach kurzer Zeit an der École eine über das übliche Lehrer-Schüler-Verhältnis hinausreichende Beziehung zu

Louis Althusser pflegt und Vorlesungen bei Maurice Merleau-Ponty und Jaen Hippolite hört (weiterführend Fisch 2011). Trotz der Probleme, die die schwierigen Charaktereigenheiten Foucaults anderen bereiten, lassen sich auch heute namhafte Kommilitonen wie Paul Veyne, Pierre Bourdieu oder später Gilles Deleuze zu Foucaults damaligem Bekanntenkreis zählen.

Hier können Sie Foucault selbst über seine Biographie, sein Schaffen und sein Engagements für Gefangene, das wir später noch intensiver in den Blick nehmen werden, im Rahmen eines Interviews sprechen hören:[10]

Lebens- und Arbeitsphase I: Das Andere der Gesellschaft

Mitte der 1950er-Jahre beginnt Foucault – inspiriert von der Auseinandersetzung mit der Phänomenologie und dem Marxismus – erste Texte zu veröffentlichen.[11]

> »(...) wir haben die Husserlsche Idee überprüft, der zufolge wir überall schon von Sinn umgeben und erfasst sind, bevor wir beginnen, die Augen zu öffnen und das Wort zu ergreifen. Für die Angehörigen meiner Generation erscheint der Sinn nicht von selbst, er ist nicht ›immer schon da‹, oder vielmehr, er ist schon da, aber nur wenn gewisse formale Bedingungen gegeben sind. Und von 1955 an haben wir uns hauptsächlich der Analyse der formalen Bedingungen des Erscheinens von Sinn gewidmet« (Foucault 1974: 8).

Nach verschiedenen Tätigkeiten als Repetitor an der École und der Universität in Lille kehrt Foucault dem ungeliebten Paris Mitte der 1950er-Jahre den Rücken und verlässt Frankreich.

---

10 https://www.youtube.com/watch?v=qzoOhhh4aJg
11 Viel beachtet ist seine Einleitung zu *Traum und Existenz* von Ludwig Binswanger (vgl. Foucault 2001).

Während seiner Auslandsaufenthalte u. a. in Uppsala (Schweden) als Leiter des Französischen Hauses, blüht der Privatmensch Foucault regelrecht auf. Als er 1954 die Stelle als Lektor und Leiter des Maison de France in Uppsala annimmt, verwandelt er sich wie Eribon es detailliert beschreibt zu einem richtigen Dandy.[12]

Er genießt die Vorzüge seiner Arbeit und seinen Privilegierten-Status in Schweden im Gegensatz zu seiner Zurückgezogenheit in Frankreich in vollen Zügen. Mit einem weißen Jaguar-Sportwagen stellt er auf der Strecke Stockholm–Paris regelmäßig Geschwindigkeitsrekorde auf; seine Freunde scheinen ihn daraufhin nicht mehr wiederzuerkennen (Eribon 1991).

Noch in Schweden und daran anschließend während seiner Aufenthalte an den Universitäten von Warschau (Polen) und Hamburg (Deutschland) verfasst er das Buch *Wahnsinn und Gesellschaft,* das er nach seiner Rückkehr nach Frankreich an die Universität Clermont-Ferrand als Promotionsthese einreicht und mit dem Zusatz *Eine Geschichte des Wahns im Zeitalter der Vernunft* veröffentlicht.

Er vollzieht hierin die Wende von einer philosophischen Psychologie zu einer psychologisch informierten Philosophie (vgl. weiterführend Fink-Eitel 2002: 24 ff.). Foucaults Erkenntnis nach nehme die Gesellschaft die Vernunft als ihr eigen in Anspruch und benutze das als Wahnsinn titulierte und der Vernunft entgegengesetzte Abnormale als Einheit stiftendes Mittel, sich nach außen hin abzugrenzen (Foucault 1973). Foucault kommt zu dem Schluss, dass die Erscheinungsformen des Wahnsinns, je nach historischem Kontext, willkürlich definiert, gefördert oder unterdrückt werden konnten. Als Paradox und dennoch unausweichlich beschreibt er die Tatsache, dass die Vernunft – das Gesellschaftskonforme – existenziell auf ihr konstituierendes Gegenüber – die Abweichung – angewiesen ist, um die Gemeinschaft der Eigenen zusammenzuhalten. Dennoch drohten durch die vom Wahnsinn ausgehenden Störungen und Irritationen existenzielle Gefahren für die vernünftige Gesellschaft, sodass alles Anormale, z.B. durch Einweisungen in Kliniken oder Gefängnisse, Therapien oder mindestens durch öffentliches Kenntlichmachen, bekämpft werde. In der *modernen* Gesellschaft muss also über

---

12 http://ssociologos.com/wp-content/uploads/2014/07/Michel-Foucault.jpg

verschiedene Diskurse – insbesondere jene der Humanwissenschaften – ein gesundes Maß an Abweichung, Anormalität und Wahnsinn aufrechterhalten werden, um Kohäsion innerhalb der Vernunftgesellschaft über das gemeinsame Ziel der Eindämmung des Wahnsinns zu erzielen.

Foucault erarbeitet im Zuge dessen drei Säulen der Unterdrückung des Wahnsinns durch diskursive Praktiken der Normalisierung, die sich auch in der Ausgrenzung des Traumes, der Sexualität und des Orientalischen aus dem westlichen Vernunfthorizont wiederfinden. In Form juristisch-administrativer Praktiken nennt er als Instrument der Unterdrückung das Wissen; in Form von Internierungen und Kriminalisierung Formen der Macht; und in Form von Selbstverleumdung und Abbruch der Kommunikation zwischen dem Anderen und der Vernunft das Subjekt.

Zum Zeitpunkt des Erscheinens erlangte Wahnsinn und Gesellschaft jedoch nicht die von Foucault erhoffte Beachtung, sodass er im Rückblick erklärt:

»(...) man muß leider sagen, daß weder die Politiker – noch die Philosophengemeinde – dem allem Aufmerksamkeit geschenkt haben. Keine der Zeitschriften, die institutionell damit betraut sind, auch die leisesten Erschütterungen des philosophischen Universums zu registrieren, hat Notiz davon genommen.« (Les Nouvelles Literaires, 17. März 1975, z. n. Eribon 1991: 184).[13]

Lebens- und Arbeitsphase II: Theorie der Diskurspraktiken

Das übergeordnete Ziel, die Wahrnehmungs- und Wissensformen zu enttarnen, welche die Vernunft benutzt, um das ihr äußerlich Andere zu bestimmen, findet sich auch in Foucaults nächstem großen Wurf *Die Geburt der Klinik – Eine Archäologie des ärztlichen Blicks,* der 1963 in Frankreich erscheint. Hier beschäftigt er sich analog mit dem von den Humanwissenschaften konstituierten medizinischen Feld. Dieses ist von dem Gegensatz *normal – krankhaft* bestimmt und Foucault untersucht die institutionellen, pädagogischen und gesellschaftspolitischen Bedingungen ärztlichen Wissens in der Klassik. Hierbei stellt er heraus, dass gesellschaftliche Veränderungen die wissenschaftliche Sicht auf die Dinge beeinflussen

---

13 Eribon entlarvt in seiner Anfang der 1990er-Jahre veröffentlichten Biografie mit Hinweisen auf Kommentare zu Wahnsinn und Gesellschaft diese Enttäuschung Foucaults als ungerechtfertigt und weist darüber hinaus mit dem selbstkritischen Zitat Foucaults aus dem Jahr 1972: »Wenn ich das Buch heute neu zu schreiben hätte, würde ich weniger Rhetorik hinein pfropfen«(Mauriac 1977, z. n. Eribon 1991: 193) auf die Hintergründe der anfangs verminderten Rezeption und die durchaus erfolgreiche Auflage der gekürzten Taschenbuchausgabe von Histoire de la folie 1964 hin.

und in diesem Zusammenhang das Verhältnis von Wahrnehmung und Sprache weitgehenden Verschiebungen unterliegt. Wie Sie bei Fink-Eitel detaillierter nachlesen können, erkennt Foucault wie schon der Psychologie, auch der damaligen Medizin den Anspruch einer objektiven Wissenschaft ab und weist nach, dass beide in ihrer Zusammensetzung, Selbstauffassung und Ausrichtung gänzlich von dem angesagten kulturellen Selbstverhältnis abhängen, das eine scheinbare Einheit suggeriert. Foucault hält deshalb sowohl die Psychologie als auch die Medizin für zweifelhafte Wissenschaften (vgl. Fink-Eitel 2002: 34 ff.)

Mitte der 1960er-Jahre bricht Foucault mit der Vorstellung eines *freien* Individuums und orientiert sich konsequent am Körper als totem Objekt. In einer ersten Verschiebung seiner geistigen Tätigkeit sucht er nun nach den Formen von Diskurspraktiken, die das Wissen artikulieren, und forscht nach subjektlosen und anonymen Wissensformen, die ausschlaggebend für die Grenzziehung zwischen dem gesellschaftseigenen und dem gesellschaftsfremden Anderen sind. Im Rahmen der *Ordnung der Dinge* schreibt sich Foucault, wie es Kammer et al. treffend beschreiben »durch die kulturellen Archive des alten Europa und gelangt mit seiner ›Archäologie der Humanwissenschaften‹ über die Geschichte der Vernunft und des Wahnsinns hinaus zur Problematisierung der Humanwissenschaften schlechthin, worunter auch die Philosophie zählt, die er selbst unterrichtet.« (Kammler et al. 2014: 4). Es geht also ans Eingemachte. Foucault gelingt mit der Veröffentlichung der *Ordnung der Dinge* auch aufgrund des wunderbar stilistisch-künstlerischen Einstiegs über die Analyse des berühmten Bildes *Las Meninas* (Die Hoffräulein) des spanischen Malers Diego Velázquez, mithilfe derer er die klassische Repräsentation als Wissensordnung vorführt, endlich der Durchbruch.

Abbildung 6 Las Meninas (Die Hoffräulein) Diego Velázquez (1656), Museo del Prado

Die Eingangssequenz, deren Darlegung an dieser Stelle zu ausufernd wäre, sollten Sie sich unbedingt einmal im Original erschließen (Foucault 2008: 33–48). Zudem spielt die spektakuläre Schlussbemerkung über den *Tod des Menschen*, den Foucault am Ende des Buches ausruft, eine große Rolle und verhalf dem Autor zum endgültigen Erfolg. Er legt in *archäologischer Manier* die Vorbedingungen der im 19. Jahrhundert entstehenden Wissenschaften der Biologie, der Humanwissenschaften und der politischen Ökonomie dar und arbeitet grundlegende Wissensordnungen verschiedener Epochen heraus:

- In der Renaissance bilden die *Zeichen* als Grundlage des Wissens mit der Ordnung stiftenden Beziehung der *Ähnlichkeit*[14] die grundlegende Wissensordnung.
- Für die Klassik bildet die ausschlaggebende Beziehung der *Repräsentation*[15] (z. B. die allgemeine Grammatik als ordnendes Tableau) die grundlegende Wissensordnung;
- Für die Moderne bilden *der Mensch* und das Auseinanderdriften des Diskurses und der repräsentierenden Sprache die grundlegende Wissensordnung;

Aufgrund der Entfernung von Diskurs und Sprache wird in der Gegenwart aus dem Subjekt ein sich selbst erkennendes, interpretierendes Subjekt, das Wissensordnungen bestimmt und so selbst zum Objekt der Humanwissenschaften[16] wird. Foucault beschreibt den Menschen in der *Ordnung der Dinge* nicht als stabilen Gegenstand des Wissens. In Analogie zu den vergänglichen Wissensordnungen der *Repräsentation* und der *Ähnlichkeit* haftet auch der Wissensordnung *Mensch* ein großes Maß an Flüchtigkeit an (Foucault OdD 2008: 463). Foucault stellt die Modelle der menschlichen Selbsterkenntnis als äußerst instabil und den Menschen als eine *junge Erfindung* im Rahmen der Verschiebungen der Wissensordnung zwischen klassischer Repräsentation der Zeichen und moderner Interpretation durch das Subjekt im Übergang vom 18. zum 19. Jahrhundert dar. Mit Blick auf die Möglichkeit zukünftiger Verschiebungen ähnlichen Ausmaßes und eines erneuten Bruches in der Wissensordnung schließt Foucault seine Überlegungen mit dem Hinweis,

> dass man in diesem Falle »sehr wohl wetten [kann], daß der Mensch verschwindet wie am Meeresufer ein Gesicht im Sand.« (Foucault 2008 OdD: 463)

---

14 Das Erkenntnisprinzip der Renaissance lässt sich in drei Elementen denken, wobei das Zeichen und das Bezeichnete durch die Vermittlung des dritten Elements, der Ähnlichkeit, verbunden werden (vgl. Fink-Eitel 2002: 39).
15 Anstelle der verbindenden dreigliedrigen Struktur aus Zeichen, Ähnlichkeit und Bezeichnetem tritt ein sich selbst regelndes, künstlich geschaffenes System, das als repräsentatives Spiegelbild des Natürlichen gilt.
16 Die Humanwissenschaften sind bei Foucault: die Psychologie, die Soziologie, die Literatur- und Mythenwissenschaft sowie die Kultur-, Ideen- und Wissenschaftsgeschichte (vgl. Fink-Eitel 2002: 38).

Der Mensch ist für Foucault also nur noch eine diskursive Formation in der wissenschaftlichen Ordnung, die erst vor 1,5 Jahrhunderten auftauchte. Sie wird ebenso zu unbestimmter Zeit wieder verschwinden, da sie lediglich ein Teil der regelgeleiteten Formation des Diskurses ist. Das Subjekt ist, wie wir bereits gesehen haben, nicht mehr länger Ursprung der Erkenntnis.

Foucault selbst beschreibt sein Wirken im Umfeld der *Ordnung der Dinge*, was häufig als die *Diskurs-* oder *Wissensphase* seines Werkes beschrieben wird, als logische Konsequenz aus den beiden vorangegangen Werken:

> »Ich wollte aufzeigen, wie Gesellschaften mit der Ähnlichkeit zwischen den Dingen umgehen, und wie die Unterschiede zwischen den Dingen beherrscht, zu Netzen angeordnet und durch rationale Schemata erfasst werden können. Die Histoire de la folie (Wahnsinn und Gesellschaft, A. d. V.) ist die Geschichte des Unterschieds, Les Mots et les Choses (Die Ordnung der Dinge, A. d. V.) die Geschichte der Ähnlichkeit, der Gleichheit, der Identität« (Foucault 2001: 644).

Wichtig ist, darauf hinzuweisen, dass Foucaults Hauptinteresse – anders als der Untertitel des Werkes vermuten lässt – nicht den Humanwissenschaften selbst gilt, sondern den *Bedingungen der Möglichkeit,* die zur Entstehung besagter Wissenschaften führten.

Mittlerweile arbeitet Foucault an der kritischen Zeitschrift *Critique* mit und unterhält Kontakte zu der oppositionellen Gruppe *TelQuel*, die die gleichnamige literaturkritisch-avantgardistische Zeitschrift herausgibt, in der Foucault neben anderen späteren Poststrukturalist_innen wie Jacques Derrida, Roland Barthes oder Julia Kristeva veröffentlichte.[17]

Noch im Jahr des Erscheinens von *Die Ordnung der Dinge* verlässt Foucault Frankreich erneut und folgt seinem neuen und ab diesem Zeitpunkt langjährigen Lebensgefährten Daniel Defert nach Tunis in Tunesien, wo er von 1966 bis 1968 als Gastprofessor in Philosophie tätig ist. Auch hier ist er ganz engagierter Philosoph und unterstützt die oppositionellen tunesischen Studierenden.

Nach seiner Rückkehr in das ebenfalls von Revolten der Studierenden gebeutelte Paris mischt sich Foucault als Leiter der Philosophischen Fakultät am Pariser *Centre Universitaire Expérimental de Vincennes (CUE)* weiter aktiv in die erbitterten Kämpfe zwischen Studierenden, Politik und Polizei ein und beginnt den von ihm in *Dispositive der Macht* 1978 in aller Deutlichkeit geforderten kämpferischen Intellektuellen zu verkörpern. Eribon schildert die einschneidenden Erleb-

---

17 Die Zeitschrift erschien bis 1982 und wird seitdem unter neuem Titel als *L'infini* weitergeführt http://www.gallimard.fr/Catalogue/GALLIMARD/Revue-L-Infini (abgerufen 29. 08. 2015)

nisse Foucaults in den zwei Jahren seiner leitenden Funktion am CUE mit gebührender Klarheit, wenn er anführt:

> »Es ist wirklich ein ganz anderer Foucault, der aus dieser Schlüsselphase seiner Laufbahn hervorgeht. In weiter Ferne liegt der Akademiker, der an ministeriellen Kommissionen teilnahm oder die mündlichen Prüfungen der ENA abnahm. Diese Gestalt verflüchtigt sich allmählich, gerät in Vergessenheit und aus der Retorte von Vincennes steigt der engagierte Philosoph, der an allen Fronten angreift, an der des Handelns wie der des Denkens.« (Eribon 1991: 297)

Die Gründung der Reformuniversität in Vincenne war politischen Kontroversen ausgesetzt und nicht unproblematisch.[18] Neben anderen Protagonist_innen der Mai-Unruhen in Paris 1968 lehrt Foucault hier neben Alain Badiou, Jaques Rancière oder Hélèn Cixious.[19]

In der *Archäologie des Wissens* – etwas pathetisch heute gerne als *Methoden-Bibel moderner Diskursanalyse* bezeichnet – legt Foucault nicht nur die Hintergründe der *Analyse des Sagbaren* innerhalb des Diskurses dar, sondern übt gleichzeitig radikale Kritik an den reflektierten Methoden seiner vorangegangenen Veröffentlichungen:

> »Auf allgemeine Art räumte die Histoire de la folie (Wahnsinn und Gesellschaft, A. d. V.) einen viel zu beträchtlichen und übrigens ziemlich rätselhaften Teil dem ein, was darin als eine Erfahrung bezeichnet wurde, wodurch das Buch zeigte, in welchem Maße man noch bereit war, ein anonymes und allgemeines Subjekt der Geschichte zuzugestehen. In der Naissance de la clinique (Die Geburt der Klinik, A. d. V.) drohte der mehrmals versuchte Rückgriff auf die strukturale Analyse die Spezifität des gestellten Problems und die der Archäologie eigene Ebene zu verbergen; in Lets mots et les choses (Die Ordnung der Dinge, A. d. V.) schließlich hat das Fehlen einer methodologischen Abgrenzung an Analysen in Termini kultureller Totalität glauben lassen können. Es bedrückt mich, dass ich nicht in der Lage war, diese Gefahren zu vermeiden, ich tröste mich jedoch damit (...), dass sie in das Unterfangen selbst einbezogen waren, denn es hatte, um seine eigenen Maße zu erhalten, sich selbst von den verschiedenen Methoden und den verschiedenen Formen der Geschichte zu lösen« (Foucault 1973: 29).

---

18 Sehenswert ist im Hinblick auf die Reformuniversität in Vincenne der Dokumentarfilm von Virginie Linhart: Vincennes – die revolutionäre Uni (Vincennes, l'université perdue), Frankreiche 2016, 95 Minuten, Arte France et Agat Films & Cie.
19 http://www.egs.edu/faculty/alain-badiou/biography/; http://www.egs.edu/faculty/jacques-ranciere/biography/; http://www.egs.edu/faculty/helene-cixous/biography/

Foucaults nächstes großes Buch veröffentlicht er 1969 und betitelt es mit *Die Archäologie des Wissens*. Hier ändert er den Diskursbegriff dahin gehend, dass der Fokus nun auf der Autonomie des Diskurses liegt, der als diskursive Praxis (z. B. die Psychopathologie) in bildender Weise auf die nicht-diskursiven Praktiken (z. B. die Irrenanstalt) einwirkt. Mithilfe des Diskursbegriffs versucht Foucault, die Gefahren der von ihm bis dahin aufgestellten Theorie zu bannen und ein Auseinanderfallen von Theorie und Praxis zu verhindern. Er beschreibt die Bedingungen, die erfüllt sein müssen, um die Regeln der Formierung von Diskursen zu bestimmen, die die Beziehungen zwischen Sprache und Denken im Diskurs konstituieren. Besagte Regelungen weist er in der Formation der Gegenstände (dem Auftauchen und Verschwinden von Diskursgegenständen), in den Äußerungsmodalitäten des Diskurses (Erzählung, Beschreibung, statistische Tabelle, Bilder, Abhandlung usw.), darüber hinaus in der Formation der Begrifflichkeiten und den verfolgten Strategien in der Auswahl der Themen nach. Diese Regeln ermöglichen es dem Diskurs, von verschiedenen Objekten zu sprechen. Dem Autor und Textproduzenten weist Foucault nunmehr lediglich eine diskursimmanente Funktion zu, die als Instrument zur Verminderung von Widersprüchen, also zur Ausweitung des jeweiligen Diskurses beitragen kann. Diskursteilnehmer_innen nehmen ebenfalls nur vom Diskurs eröffnete Positionen ein und erhalten eine passive Rolle jenseits der Bedeutungs- oder Sinnproduktion. Analyseschwerpunkte sind nun die Bruchstellen im Diskurs, an denen diskursive Formationen grundlegenden Verschiebungen unterliegen, ausgetauscht oder ersetzt werden.

Zu diesem Zeitpunkt charakterisiert Foucault den Diskurs noch als absolut autonom. Der Diskurs weitet durch das In-Beziehung-Setzen der Aussagen über die diskursive Praxis seinen Wirkungsbereich aus oder schränkt ihn ein und ist so vollkommen unabhängig von nichtdiskursiven Praktiken. Einzig das im Rahmen diskursiver Praxis vom Diskurs produzierte Wissen wirkt auf ihn zurück, sodass als eine Synthese dieses Buches der Grundsatz *keine Wissenschaft ohne Wissen – kein Wissen ohne diskursive Praxis* gelten kann.

»Die Archäologie des Wissens: das ist die Analyse der uns überlieferten gesprochenen Sachen, d. h. der aus ihrem nachträglichen ideologischen Kontext gelösten Dokumente des menschlichen Denkens; sie tritt nicht nur an die Stelle der alten Ideengeschichte, sondern macht diese selbst zu ihrem Objekt, entziffert ihre Struktur.« (Vorwort des Herausgebers in Die Archäologie des Wissens, Foucault 1973).

Lebens- und Arbeitsphase III: Die Analytik der Macht

1970 ist Foucault an der Spitze des französischen Wissenschaftssystems angekommen. Für ihn wird eine Professur nach seinen Wünschen am Collége de France eingerichtet. Als Professor für die Geschichte der Denksysteme verlegt Foucault den Schwerpunkt seiner Arbeit endgültig von der beschriebenen *theoretizistischen* Archäologie zur eher *praktizistischen* Genealogie der Macht. Als Wendepunkt in Foucaults Gedankenspielen ist die als Inaugural-Vorlesung am Collége gehaltene Vorlesung unter dem Titel *L'ordre du Discours* zu Deutsch *Die Ordnung des Diskurses* richtungsweisend, die Sie in Auszügen an späterer Stelle noch lesen werden. Hier erweitert Foucault seine bisher archäologischen Überlegungen zum autonomen Diskurs um die Möglichkeiten genealogischer Analysen von Prozessen der machtvollen Diskurskontrolle. Der Diskurs verliert seine Exklusivität und erhält von Foucault ein ihn begrenzendes Außenverhältnis. Namentlich benennt er Ausschlussmöglichkeiten der sozialen Praxis, wie etwa das Verbot, das Tabu oder Formen der Grenzziehung und Ausgrenzung, die den bisher autonom gedachten Diskurs entthronen und Grundbausteine der Machtkonfigurationen darstellen. Darüber hinaus erkennt Foucault als zweite Form der Diskursbeschränkung Verknappungsprozeduren im Diskurs, wie z. B. die Autorfunktion, den Kommentar oder die Disziplin, die er auf der Innenseite des Diskurses ausmacht.

Als Motor der Machtwirkungen im Diskurs identifiziert er die im westlichen Europa ausgeprägte Angst vor dem *unkontrollierten Rauschen des Diskurses,* der mit dem *Willen zum Wissen,* zu Logik und Ordnung begegnet wird. Ziel ist es, herauszufinden, wie genau sich durch die Beschränkungen des Diskurses diskursive Serien und Machtwirkungen bilden. Die Machtwirkungen des unkontrollierten Diskurses basieren auf vier Prinzipien:

- Der Schöpfung neuen Wissens durch den Willen zum Wissen;
- Der Bildung evolutionärer Einheiten und Kontinuitäten;
- Der Herstellung von Ursprüngen und
- der Zuweisung von Bedeutung;[20]

---

20 Der Willkür des Diskurses kann bis zu einem gewissen Grad mithilfe der bereits angesprochenen Verknappungen und verschiedenen Ausschlussmechanismen, durch ein methodisches Aufzeigen bruchhafter Diskontinuitäten und Spezifität entgegengewirkt werden, wenn die Bedingungen der Möglichkeiten der Diskurse bekannt sind.

Als Nebenprodukt der Abhandlung führt Foucault den Beweis, dass die Wissenschaft, nicht wie suggeriert um ihrer selbst willen Erkenntnis und Wahrheit generiert, sondern vom Willen zum Wissen – also vom Willen zur Macht – angeleitet ist. Es ist die Angst vor dem unkontrollierten Wuchern der Diskurse, die in der Konsequenz nicht-diskursive Machtwirkungen (z. B. in Form von Architektur, Institutionen oder Infrastrukturen) und Formen des Begehrens auf den Plan ruft, die wiederum mit dem Ziel der Kontrolle und Bändigung auf die Diskurse wirken.

In der gleichen kreativen Lebensphase verändert sich Foucaults Verständnis des Körpers. Der von Foucault thematisierte Gegenstand menschlicher Körperlichkeit wird von einem starren und gewissermaßen *toten* Objekt zu einem lebendigen Organismus mit der aktiven Kraft zur Äußerung des Willens zum Wissen und somit zur Macht transformiert. Diesen mächtigen Willen zur Macht – Foucault benutzt den Begriff aufgrund seiner Vielschichtigkeit häufig in dessen pluraler Form – sind die Diskurse in der Foucault'schen Philosophie ab den 1970er-Jahren unterworfen.

Lebens- und Arbeitsphase IV: Macht-Wissens-Komplexe

Neben seiner unablässigen und akribischen Forschungsarbeit engagiert sich Foucault auch immer wieder sehr stark politisch. Hatte er sich während der Revolte der Studierenden 1968 sowohl in Tunis als auch in Vincennes für die Belange der Studierenden eingesetzt, nimmt er Anfang der 1970er-Jahre aktiv an Kundgebungen und Demonstrationen für die Interessen von Gefangenen der französischen Justiz teil und gründet 1971 eine Gruppe zur Information über Gefängnisse.

Abbildung 7 Foto: Foucault mit Sartre auf einer Kundgebung[21]

---

21 http://www.teatrovalleoccupato.it/wp-content/uploads/2015/04/Michel-Foucault-demonstration.jpg

Während des Gründungsaktes spricht Foucault:

> »Keiner von uns darf sicher sein, vom Gefängnis verschont zu bleiben. Heute weniger denn je. (...) Unser aller Alltagsleben fällt unter das sich immer dichter zusammenziehende Netz polizeilicher Überwachung (...). Wir stehen unter dem Zeichen der Überwachung. Man sagt uns, dass die Justiz überlastet ist. Wir sehen das wohl. Wenn es aber die Polizei wäre, die sie so überlastet hat? Man sagt uns, dass die Gefängnisse überbelegt sind. Wenn es aber die Bevölkerung wäre, die mit Gefängnissen überbesetzt ist? Wenig Informationen werden über die Gefängnisse verbreitet; sie bilden eine Geheimzone unseres Sozialsystems, eine der Dunkelzellen unseres Lebens. Wir haben ein Recht darauf, Bescheid zu wissen. Wir wollen Bescheid wissen.« (Foucault 1971, z.n. Eribon 1991: 318f.)

Der unerhört politische Foucault besucht sogar die Inhaftierten der *Rote Armee Fraktion* in Stuttgart Stammheim (vgl. Kammler et al. 2014: 7). Dennoch vermeidet er es strikt, sich zu einem politischen Lager zu bekennen. Seine Verweigerung eines politischen Bekenntnisses liegt wiederum in seinem Denkgebäude und insbesondere seinem Machtbegriff begründet. Wie er in dem berühmten Interview mit Noam Chomsky betont, steuert alleine die Macht den politischen Kampf, nicht etwa eine Suche nach einer gerechteren Gesellschaft.

Hören bzw. Sehen Sie in das Interview bei Gelegenheit einmal hinein (Englische Untertitel können über cc aktiviert werden): Interview mit Foucault und Chomsky.[22]

Die Erfahrungen seines politischen Engagements in dieser Sache verarbeitet Foucault einige Jahre später in der bereits in den Vorlesungen über *Die Anormalen* vorbereiteten Abhandlung *Surveiller et punir – Naissance de la prison* im Deutschen als *Überwachen und Strafen – Die Geburt des Gefängnisses*, die im Original 1975 erscheint. Hier skizziert er die Folgen der Machtwirkungen im Rahmen der humanwissenschaftlichen Normierungsprozeduren. Er beschreibt die Machtwir-

---

22 https://www.youtube.com/watch?v=3wfNl2LoGf8

kungen, die durch den Eintritt der Medizin im Rahmen von Zuordnungsproblemen Straffälliger ins Rechtssystem des 19. Jahrhunderts im Diskurs um abweichendes Verhalten auftraten. Die Humanwissenschaften liefern quasi die Theorie der Ordnung, die die Mikrophysik der Machttechniken praktisch erzeugt. Foucaults Argumentationsgang beginnt mit der Beschreibung der klassischen Körperstrafe als Form der Rache des Souveräns am Körper der Täter_in durch öffentliche Marter, die nach den Prinzipien der Willkür im 17. und 18. Jahrhundert praktiziert wird. Im Rahmen der Reformjuristerei vollzieht sich anschließend eine Verschiebung, nach der ein für Alle nachvollziehbarer Strafenkatalog schon allein die Vorstellung der gerechten Strafe als Abschreckung und Normalisierungsprozedur nutzt, sodass die willkürliche und öffentliche Marter durch Antizipation des repräsentativen Strafenkatalogs ersetzt wurde. Im Zuge der Macht der milden Mittel verschob sich der Diskurs abermals dahin gehend, dass der auf abweichendes Verhalten folgende Prozess der Bestrafung, zwar in aller Öffentlichkeit geführt wurde, die Disziplinierung des Körpers während der Haftstrafe jedoch im Verborgenen vollzogen wurde.

Die nach ökonomischen Gesichtspunkten ausgerichtete *Mikrophysik der Macht*, mithilfe derer der nicht normkonforme Körper fügbar und funktionsfähig gemacht wird, äußert sich nach Foucault sowohl in antrainierten Verhaltensweisen als auch in der Konditionierung unter Doktrine oder in der Errichtung von Disziplinarräumen durch architektonische Besonderheiten.

Der Vollzug der Disziplinarmacht gipfelt in der produktiven wie repressiven Machtform der »politischen Ökonomie des Körpers« (Foucault 1976: 37), nach deren Prinzip der menschliche Körper im ersten Schritt *parzelliert* (in verschiedene Funktionsbereiche aufgeteilt), daraufhin *diszipliniert* und in einem späteren Stadium als ein lenkbarer Körper in die Gesellschaft *reintegriert* wird. In Gefängnissen wird dies im Rahmen nicht-diskursiver Praktiken durch Isolierung, Zuordnung von Kennziffern und Räumen wie auch in Form körperlicher Disziplinierung praktiziert. Ziel aller Disziplinartechniken, die Foucault in Schulen, Erziehungssystemen, Fabrikanlagen und Büroräumen ausmacht, ist stets die Normalisierung zum Zweck gesellschaftlicher Integration oder Reintegration.

Eine der provokanten Thesen Foucaults vor diesem Hintergrund ist, dass durch den Aufenthalt in Gefängnissen weniger eine Resozialisierung, sondern viel mehr die gesellschaftliche Delinquenz gefördert wird, was sich heute im Angesicht der amerikanischen Verhältnisse bewahrheitet (vgl. weiterführend unbedingt Wacquant 2009). So werde in den Gefängnissen ein kriminelles Milieu errichtet, das nach der Haftentlassung in der Öffentlichkeit praktiziert wird, was wiederum Verschärfungen der Maßnahmen zur Überwachung rechtfertigt. Der enge Kontakt zur Wissenschaft und das im Rahmen des Gefängnisses über die

Gefangenen angesammelte Wissen verstärkt die Machtwirkungen zusehends (vgl. Fink-Eitel 2002: 77).

Dies zeigt Foucault anschaulich am Beispiel Jeremy Benthams Panopticon von 1787 und überträgt im Zuge dessen angestellte Beobachtungen auf die moderne Gesellschaft mit ihren parzellierten Räumen und Zuweisungen genau definierter Arbeits- und Lebensräume zur leichteren Ortung und Regierung von Subjekten. Das von Foucault verwendete Beispiel für das in die architektonische Praxis umgesetzte Prinzip des Benthamschen Panopticons ist das Innere der Strafanstalt von Stateville (USA) im 20. Jahrhundert. Eine entsprechende Abbildung finden Sie in Foucault 2008: 836, 26. Hier ein aktuelleres Beispiel aus dem Jahr 2005 – das Innere des Gefängnisses Presidio Modelo, Isla de la Juventud, Cuba:

Abbildung 8   Presidio Modelo prison, inside one of the buildings, 2005 by Friman[23]

---

23   CC BY-SA 3.0; Inside one of the prison buildings at Presidio Modelo, Isla de la Juventud, Cuba. 23 December 2005, Quelle: eigene Arbeit, Autor: Friman, abrufbar unter: https://commons.wikimedia.org/wiki/File:Presidio-modelo2.JPG

Der Kreislauf setzt sich aus disziplinierenden Technologien zusammen, die die Gesellschaft in allen Bereichen durchziehen. Die so erreichte Normalisierung erschafft immer auch anormales Verhalten und abweichende Zustände, die wiederum disziplinierender Kontrolle, Klassifikation und Verwaltung der Gesellschaft bedürfen und die Ausbreitung der Normalisierungsprozesse eher vorantreiben als hemmen.

In direkter Verbindung mit dieser Machtform steht auch die sich bereits mit dem Aufkommen des Christentums hervorhebende *Pastoralmacht*. Diese erzeugt durch den ständigen Beichtzwang eine internalisierte Selbstkontrolle, durch die sich das Subjekt in der Form aktueller Machtverhältnisse konstituiert.

Foucault widerlegt die Annahme, dass beispielsweise die Sexualität durch das Christentum unterdrückt wurde, und zeigt Machtwirkungen auf, aufgrund derer der Diskurs durch die Problematisierung und die Verbote über Sexualität zu sprechen, den Gegenstand der Sexualität erst in vollem Ausmaß erschaffen hat und dadurch zwar im Verborgenen, dafür aber vermehrt über Sexualität gesprochen wurde. Beispielsweise wurde es erst durch die Tabuisierung von Sex möglich, das Thema Sexualität auf den Bereich der Familien (in Bezug auf kindliche Sexualität), den Fachbereich der Pädagogik und der Medizin auszuweiten und den Menschen allmählich zum Geständnistier zu machen (vgl. Foucault 1996). Foucault schreibt *Überwachen und Strafen* als Korrelationsgeschichte der modernen Seele und einer neuen Richtgewalt (vgl. Foucault 1976: 33).

In der 1976 gehaltenen Vorlesung mit dem Titel *In Verteidigung der Gesellschaft* führt er neben der Disziplinarmacht, die auf den Körper des Individuums wirkt, eine Machtform ein, die auf das Leben einer gesamten Gesellschaft wirkt. Er schließt somit den von ihm in *Überwachen und Strafen* mit der Souveränitätsmacht begonnenen Machtbogen und führt ihn über die Disziplinarmacht und Mikrophysik der Macht bis hin zur Biomacht. Diese zielt auf den gesamten Gesellschaftskörper und äußert sich in regulierenden Eingriffen bis in das Fortpflanzungs- oder Gesundheitsverhalten der Menschen. Foucault entsagt endgültig den pyramidenförmigen und souveränitätszentrierten Machtvorstellungen.

Die Inhalte der beschriebenen Vorlesung finden sich ähnlich auch im ersten Band der dreiteiligen Reihe zum Thema *Geschichte der Sexualität*, der 1976 erscheint. Grundlegend behandelt Foucault in *Der Wille zum Wissen* die Entstehungsbedingungen der Sexualität und analysiert, wie sexuelle Verhaltensweisen zum Gegenstand des Wissens werden und in Form von Wissen zu wirkungsvollen Machtmitteln instrumentalisiert werden. Die kursierenden Fragen nach sexuellen Vorlieben, nach der Grenze zur Perversität und den Befugnissen polizeistaatlicher Kontrolle (Inszestverbote, Regelung der Sexualität zwischen Verwandten oder Minderjährigen usw.) zwingen den Menschen immerfort zu Bekenntnissen, die es der Biomacht ermöglichen, Kontrolle auszuüben. In Bezug auf die Sexualität stellt Foucault einen blinden Fleck des Machtverständnisses fest, da innerhalb des Diskurses nur der negativ-repressive Part der Unterdrückung, des Verbots, der Tabuisierung und Definition abweichender sexueller Praktiken wahrnehmbar ist. Der produktive Teil des Sexualitätsdiskurses, der durch Ausweitung des diskursiven Feldes allmählich neue Diskursfelder und Gegenstände integriert, andere ausschließt und so Bevölkerungsentwicklung tendenziell mitgestaltet, wird jedoch ausgeblendet und kann nur im Rahmen kritischer Diskursanalysen in der Rückschau thematisiert werden.

Als Fazit dieser Abhandlung zieht Foucault das folgende: Der Macht konstituierende und Wissensformen präferierende Wille zum Wissen dominiert jeglichen Diskurs und generiert als jene gewaltige Ausschlussmaschinerie ständig neues Wissen. Weiterhin distanziert sich Foucault von der Repressionshypothese, nach der Macht negativ und als eine etwas Positives unterdrückende Kraft gedacht wird. Die These erklärt er nicht für falsch oder abwegig, lediglich als viel zu oberflächlich und einfach gedacht. Foucault arbeitet eine monistische Macht als etwas Produktives heraus, das allgemein eine integrative Komponente sowie kein äußeres Gegen hat und dezentral grundlegend die soziale Wirklichkeit erschafft. Als Transportmittel des alles durchdringenden, unheimlichen *Willens zum Wissen* und somit zur Macht sieht er den Prozess der *Diskursivierung*.

Thematisierte *Überwachen und Strafen* die Machtpraktiken körperlicher Disziplinierung und die Ordnung des Sichtbaren, widmet sich Foucault in *Der Wille zum Wissen* vor allem der *Ordnung des Sagbaren* und beschäftigt sich mit dem Zustandekommen des *Dispositivs,* das er als ein Netz aus Diskursen, Praktiken, Wissensformen und Machtwirkungen umschreibt. Mithilfe von Dispositiven, wie dem der Sexualität, ist es den zum Regieren Fähigen möglich, nicht mehr nur auf einzelne Körper zu wirken, sondern auf die Regulierung der gesamten Bevölkerung Einfluss zu nehmen.

Ende der 1970er-Jahre schließt Foucault eine Vorlesungsreihe zum von ihm geprägten Begriff der *Gouvernementalität* an, in der es erneut um die Kunst des Regierens, erstmals jedoch bezogen auf die Gegenwart der grundlegenden Bedingungen des modernen Staates geht. In der ersten Vorlesung mit dem Titel *Sicherheit – Territorium – Bevölkerung – Biopolitik,* die posthum als *Geschichte der Gouvernementalität* veröffentlicht wird[24], verknüpft Foucault den Regierungsanspruch von Personen mit der Fähigkeit zur Anleitung zur Selbstregierung, da es nur so möglich sei, einen *Haushalt* ohne die Regierung gefährdende Selbstbereicherung zu verwalten.

---

24 Gegen den ausdrücklich testamentarisch verfügten Willen Foucaults.

»Führung ist zugleich eine Technik des Anführens anderer (...) und die Weise des Selbstverhaltens in einem mehr oder weniger offenen Feld von Möglichkeiten. Machtausübung besteht im Führen der Führungen und in der Schaffung der Wahrscheinlichkeit. (...) Regieren heißt in diesem Sinne, das Feld des eventuellen Handelns zu strukturieren« (Foucault 1987: 255)

Darüber hinaus trennt Foucault die traditionelle Auffassung vom Regieren von den Prinzipien der Souveränität und des Territoriums ab und ersetzt diese durch die Prinzipien der Selbstbeherrschung und Ökonomie, im Rahmen derer die Bevölkerung an sich als Reichtum und Ressource genutzt und das Soziale ökonomisiert wird (aus sozialen Beziehungen wird Networking). Gouvernementalität beinhaltet also Formen des Regierens anderer als auch seines Selbst.

Aus der Vorlesungsreihe zur *Geschichte der Gouvernementalität* erscheint in einem zweiten Band *Die Geburt der Biopolitik*, in der Foucault die Rahmenbedingungen des Liberalismus vom 18.–20. Jahrhundert darstellt und die regulierende Rolle der gouvernementalen Rationalität auf die Freiheit des Marktes in den Vordergrund rückt. Im Rahmen dessen beschreibt er auch Verschiebungen im Feld der Sozialpolitik. Zielte diese anfangs auf eine gewisse Absicherung gegenüber verschiedenen Risiken ab, verfolgen sozialpolitische Maßnahmen unter dem Mandat der ökonomisierten Politik des gouvernementalisierten Staates nunmehr lediglich das Ziel, den Menschen als Unternehmer seines Selbst durch Zusicherung eines gewissen ökonomischen Spielraums im Wettbewerb zu halten.[25]

---

25 Weiterhin vergleicht Foucault das herrschende Gesellschaftsmodell mit dem Modell eines Unternehmens und charakterisiert den ökonomisch-juridischen Kapitalismus als extrem gestaltbar. Aufbauend auf dem Foucault'schen Gouvernementalitätsbegriff entstanden vermehrt in den 1990er-Jahren interdisziplinäre Forschungsprojekte unter dem Sammelbegriff *Studies of Governementality* (vgl. z. B. Pieper 2003; Rose 2004; Cruikshank 1996).

Lebens- und Arbeitsphase V: Ethik des Selbst

Seit Ende der 1970er-Jahre hält Foucault u. a. Gastvorlesungen in Berkeley, Kalifornien (Howison Lectures), vermehrt Vorträge im Ausland wie in Polen oder Belgien und reist auf der Suche nach innovativen Selbst-Erfahrungen sogar an unwirtliche physische wie psychodelische Orte wie das Death Valley.

Abbildung 9   Foucault im Death Valley

© 2017 Heather Dundas CC-BY 4.0

Das Interview von Heather Dundas zu Hintergründen und Folgen des Roadtrips mit dem Mitglied und Initiator der damaligen Reisegruppe Simeon Wade lesen Sie hier[26]:

Gleichzeitig engagiert sich Foucault weiterhin politisch z. B. für vietnamesische Boatpeople oder die polnische Solidarnosc-Bewegung.

In Foucaults letztem Lebensjahr 1984 erscheinen die Bände II und III der Reihe *Sexualität und Wahrheit*, in denen er sich auf das Subjekt und die zu dessen Konstitution notwendigen Selbstpraktiken konzentriert. Selbstpraktiken sind hierin Zustände, in denen sich das Individuum als Subjekt der Sexualität erkennen kann und sich aktiv zu sich selbst verhält. Hier wendet sich Foucault scheinbar von dem wechselseitig bedingten Willen zur Wahrheit und dem Machtwillen ab und identifiziert die bedingenden Möglichkeiten des Individuums, sich zu einem autonomen Subjekt zu transformieren.

- Wer sind wir jenseits aller Unterdrückungserfahrungen?
- Inwieweit können wir uns selbst zugänglich werden?
- Wie sind die Kategorien der Selbstreflexion und Selbstbeurteilung organisiert? (vgl. Kammler et al. 2014: 6)

sind die Fragen, denen er sich hier stellt.

Verschiedene Techniken, orientiert an Vorbildern einflussreicher Philosophenschulen, sollen es dem Individuum ermöglichen, jenseits der Selbsterkenntnis durch Unterwerfung unter die normierenden Machtbedingungen eine unabhängige Identität zu errichten.

Foucault stellt dem Subjekt, das sich bisher als Objekt des Wissens konstituierte, wie Selbigem, das als Objekt der Machtwirkungen des Diskurses generiert wurde, das sich selbst konstituierende Subjekt gegenüber. Diese Aussicht nimmt er gleichfalls als Motiv, um in den politischen Kampf gegenüber den korrumpierenden Machtwirkungen des Willens zum Wissen einzutreten (vgl. Fink-Eitel 2002: 125).

---

26 https://boomcalifornia.com/2017/09/10/michel-foucault-in-death-valley-a-boom-interview-with-simeon-wade

Er erarbeitet daraufhin als Praktiken des Entgegenwirkens gegen die Machtwirkungen der Gouvernementalität eine *Ethik des Selbst*, die die Analyse der Macht beinhaltet. Aufhänger seiner Überlegungen ist die Problematisierung der Knabenliebe in der ausgehenden Antike und das mit dem Aufkommen des Christentums an Bedeutung gewinnende Ehegelöbnis. Beispielhaft für die Ethik des Selbst zur Erlangung des Status eines selbst-konstituierten Subjekts nennt Foucault Verfahrenstechniken der Konversion, innerhalb derer das Subjekt durch eine aktive Veränderung seiner Beziehung zur Umwelt den Zustand des Wissens über sich selbst verändert. Dies mündet in einer gewissen Sorgfaltspflicht dem eigenen Körper gegenüber, kann sich aber auch in Form von Traumdeutung oder Sexualität als individueller Selbstsorge artikulieren. Trotz seiner intensiven Beschäftigung mit der Antike, der Philosophie von Plato und Sokrates, im Rahmen der er sich mit der Praxis der Aufrichtigkeit – der Parrhesia – auseinandersetzt (vgl. Eribon 1991: 480), ruft Foucault trotz seiner Hochachtung vor dieser Ästhetik des Lebens aber nicht etwa zu einer Rückkehr zu den Tugenden der Antike auf. Er wendet diese auf die Gegenwart und das Leben jedes Individuums an (vgl. Deleuze 1986). Er stellt das Individuum immer noch als Macht-Wissen-Dispositiven unterworfenes Subjekt dar, mit dem Unterschied, dass es ihm jetzt jedoch durch *Selbstpraktiken* möglich ist, sich dazu zu verhalten, sich zu fügen oder zu widersetzen.[27]

Kritisch könnte man anmerken, dass Foucault hiermit quasi zur alten Repressionsthese zurückkehrt, da er der monistischen Macht Bereiche an die Seite stellt, in denen ihr *entkommen* werden kann. Er nennt die *Arbeit, die Kommunikation* und *die Freiheit* als Instrumente, mithilfe derer das Individuum auf die allgegenwärtigen und versteckten Zugriffe der Macht reagieren kann. Andererseits kann auch dieser Versuch ein Gegengewicht bzw. einer Alternative zur Disziplinar- und Biomacht zu bilden, wieder nur als instrumentalisiert und getrieben vom Willen zur Macht gefasst werden, sodass am Ende die Einsicht stehen muss, dass es zwar Möglichkeiten gibt, den Machtwirkungen etwa durch das Offenlegen der Machttechniken *Sand ins Getriebe* zu streuen, dass es jedoch die Mühlen dieser großen Ausschlussmaschinerie nur verlangsamt, nicht aber anhält.

Der Zusammenschluss von Individuen zu sozialen Bewegungen und die damit zwingend verbundenen organisatorischen Maßnahmen stehen laut Foucault bereits wieder im Verdacht, nichts anderes als Prozesse der Normalisierung unter dem Deckmantel der jeweiligen Bewegung zu sein. So werden im Prinzip mit Erstarken der Bewegung unausweichlich Technologien der Disziplinierung und

---

27 Die Selbstpraktiken siedeln sich auf den drei Ebenen der Ethik des Selbst an, die zum einen die moralischen Codes sind, die dem Individuum vorschreiben, wie man lebt, zum anderen das Moralverhalten des Individuums, das gehorcht oder sich widersetzt, und letztendlich die Praktiken des Selbst, die die Subjektkonstitution ermöglichen.

Normalisierung auf den Plan gerufen.[28] Als Mittel des politischen Kampfes werden solche Aktionen leicht von den herrschenden Kräfteverhältnissen in das Netz der disziplinierenden und allgegenwärtigen Macht verwoben und zur Verfestigung der gleichen instrumentalisiert. Macht gedacht nach dem Foucault'schen Modell kann nur funktional agieren, wenn sie im Unbewussten und Verborgenen hantiert. Deshalb ist es, um ihr entgegenzuwirken, existenziell, die Machtwirkungen ans Licht zu zerren, publik zu machen und zu reflektieren. Hierdurch besteht die Chance, sich dazu in Beziehung setzen zu können, sich ihnen gegenüber zu verhalten und aus dieser privilegierten Position heraus zu agieren, anstatt in Passivität ausgeliefert zu sein. Foucault spricht in einem Interview aus dem Jahr 1984 vom Selbstzweck politischen Engagements. Ihm gehe es hauptsächlich um eine »Verflüssigung verfestigter Herrschaftsstrukturen, um der bunten Vielfalt und Ereignishaftigkeit lebendiger Macht zum Durchbruch zu verhelfen« (Fink-Eitel 2002: 121).

Kritik geübt werden muss weiterhin in Bezug auf das ästhetisierende Moment, welches mit einer gewissen Überhöhung des antiken Ideals des philosophischen Intellektuellen einhergeht. Foucault steht gegen Ende seines Werkes unter Verdacht, der großen Masse der Individuen die Fähigkeit, Selbstethik zu praktizieren, abzusprechen.

2018 erscheint posthum gegen die testamentarische Verfügung Foucaults der vierte Band der Reihe *Sexualität und Wahrheit unter dem Titel »Les aveuxs de la chair«*. In dem als »Die Gelüste des Fleisches« ins Deutsche übertragenen Buch analysiert Foucault die Regelung des Geschlechtslebens der frühen Christ_innen durch die Kirchenväter. Hierbei sieht er die Beichte und das Geständnis, das von den Kirchenvätern an den innersten Kern der Individuen gebunden wird als besonders wirksam bezüglich einer enthaltsamen Ethik der Veralltäglichung des Selbsterkennungsimperativs der Antike. Für die zum Erscheinungszeitpunkt des vorliegenden Lehrbuchs noch andauernde Auswertung der 34 Jahre verspäteten Neuerscheinung Foucaults, weist der Foucault Kenner Martin Saar insbesondere Foucaults Darlegung der Entstehung einer Ethik an der Bruchstelle der Verschiebung von Begründungen von Sitten und Normen aus und verweist Augenzwinkernd auf das von Foucault schelmenhaft herangezogene Beispiel der Auseinandersetzung der Kirchenväter mit der plötzlich auftretenden Erektion. Außerdem ist die Neuerscheinung natürlich für alle diejenigen von Interesse, die sich heute mit Geschlechtlichkeit auseinandersetzen. Saar geht soweit, Foucault zum historisch ersten Vertreter der Gender Studies zu küren:

---

28 Foucault hält deshalb individuellen Protest und den Verzicht auf Bündelung der Praktiken, die den Normalisierungsprozessen entgehen sollen, durchaus für effektiver als etwa groß angelegte und organisierte Streiks und Demonstrationen.

»Denn er zeigt sehr ernsthaft, wie viel Thematisierung, Diskurs, Deutung, Regulierung im Kern einer Kultur ringsum das Geschlechtsleben und geschlechtliche Praktiken aufgeführt werden« (Martin Saar im Gespräch mit René Aguigah, z. n. Deutschlandfunk Kultur 2018: Min. 4:58).

Foucaults sehr abrupter Tod im Juni 1984 verhinderte die letztmalige Durchsicht des Manuskripts und damit die Veröffentlichung zu seinen Lebzeiten. Er stirbt 1984 im gleichen Pariser Krankenhaus, das ihm einst zur Recherche zur ›Geburt der Klinik‹ diente, an den Folgen einer HIV-Infektion.

Was bleibt an pragmatischer Essenz des Foucault'schen Gesamtwerks?

Es bleibt die Einsicht, dass gegenwärtige Machtverhältnisse nicht alternativlos in den sichtbaren repressiven Kräften liegen, sondern die wirklich effektiven und folgenreichen Wirkungen der Bio- wie der Normalisierungsmacht unsichtbar in den Individuen auf das, was dem Menschen als Subjektivstes und Innerlichstes seiner Persönlichkeit erscheint, wirken.

So bleibt das durch den frühen Tod Foucaults mit einem Torso vergleichbare Werk eine bereits brennende Zündschnur, die Foucault während seines kurzen Lebens auslegte und an die noch viele diskursive Explosionen gekoppelt sein werden. Vielleicht war dieser spekulative Zustand von Foucault nicht ganz unbeabsichtigt, sodass er mit seinem Lebenswerk der Nachwelt stets ein Motiv für »unruhige Theoriebildung, eines suchenden Denkens in Bewegung« – wie beispielsweise Honneth/Saar 2008 trotz aller Kritik lobend anerkennen – dienen kann, geistige Beweglichkeit zu trainieren, sich an Ungereimtheiten zu stoßen und die offenkundigen Wirklichkeiten zu hinterfragen (Honneth/Saar, in Foucault 2008: Nachwort).

Es ist zu wünschen, dass Sie sich im Speziellen und die Soziologie im Allgemeinen mit der schwierigen Erbschaft, die Foucault hinterlassen hat, weiterhin beschäftigen werden. Sie können diese nun antreten und sich darin versuchen dem Foucault eigenen Anspruch eines/einer Intellektuellen,

»als dem Zerstörer von Evidenzen und Universalien, der in den Trägheitsmomenten und Zwängen der Gegenwart die Schwachstellen, Öffnungen und Kraftlinien kenntlich macht; der fortwährend seinen Ort wechselt, nicht sicher weiß, wo er morgen sein noch was er denken wird, weil seine Aufmerksamkeit allein der Gegenwart gilt; der, wo er gerade ist, seinen Teil zu der Frage beiträgt, ob die Revolution der Mühe wert ist […], wobei sich von selbst versteht, das nur die sie beantworten können, die bereit sind, ihr Leben aufs Spiel zu setzen, um sie zu machen« (Foucault 1978: 198)

zumindest was den ersten Teil des Zitats betrifft, gerecht zu werden.

Foucault im Original lesen: Die Ordnung des Diskurses

Nun sind Sie gerüstet, sich einem der zentralen Texte Foucaults zu stellen. Besorgen Sie sich in Ihrer Bibliothek den unter der ISBN-Nummer 978-3-596-10083-5 verzeichneten Text: Foucault, Michel (2003): Die Ordnung des Diskurses. L'ordre du discourse. (dt.) erw. Ausgabe mit einem Essay von Ralf Konersmann. 9. Aufl. Frankfurt a. M.: Fischer-Taschenbuch-Verl. und lesen diesen vor dem Hintergrund der bisher im Lehrbuch erläuterten Begriffe und Konzepte Foucaults, damit Sie nicht nur aus zweiter Hand mit Foucault in Kontakt kommen.

Die Ordnung des Diskurses ist einer der Texte Foucaults, der seine Intensität ausnahmsweise nicht nur aus der Ästhetik und stilistischen Schönheit der Sprache Foucaults zieht. Er besticht auch nicht wie andere Arbeiten Foucaults durch ein weitreichendes und weitverzweigtes Themenfeld, das bis in die hinterletzte Ecke ausgeleuchtet wird wie z. B. *Überwachen und Strafen*. Zu dem zentralen Text Foucaults macht *Die Ordnung des Diskurses* zum einen der hohe und auf das Wesentliche komprimierte Informationsgehalt des Textes. Neben den inhaltlichen Gründen wird der Text als Antrittsvorlesung am College de France vom neuen Inhaber des *Lehrstuhls für die Geschichte der Denksysteme* Foucault gehalten und nimmt auch deshalb eine Schlüsselposition im Gesamtwerk Foucaults ein. Der Text steht beispielhaft für Foucaults Übergang vom Archäologen zum Genealogen und vollzieht diese Wende mit der Thematisierung der Verfahren, mit denen nicht nur der Diskurs die Sprechenden kontrolliert, sondern mit denen etwas dem Diskurs Äußerliches die Produktion des Diskurses kontrolliert. Hat Foucault bis dahin dem Diskurs eine unangefochtene Vormachtstellung gegenüber den Sprechenden eingeräumt und den Diskurs quasi als so etwas wie eine fundamentale Kategorie verwendet, aus der heraus er sein Gedankengebäude konstituiert, widmet er sich in dieser wichtigen Vorlesung Mechanismen wie z. B. der Doktrin:

> »Die Doktrin führt eine zweifache Unterwerfung herbei: die Unterwerfung der sprechenden Subjekte unter die Diskurse und die Unterwerfung der Diskurse unter die Gruppe der sprechenden Individuen.« (Foucault 2014: 29)

Entgegen seinen bisherigen Gepflogenheiten spricht Foucault hier ganz unverblümt davon, dass es »(…) offensichtlich viele andere Prozeduren der Kontrolle und Einschränkung des Diskurses (…)« (ebd.) gibt. Im Nachfolgenden erhält dann nämlich erstmals die Macht sehr deutlich einen eigenen kategorialen Status neben dem Diskurs und rüttelt an dessen bisheriger Alleinherrschaft. Ruoff beschreibt diese Wachablösung als einen »interessanten Übergangszustand«. Anders als bisher wird nämlich der sonst mit Betonung auf seine Autonomie eingeführte Diskurs von Foucault vor allem in Verbindung mit Ausschließung und Verknappung thematisiert, also mit determinierenden und den Diskurs begrenzenden Faktoren. Foucault führt in dieser Vorlesung also Macht als eine Art Widerpart des Diskurses ein und ändert mit den üblichen Werkzeugen zwei Stellschrauben seines Werks um zwei Umdrehungen:

1) Macht ist nicht mehr nur ausschließend und negativ.
2) Der Diskurs wird nicht mehr zu 100 % als eigenständige Instanz gedacht und wird zum Dispositiv hin erweitert.

Der Effekt des Ganzen ist, dass durch diese Drehung der Stellschrauben das Gesagte des Diskurses gegenüber dem Ungesagten erheblich an Bedeutung verliert. In den sich nach der Antrittsvorlesung anschließenden genealogischen Forschungen formuliert Foucault dann das neue Verhältnis von Wissen und Macht weiter aus. Erstmals praktisch tut er dies während seiner Tätigkeit in einer Gruppierung mit dem Namen »Gefängnisinformation«, die wir heute als NGO bezeichnen würden und natürlich auch in der Analyse des Strafgefangenensystems in *Überwachen und Strafen*. In der Ordnung des Diskurses vollzieht sich also der Übergang von einer negativen ausschließenden und verknappenden Diskursmacht zu einer produktiven aus diskursiven und ebenso nichtdiskursiven Praktiken generierten Macht, die in Form von Dispositiven enorme Wirkung entfaltet.

Bei der Lektüre begegnen Sie zwei der meist zitierten Zitate Foucaults, die aus diesem Text stammen und die genealogische Wende markieren:

> »Ich setze voraus, dass in jeder Gesellschaft die Produktion des Diskurses zugleich kontrolliert, selektiert, organisiert und kanalisiert wird und zwar durch gewisse Prozeduren, deren Aufgabe es ist, die Kräfte und Gefahren des Diskurses zu bändigen, sein unberechenbar Ereignishaftes zu bannen, seine schwere und bedrohliche Materialität zu umgehen.« (Foucault 2014: 10 f.)

Während es in der Archäologie noch darum ging, erst einmal alle Bestandteile des autonomen Diskurses zu bestimmen, geht es nun darum, die dem Diskurs äußeren Ausschließungsmechanismen den internen Verknappungssystemen an die Seite zu stellen.

Intern sorgt so etwas wie eine *diskursive Polizei* dafür, dass die Regeln des Diskurses sich immer wieder selbst zur Anwendung bringen und die Grenze zwischen dem »Wahren« und dem nicht ins »Wahre« des Diskurses gelangenden immer wieder in diskursiven Praktiken gezogen wird (Foucault 2014: 25). Ohne dass also eine externe Institution dafür sorgt vollzieht sich intern eine reflexive Selbstbeschränkung und impliziert in Form von Klassifikationsprinzipien, Anordnungsprinzipien und Verteilungsprinzipien Prozeduren der Verknappung. In struktularer Form ist dies der *Kommentar*, in der Form einer Funktion der *Autor* und in Form regelhafter Konstruktionsweisen die *Disziplin*.

Soweit bekannt führt Foucault aber im Laufe der Vorlesung erstmals auch dem Diskurs äußerliche Prozeduren der Kontrolle ein, die er institutionell verankerte Prozeduren der Ausschließung nennt. Über Verbote werden beispielsweise Subjektpositionen oder Aussageformationen legitimiert oder unterbunden, um das unberechenbar Ereignishafte des Diskurses einzugrenzen. Über Tabus, Rituale oder das Recht werden die Bedingungen der Formation der Aussagen kontrolliert.

Das, was den Diskurs als Wille zur Wahrheit und Grenzziehung zwischen Vernunft und Wahnsinn neben den Verboten machtvoll kontrolliert, ist aber wiederum keine Gruppe von Menschen oder Institutionen, sondern wie Ruoff überspitzt formuliert: der Hang des Westens zu Logik und Ordnung, der einer »tief sitzenden Angst vor dem unkontrollierten Rauschen des Diskurses gleichkommt« (Ruoff 2009: 36).

Ein zweites gerade in aktuellen Strömungen der historischen Soziologie der Praxis sehr beachtetes Zitat formuliert Foucault gegen Ende der Vorlesung, wenn er sich dazu bekennt, dass der Zufall als Kategorie in der Produktion der Ereignisse eingehen muss, auch wenn es keine Theorie gibt, die die Beziehung zwischen dem Zufall und dem Denken denken kann:

> »Die geringe Verschiebung, die hier für die Geschichte der Ideen vorgeschlagen wird und die darin besteht, daß man nicht Vorstellungen hinter den Diskursen behandelt, sondern Diskurse als geregelte und diskrete Serien von Ereignissen – diese winzige Verschiebung ist vielleicht so etwas wie eine kleine (und widerwärtige) Maschinerie, welche es erlaubt, den Zufall, das Diskontinuierliche und die Materialität in die Wurzel des Denkens einzulassen. Drei Gefahren, die eine bestimmte Form der Historie zu bannen versucht, indem sie das kontinuierliche Ablaufen einer idealen Notwendigkeit erzählt.« (Foucault 2014: 38)

Wenn aktuelle Soziologien sich auf Foucaults Konzept der Geschichte der Gegenwart beziehen, um soziale Praktiken und Machtkonfigurationen zu fokussieren, tun sie es mit Blick auf diesen Text, in dem Foucault alle bisherigen Versuche, Geschichte als Einordnung von Ereignissen in kontinuierliche Entwicklungen vor dem Hintergrund von Ideen zu schreiben zu Fälschungen dessen erklärt, was mit Geschichte beschrieben wird und sein neues Geschichtsverständnis erstmals einleitend anspricht. Foucault denkt eine serielle Geschichte und konzentriert sich auf Veränderung und Ereignisse, die diskontinuierlich von der Produktivität der Diskurse physisch hervorgebracht werden und von internen und externen Prozeduren der Macht kontrolliert werden. Sein daraus abgeleitetes Forschungsprogramm stellt er sich wie folgt vor:

»der kritische Teil der Analyse zielt auf die Systeme, die den Diskurs umschließen; er versucht die Aufteilungs-, Ausschließungs- und Verknappungsprinzipien des Diskurses aufzufinden und zu erfassen. (…) Der genealogische Teil der Analyse zielt hingegen auf die Serien der tatsächlichen Formierung des Diskurses; er versucht ihn in seiner Affirmationsmacht zu erfassen, (…) die Macht, Gegenstandsbereiche zu konstituieren, hinsichtlich deren wahre und falsche Sätze behauptet oder verneint werden können« (Foucault 2014: 43).

Das dritte sehr eingängige Zitat lesen Sie direkt zu Beginn des Textes, der sehr geschickt seinen eigenen Beginn behandelt und somit hervorbringt. Hierbei werden Sie Teil des Experiments, wenn Foucault sein Diskurskonzept auch auf das eigene Sprechen anwendet. So gelingt es ihm, die sehr abstrakten Ausführungen der vorausgehenden Abhandlungen mit einer zusätzlichen Hommage an die Literatur quasi live vor Augen zu führen.

Ein Hinweis für diejenigen, die unter hohem Zeitdruck arbeiten: Die letzten fünfeinhalb Seiten sind Gruß und Dankesworte Foucaults an seine Vorbilder und Wegbegleiter. Dies ist zwar nett zu lesen, wenn Sie jedoch selektiv lesen, versuchen Sie es bis S. 44 der Vorlesung zu schaffen und vernachlässigen Sie dann eher den Rest.

Legen Sie also jetzt das Lehrbuch vorübergehend aus der Hand und versetzen Sie sich in einen höchst ehrwürdigen und traditionsgeschwängerten Hörsaal, an die Spitze der französischen Universitätslandschaft, in das College de France. Sehen Sie sich die prestigeträchtige Einrichtung gerne auch einmal im heutigen Zustand an:[29]

... und nehmen Sie dann gedanklich zwischen Claude Lévi-Strauss, Roland Barthes, Fernand Braudel, Georges Dumezil, Raymond Aron und den vielen anderen illustren Wissenschaftspersönlichkeiten der 1970er-Jahre am College de France Platz und werden Sie Teil des Experiments, mit dem Foucault meisterhaft die Crème de la Crème der damaligen französischen Philosophie seiner schelmenhaften Irritation aussetzt ...

2.2 Diskurse in der Soziologie

Wer sich bis hierhin durchgeackert hat, hat sich an der einen oder anderen Stelle sicher gesagt, Foucault schön und gut, aber was bringt mir das? Sie werden im nun folgenden Kapitel für Ihre Geduld belohnt. Sie werden nun diejenigen Elemente, Techniken, Arbeitsweisen und Perspektiven Foucaults kennenlernen, die Sie für Ihre soziologische Arbeit fruchtbar machen können. Hierbei sollen Sie vor allem die analytische Perspektive der *Interpretativen Analytik,* die theoretische Perspektive des *Poststrukturalismus* und neben der methodologischen Perspektive des *archäologischen Arbeitens* die *Genealogie* als methodologische Perspektive näher kennenlernen und sich zu eigen machen.

---

29 www.college-de-france.fr

Interpretative Analytik

Nachfolgende Beispiele belegen, dass die genaue Einordnung von Foucaults Arbeitsweise bis heute schwierig ist. In einer einleitenden Bemerkung zum Foucault-Kolloquium der Gesellschaft für subjektwissenschaftliche Forschung und Praxis beispielsweise stellt sich der Redende die folgende Frage: »Wieso bezieht sich der Holzkamp [, der die Rede hält, A. d. V.] denn hier plötzlich positiv auf Foucault? Der ist doch Strukturalist, Poststrukturalist, Postmodernist oder so was und Holzkamp ist Marxist« (Markard 2003: 1).

Oder bei der Ausstellungseröffnung *Michel Foucault – Hommage zum zwanzigsten Geburtstag*[30] am 15. Juni 2004 wundert man sich:

> »Was wurden dem Mann nicht alles für Etiketten aufgedrückt: Strukturalist. Anarchist. Poststrukturalist. Nihilist. Relativist. Ja, Foucault war, wie Der Spiegel es vor elf Jahren einmal beschrieb, die Sphinx der Postmoderne, die seiner Fan-Gemeinde voller Lust immer wieder neue Rätsel aufgab« (Theis 2015: 1).

Foucault selbst sträubte sich ebenso gegen eine Einordnung, gefiel sich in der »Rolle der Sphinx der Postmoderne« (Der Spiegel 1993: 226) und arbeitete vorsätzlich daran, die Zweideutigkeit in Bezug auf seine Position zu erhalten.[31]

Er beginnt seine Arbeiten zurzeit zweier großer Strömungen der europäischen Wissenschaftsgeschichte und ist deren Wirkmächtigkeit ausgesetzt: der Hermeneutik und dem Strukturalismus.

In der traditionellen Ideengeschichte der Hermeneutik, deren Ursprung bis in die antike Interpretationslehre Platons zurückreicht (vgl. weiterführend Nöth 2000), gilt im klassischen Wortsinn das Prinzip des Deutens, Auslegens und Interpretierens der Wirklichkeit. Geleitet von der Vorstellung eines latenten Ursprungs der Geschichte gehen Hermeneutikerinnen von einem teleologischen Verlauf ge-

---

30 https://www.schwulesmuseum.de/ausstellung/michel-foucault-15-oktober-1926-25-juni-1984-hommage-zum-zwanzigsten-todestag/
31 vgl. hierzu Canguillhem in Marques 1988.

schichtlicher Entwicklung aus, den es zu verstehen gilt. Vor diesem Hintergrund betrachten sie historische Zeugnisse als Dokumente im Rahmen des Gesamtzusammenhangs des großen Ganzen. In der Auffassung der Hermeneutik bilden nicht-diskursive Praktiken einen Verständnishorizont, der bestimmten Begriffen, Gegenständen und Praktiken Bedeutung verleiht und sinnstiftend wirkt. Der Fokus der Hermeneutik liegt auf der Rekonstruktion des *Ungesagten hinter dem Materialen*. Auf Grundlage dessen werden als kontinuierlich charakterisierte zeitliche Entwicklungen periodisiert und Einheiten konstruiert. Durch regelgeleitete Interpretation können Ereignisse auf mögliche gemeinsame Nenner reduziert werden, sodass eine einheitliche Sinntotalität konstituiert wird.

»Hermeneutik heißt die Lehre des Verstehens, die davon ausgeht, dass sich die Einzelheiten eines Textes hinreichend nur unter Bezug auf sein Ganzes und auf das Ganze seines Überlieferungszusammenhanges verstehen lassen. Da aber das Verstehen des Ganzen wiederum vom Verstehen des Einzelnen abhängig ist, befindet sich das Verstehen insgesamt in einem zirkulär-spiralförmigen Prozess: vom Einzelnen zum Ganzen und zurück zum Einzelnen« (Fink-Eitel 2002: 13).

Bezogen auf die Analyse von Diskursen gesteht Foucault der Hermeneutik zu, dass diskursiven Prozessen im Bereich der Humanwissenschaften nur mithilfe interpretativen Verstehens der Geschichte des Subjekts auf die Spur gekommen werden kann. Die Forschenden sind immer selbst Teil des Untersuchungsgegenstandes und Produkt des Diskurses. Verschiebungen und Brüche im Diskurs können jeweils nur vor dem Hintergrund eines Verständnisses der historischen, sozialen und materialen Diskursumgebung funktionieren. Diesen hermeneutischen Vorgang setzt Foucault in seinem Diskursanalysemodell um, wenn er von der zwingend einzunehmenden *Innensicht* auf den Diskurs spricht.

Foucault fehlt in rein hermeneutischen Untersuchungen allerdings die reflektierende Distanz zum Forschungsgegenstand. Der von den Akteurinnen konstruierte Sinnhorizont ist für ihn Illusion und die generierte Bedeutung der Phänomene *erscheint* nur als sinnvoll. In der Auffassung Foucaults konstituieren die Diskurse einen sinnfreien Raum und nutzen den suggerierten Sinn als Instrument regelgeleiteten Wandels. Foucaults Kritik an der hermeneutischen Methode richtet sich darauf, dass ein hinter dem Gesprochenen liegender übergeordneter Sinn konstruiert wird und das sinnstiftende Subjekt als gegebene Tatsache eingestuft wird.

Für Foucault ist die hermeneutische Interpretation nicht das gängige Aufdecken einer im Verborgenen liegenden Bedeutung, sondern ein Aufdecken ohne Ende, das nie aufhört:

»Die Interpretation ist deshalb niemals abgeschlossen, weil es gar nichts zu interpretieren gibt. Es gibt kein absolutes Erstes, das zu interpretieren wäre, denn im Grunde ist alles immer schon Interpretation, jedes Zeichen ist an sich nicht die Sache, die sich der Interpretation darböte, sondern eine Interpretation anderer Zeichen.« Wenn die Interpretation eine unendliche Aufgabe ist, so ganz einfach deshalb, weil es nichts zu interpretieren gibt. Es gibt nichts absolut erstes zu interpretieren, denn auch wenn alles gesagt und getan ist, liegt alldem schon Interpretation zugrunde« (Foucault 2001 (1967): 734)

Aus diesem Grund distanziert sich Foucault ausdrücklich von hermeneutischen Grundprinzipien.

»[Wenn] interpretieren heißt, sich seines Systems von Regeln, das in sich keine wesenhafte Bedeutung besitzt, gewaltsam oder listig zu bemächtigen, und ihm eine Richtung aufzuzwingen, es einem neuen Willen gefügig zu machen, es in einem anderen Spiel auftreten zu lassen und es anderen Regeln zu unterwerfen, dann ist das Werden der Menschheit eine Reihe von Interpretationen« (Foucault 1974, z. n. Dreyfus/Rabinow 1994: 136).

Anstelle von hermeneutisch konstruierten Einheiten, Epochen oder Werken setzt Foucault Serien von Ereignissen, in denen sich die diskursive Praxis artikuliert. Den Begriff der Erzeugung von Erkenntnis, dem die hermeneutische Auffassung der kontinuierlichen Genese der Geschichte entspringt, ersetzt er mit dem Hinweis auf die *Zufälligkeit* und *Diskontinuität* einer seriellen Geschichte durch den von ihm präferierten Begriff des Ereignisses (Foucault 2001: 750 ff.). Darüber hinaus ersetzt er das traditionelle Ursprungsdenken durch das Prinzip der Regelhaftigkeit diskursiver Praxis, das Ereignisse seriell auftreten lässt. Statt der Suche nach der ursprünglichen Bedeutung historischer Dokumente interessieren Foucault deshalb die Bedingungen der Möglichkeit des Auftauchens von Ereignissen.

> Zum Verhältnis der Begriffe des Diskurses, des Ereignisses und der Praxis lesen Sie meinen Beitrag von 2017 auf dem Wissenschaftsblog *Practice Theory Methodologies.*

Die Hermeneutik bekommt lediglich die Positivitäten – die aufgetauchten Ereignisse – in den Blick, wogegen Foucault die *Bedingungen* untersucht, die Aussagen im Diskurs zulassen oder ausschließen. Während die Hermeneutik ihren Forschungshorizont auf Verbindungen zwischen den existierenden Ereignissen legt, geht es Foucault explizit um die Regeln, die die Formationen von Ereignissen bilden (Foucault 2002: 166 ff.). Wer Gefallen am Originaltext gefunden hat, lese den zentralen Text zur Genealogie am besten in der englischen Übersetzung, der Foucaults Programm einer Geschichte der Gegenwart[32] gegenüber der deutschen Übersetzung sehr klar formuliert und online verfügbar ist.

Neben der traditionellen Hermeneutik bildete der konkurrierende und zu Foucaults Zeiten bis in die 1980er-Jahre äußerst populäre Strukturalismus eine weitere Einflussgröße, von der sich Foucault distanziert. Der Strukturalismus geht bekanntlich auf die allgemeine Sprachwissenschaft von Ferdinand de Saussure zurück (Saussure 2001). Dessen 1961 posthum veröffentlichte Grundlagen zu einer damals neuartigen Methode versprechen die Anwendung mathematisch-naturwissenschaftlicher Prinzipien in ihrer Exaktheit auf kulturelle Phänomene der Sozial- und Geisteswissenschaften – im speziellen Fall der Sprachwissenschaften. Be-

---

32 http://www.ucdenver.edu/academics/colleges/CLAS/Departments/philosophy/Students/Documents/%27Nietzsche%2c%20Genealogy%2c%20History%27%20by%20Michel%20Foucault.pdf

kanntlich greift diese Chance einige Jahre später auch der französische Ethnologe Claude Lévi-Strauss auf und überträgt in einer Rezeption Ende der 1940er-Jahre die sprachtheoretische Methode von de Saussure in die Ethnologie. Lévi-Strauss wendet sich gleich seinem Vorgänger von der vorherrschenden Illusion der Repräsentation ab und verschreibt sich ganz der These von der Position der Zeichen in Relation zu einem Gesamtsystem aller Zeichen und dem Prinzip der Bedeutungsgenerierung durch relationales Differenzieren.[33] Während Lévi-Strauss den Strukturalismus im Rahmen von Abhandlungen zu Mythologie und Verwandtschaftsbeziehungen ausarbeitet, gibt es gleichzeitig Versuche, die Analysegegenstände mit einer Art *Gitternetz* binärer Codes zu erfassen und die Bedeutung jeden Elements durch die Merkmale, Korrelationen und Oppositionen im Verhältnis der Elemente untereinander abzuleiten (vgl. Dosse 1996).

Auch Foucault wird häufig leichtfertig mit dieser Konjunktur des Strukturalismus der Nachkriegszeit in Verbindung gebracht. So z. B. auch in der berühmten Karikatur von Maurice Henry *Das Treffen der Strukturalisten*,[34] in der Foucault bei einem imaginären Urwald-Picknick in der Gesellschaft von Lacan, Lévi-Strauss und Barthes abgebildet ist.

Abbildung 10 Picknick der Strukturalisten

Wir schließen uns entgegen dieser Einordnung der Einschätzung von Dreyfus und Rabinow an, die Foucault eine eigene Position außerhalb der beiden anerkannten Forschungstraditionen des Strukturalismus und der Hermeneutik zuspricht (Dreyfus/Rabinow 1994). Foucault selbst distanzierte sich vor allem zu Beginn seines wissenschaftlichen Wirkens mit Nachdruck von Einordnungen seiner Person unter den Sammelbegriff des Strukturalismus. Dennoch wird Foucaults Tätigkeit mit einer unerschütterlichen Beharrlichkeit als »philosophische Synthese der seit 15 Jahren geführten neuen Reflexion [des Strukturalismus, A. d. V.]« *beschrieben*

---

33 Leseempfehlung für Unerschrockene: Lévi-Strauss, Claude (2015): Traurige Tropen. 21. Aufl. [Frankfurt am Main]: Suhrkamp.
34 http://www.die-grenze.com/foucault_ausstellung_bilder/foucault_ausstellung_berlin02.jpg

und er selbst als ein »von der strukturalistischen Welle getragener« Wissenschaftler dargestellt (Dosse 1996: 475). Die Einordnung Foucaults als *Strukturalistischer Wellenreiter* fußt unter anderem jedoch darauf, dass er in seinen früheren Abhandlungen häufig mit strukturalistischem Vokabular gearbeitet hat. Was ihm den Strukturalismus sympathisch erscheinen ließ, ist schlicht die geteilte Auffassung, dass das sinnhafte Subjekt, das sich selbst konstituiert und Sinn konstruiert – wie dies im hermeneutischen Weltbild angelegt ist – im Denken der Strukturalistinnen der Vergangenheit angehört.

Das Sträuben Foucaults gegen das Etikett des Strukturalisten wird ihm produktiver Motor und Reibungsfläche für die eigenen Abhandlungen. Mit dem Ausspruch »Der Strukturalist untersucht Möglichkeiten, der Archäologe sucht nach Existenzen!« (Foucault z. n. Dreyfus/Rabinow 1994: 80), zieht er eine trennscharfe Linie zum Lager des Strukturalismus. Bereits in der *Ordnung der Dinge* unterscheidet er seine Aussagensysteme als kontextabhängige Existenz*funktionen* gegenüber den universalen und transkulturellen Strukturen.

Die strukturalistische Annahme, dass die Konstruktionsgesetze einer Wissenschaft gleichzeitig deren Existenzbedingung darstellen, entspricht dagegen ganz und gar nicht der Foucault'schen Auffassung. Ebenso vehement macht er einen Unterschied im Bereich der Eigenschaften der Gesetzmäßigkeiten und Regeln des diskursiven Sprachflusses. Während der Strukturalismus seine Analysen auf das Ziel ahistorischer, unveränderbarer und darüber hinaus transkultureller Gesetzmäßigkeiten ausrichtet, nimmt die Foucault'sche Diskursanalyse in Anspruch, sich im Sinne der Archäologie auf die Suche nach lokalen und veränderbaren Regeln zu machen. Diese Regeln definieren jeweils vor einem bestimmten zeitlichen Hintergrund und für eine bestimmte Diskursformation – also gerade nicht universal und transkulturell –, was als Aussage gilt. Die von Foucault angenommenen Strukturen sind also weder ahistorisch noch universal und stabil. Er sieht darüber hinaus im Strukturalismus eine Vernachlässigung der Sinnebene, die der Forscher seiner Meinung nach unter allen Umständen nachvollziehen und als gültig akzeptieren muss, um zu gewährleisten, dass er den Diskurs zu Beginn aus der Innensicht betrachten und die sozialen Praktiken, Begriffe und Gegenstände verstehen kann.

Foucault vollzieht also eine Art Radikalisierung des strukturellen Denkens. Er wertet im Zuge seiner Überlegungen und Analysen die Praxis auf und transformiert die im Strukturalismus als störend eingestuften diskursimmanenten Paradoxien wie Ausschluss- und Verknappungsmechanismen in effektive Elemente der Diskursproduktion.

Erweist sich der Strukturalismus also als Bezugspunkt der Abgrenzung als durchaus prägend und einflussreich, kann das Etikett des *Strukturalisten* für Foucault ausgeschlossen werden, was er selbst im Gespräch mit Paolo Caruso unterstreicht:

> »Nun aber sage ich, daß ich mich damit beschäftigt habe, wie der Sinn verschwunden ist, sich gleichsam verfinstert hat, um zur Konstitution des Gegenstandes zu führen. Und eben deswegen kann ich nicht dem sogenannten Strukturalismus zugerechnet werden. Die Strukturalisten stellen das Problem der formalen Bedingungen der Erscheinung von Sinn, wobei sie hauptsächlich vom Modell der Sprache ausgehen: die Sprache, (…), gilt gleichzeitig als Modell für die Analyse der Erscheinung anderer Bedeutungen, die nicht eigentlich sprachlicher Natur sind. Unter diesem Gesichtspunkt kann ich daher nicht sagen, daß das, was ich mache Strukturalismus ist. Ich befasse mich (…) nicht mit dem Sinn, sondern mit den Bedingungen der Veränderung oder Unterbrechung des Sinns: mit den Bedingungen unter denen der Sinn erlischt, damit etwas anderes erscheinen kann« (Foucault/Seitter 1974: 9 f.).

Poststrukturalismus

»Keine soziologische Theorie kann hinter die Grundeinsichten des Poststrukturalismus zurückfallen, weil sie dann das von Phillip Descola formulierte Ziel aufgeben würde, ›die Anforderungen der wissenschaftlichen Forschung mit der Achtung vor den vielfältigen Zuständen der Welt zu versöhnen‹ (Descola 2011: 446)« (z. n. Hillebrandt 2012: 3)

Näher als dem Strukturalismus liegen die Foucault'schen Gedankenspiele den während der Studierendenunruhen 1968 als *poststrukturalistisch* betitelten Rufen nach einer kritischen Auseinandersetzung mit dem Strukturalismus. Die dem Strukturalismus kritisch gegenüberstehenden Positionen, die sich später quer durch die Sozialwissenschaften der 1970er- und vor allem der 1980er-Jahre ziehen, werden neben Foucault damals von den poststrukturalistisch und kritisch denkenden Intellektuellen Julia Kristeva – aktiv an der literaturkritischen Zeitung *telquel* beteiligt, Jacques Derrida – Begründer der Dekonstruktion, oder Paul Ricoeur – hermeneutischer Anthropologe, eingenommen. Gemeinsam ist diesen Positionen der Rekurs auf die linguistische Wende *(linguistic turn)*. Der gemeinsame Rückgriff auf die Saussure'sche Zeichentheorie[35] ermöglicht zu dieser

---

35 Zeichen setzen sich jeweils aus der Triade Signifikat (Vorstellung, Bezeichnetes), Signifikant (Lautbild, Bezeichnendes) und Referent (Ding, Objekt) zusammen.

Zeit eine funktionale Interdisziplinarität in den Bereichen Soziologie, Philosophie, Geschichte, Sprachwissenschaft und Psychoanalyse, da alle von einer konsequenten Semiotisierung der Welt ausgingen. Darüber hinaus verbindet die Poststrukturalisten die gemeinsame kritische Haltung gegenüber dem Strukturalismus. Die hauptsächlichen Kritikpunkte am Strukturalismus können in der Rückschau in drei Bereiche gegliedert werden:

Zum einen vertreten die Poststrukturalist_innen die Auffassung, der vom Strukturalismus in Anspruch genommene wissenschaftliche Objektivismus sei grundlegend überzogen, und eine Wissenschaft, die völlig frei von subjektiven Voreingenommenheiten ihrer Umgebung ist, sei nicht möglich. Strukturalistischen Modellen fehle es somit an Dynamik. Der beanspruchte universale, ahistorische und transkulturelle Gültigkeitsanspruch sei unhaltbar, da sowohl der Untersuchende, als auch die untersuchten Ereignisse immer zwingend von den Bedingungen ihrer Genese abhängig und nur vor dem Hintergrund dieser zu analysieren sind.

Ein weiterer Angriffspunkt ist die fehlende oder nicht in Konsequenz durchgeführte Auseinandersetzung mit dem *konkreten* Sprachgebrauch der Akteur_innen in der Praxis. Die Poststrukturalist_innen betonen die Wichtigkeit der Beschäftigung mit differenzierten Kommunikationsereignissen und deren Erzeugung, die ihrer Meinung nach in strukturalen Analysen auf Kosten theoretischer Überlegungen vernachlässigt wurden.

Drittens sehen die kritischen Nachfolger_innen des Strukturalismus den Fokus ihrer Forschung eher auf Fragen des praktischen Gebrauchs von Symbolsystemen und legen den Schwerpunkt auf die Verhältnisse und Wechselwirkungen zwischen den durchaus existenten abstrakten Strukturen symbolischer Ordnung und den Ereignissen des konkreten Sprachflusses. Eine deutliche Aufwertung der Praxis gegenüber der Theorie lässt sich beispielsweise auch in den Arbeiten von Bourdieu oder Lacan finden. Foucaults 1966 der Öffentlichkeit vorgestellte Schrift über *Die Ordnung der Dinge* liest sich in diesem Kontext als durchaus poststrukturalistischer historischer Rückblick auf die den Epochen zugrunde liegenden Wissensordnungen und Erkenntnisstrukturen, die er als Episteme bezeichnet. Diese Episteme liegen nach Foucault jedoch nicht nur den Erkenntnistätigkeiten, sondern gerade auch deren sprachlicher Fixierung in den Wissenschaften zugrunde.

Wenn Sie in Zukunft also mit Foucault arbeiten, lehnen Sie eine objektivierende Perspektive auf die Ursachen und deren Klärung über differenzielle Relationen von Gegensätzen sowie eine universale Grundstruktur, die gefunden werden kann, ab. Bei Ihren eigenen diskursanalytischen Arbeiten gehen Sie mit Foucault zukünftig von vielen veränderlichen Formen kultureller Strukturen aus, die zudem als interpretationsoffen bzw. -unendlich gelten.

Mit Begriffsfiguren wie Hybridität, Ereignishaftigkeit, Spur, Streuung, Différance, Widerstreit, Assemblage oder Intraaktion werden Herangehensweisen vorgeschlagen, die einen ›anderen‹ Blick auf Prozesse der Ent- und Begrenzung im Kontext von Diskursen, Materialitäten, Technologie, Gender- sowie Staatensouveränität werfen, indem Zusammenhänge jenseits der Logik der Kausalität – die immer zu einer Hierarchisierung führt – aufgezeigt werden. Poststrukturalistische Analysen arbeiten mit theoretischen Konzepten die die Fluidität und Relationalität gesellschaftlicher Prozesse konzeptionell verankert haben und damit neue Sichtbarkeiten ermöglichen. Dadurch provozieren die Poststrukturalist_innen bis heute mit Hilfe dieser konzeptionellen produktiven Störung soziologischer Selbstverständlichkeiten – wie z. B. der Grenzmarkierung zwischen Struktur/Handlung, Theorie/Empirie, Natur/Kultur, Innen/Außen usw. – sowie ihrer relationalen Logik insbesondere innerhalb der deutschsprachigen Soziologie. Die Perspektive des Poststrukturalismus eignet sich besonders für Dekonstruktionen soziologischer Unterscheidungen und ermöglicht es zudem, den Diskurs als soziologischen Grundbegriff, die Dezentrierung des Subjekts und die Rolle von Rhetorik für die Konstitution des Sozialen in den Blick zu nehmen. Vertreter_innen des Poststrukturalismus sind neben Foucault auch Jacques Derrida, Gilles Deleuze, Jean Baudrillard, Jean-Francois Lyotard und gegenwärtig Judith Butler, Gayatri Chakravorty Spivak, Ulrich Bröckling, Paula-Irene Villa oder auch in Variationen Slavoj Žižek.

> Weiterlesen zum Poststrukturalismus bei: Belsey, Catherine (2013): Poststrukturalismus. Stuttgart: Reclam.

Die poststrukturalistische Beweglichkeit des Foucault'schen Denkens und die stetige Wandlungsmöglichkeit, die er sich mit seiner eigenwilligen Methode der Archäologie und Genealogie offen hielt, ermöglichen es Ihnen in Zukunft nicht nur, eine trennscharfe Loslösung von althergebrachten Forschungsmethoden zu vollziehen, die unausweichlich mit ungeprüften Vorverständnissen und Deutungsfiguren sowie hintergründigen Seinslehren beladen sind. Die gewählte Position jenseits von Strukturalismus und Hermeneutik eröffnet Ihnen eine gänzlich neue Perspektive auf den Forschungsbereich der Seinsgeschichte des Subjekts und die Rolle der Diskurse. Eine neue Perspektive auf Diskurs und Gesellschaft. Mit Foucault können Sie es wagen, den Voraussetzungen und Verfahrensweisen der Wahrnehmung über die Rekonstruktion von Ereignisserien auf die Spur zu kommen und so anstelle von teleologisch gedachten Entwicklungen des Weltgeschehens das genealogisch gedachte Geflecht der Diskurse zum Gegenstand Ihrer Forschung zu erklären.

Wenn Sie sich also – um noch einmal unser Beispiel zu bemühen – in Zukunft mit Armut beschäftigen wollen, so können Sie mit Foucault von der Interpretation der augenscheinlich bedeutenden historischen Ereignisse Abstand nehmen und sich der Foucault'schen These verschreiben,

> nach der »die großen Veränderungen (…) auf Taubenfüßen kommen. Es sind Wendepunkte, Verschiebungen und Unterbrechungen, in denen unvermerkt Bedeutungen wechseln, Machtbeziehungen kippen, Kräfteverhältnisse umschlagen.« (Foucault 2014: 84)

Diese Verschiebungen, Wendepunkte und machtvollen Brüche können Sie mit Foucault durch die Kombination aus Interpretation und Analytik aufspüren. Durch die Dekonstruktion der essenziell scheinenden Aussagen des Diskurses sind Sie in der Perspektive der poststrukturalistischen Diskurstheorie in der Lage, Diskursformationen zu untersuchen. Foucaults Diskurstheorie ist deshalb eine poststrukturalistische Theorie, da es schlicht in dieser Denkweise etwas nur dann gibt, wenn es diskursiv erzeugt wird. Wie Frank Hillebrandt in seinem zentralen Text zum *Poststrukturalistischen Materialismus* darlegt, existiert in dieser Denkweise nichts zeitlos, weil kontingent ist, was diskursiv als zeitlos gegeben konstruiert wird (Hillebrandt 2012: 5). Hierin liegt auch der Kern des Anti-Essenzialismus der poststrukturalistischen Diskurstheorie begründet, der Ihr soziologisches Denken ab sofort anleiten kann:

> »Es gibt keine Essenz der Sozialität, die immer gegeben ist. Jenseits des Essentialismus, der die Sozialtheorie auf derartig essenzielle Grundlagen wie zeitlos gegebene Akteur- oder Struktureigenschaften stellt, ist es der poststrukturalistischen Sozialtheorie wichtig, genau die diskursiven Formationen aufzuspüren, die eine Naturalisierung von »Tatsachen« erzeugen, die also Stereotypen als Essenzen der Sozialität bilden und deshalb strukturierend auf die Entstehung und Reproduktion von Praktiken wirken.« (Hillebrandt 2012: 5)

Es bleibt Ihnen überlassen nach der Lektüre dieses Lehrbuchs zu entscheiden, ob Foucault das Etikett des Poststrukturalisten 100 % passt, da er sich, während seines gesamten Lebens in einem Prozess der geistigen Wandlung und Weiterentwicklung befand. Fest steht, dass Foucault mit seinem philosophischen Wirken die geistige Strömung, die mit dem Pauschalbegriff des Poststrukturalismus betitelt wird, mit anderen auf den Weg bringt und beeinflusst. Dahingestellt bleibt, ob er ihr später vorauseilt und sie womöglich auch überwindet (vgl. Fink-Eitel 2002).

»Foucault war ebenso wenig Nihilist wie Subjektivist, Relativist oder Historist. Nach seinem eigenen Bekenntnis war er Skeptiker. […] Als ein zudringlicher Interviewer ihn kurz vor seinem Tod fragte: ›Sind Sie, insofern Sie keine universelle Wahrheit […] behaupten, ein skeptischer Denker?‹, war seine Antwort: ›Unbedingt.‹« (Veyne 2009: 50)

Diese skeptische und grob als poststrukturalistisch beschriebene Denkweise und Perspektive auf die Welt gilt es, für Ihre soziologischen Arbeiten mit Foucault nun einzuüben und mithilfe der Archäologie und Genealogie in Ihren soziologischen Arbeiten in die Tat umzusetzen.

Archäologie

»Man muß jene dunklen Formen und Kräfte aufstöbern, mit denen man gewöhnlich die Diskurse der Menschen miteinander verbindet. Man muß sie aus dem Schatten jagen, indem sie herrschen. Und ehe man sie spontan gelten läßt, muß man aus methodischen Erwägungen und in erster Instanz annehmen, daß man es nur mit einer Menge verstreuter Ereignisse zu tun hat« (Foucault 1973: 35).

Um die dunklen Formen und Kräfte aufzustöbern, wählt Foucault eine Methode, die er *Archäologie* nennt. Da er den Anspruch hat, die Spur verschütteter Voraussetzungen diskursiver Formen der Vergangenheit aufzuspüren und dies ähnlich dem klassischen Archäologen durch das Abtragen einzelner Schichten (erst die Bedeutung, dann den Kontext, dann die Formation) erreicht, greift er den bereits existierenden Begriff der klassischen Archäologie auf und transformiert ihn in sein wissenschaftliches Gedankengebäude. Foucault isoliert erst vereinzelte Diskursfragmente, um sie anschließend zueinander in Beziehung zu setzen und über das Netz der Beziehungen Erkenntnisse über die Existenzbedingungen und das »Warum-so-und-nicht-anders?« des Diskurses zu generieren (Foucault 1973).

Wie wird die Archäologie angewendet?

Dass die archäologische Methode, die Foucault in der *Archäologie des Wissens* expliziert, an Aktualität bis heute nicht verloren hat, bestätigt die ungebrochene Rezeption der Foucault'schen Diskursanalyse, die sich auf die Archäologie bezieht (vgl. Tuider 2007, Diaz-Bone 2003, Bublitz et al. 1999). Diaz-Bone bestätigt, trotz der zahlreichen biografischen Brüche und Selbstkorrekturen im Leben Foucaults, die bis heute andauernde Gültigkeit der in der Archäologie getätigten Aussagen zur Analyse von Diskursen (Diaz-Bone 1999). Das macht die Foucault'sche Archäologie zum idealen Ausgangspunkt der Rekonstruktion von so etwas wie einer Foucault'schen Methode, die Sie für zukünftige Arbeiten nutzen können.

Wann immer Sie Diskurse analysieren, stellen Sie die Praxis der Produktion von Aussagen ins Zentrum. Diese Praxis der Aussagenproduktion errichtet nämlich die Regelmäßigkeiten für die Produktion und Formation von Begriffen, Objekten und Strategien, an denen Sie interessiert sind. Foucault beabsichtigt, im Rahmen der zahlreichen archäologischen Studien, die Willkür bisheriger Begriffsbildung und Wahrheitsproduktion, die vor allem dem hermeneutischen Begriffshorizont zugrunde liegen, aufzuzeigen. Und genau das versuchen Sie auch. Versuchen Sie zu zeigen, dass das, was auf den ersten Blick wie eine kontinuierlich entwickelte Bedeutung von Begriffen und Gegenständen anmutet, tatsächlich nur den Anschein von Kontinuität erweckt und in der Realität von diskontinuierlichen Diskursformationen durchkreuzt wird.

Um Diskontinuitäten, Brüche und Bedeutungsverschiebung zu erkennen, ist es für Sie als Diskursforscher_innen unabdingbar, zunächst einen Schritt hinter den Genealogien (Machtwirkungen) zu bleiben, um so die vertrauten Praktiken als fremdartige Praktiken erscheinen zu lassen. Dies gelingt Ihnen, wenn Sie die methodologische Position eines »gespaltenen Zuschauers« (Dreyfus/Rabinow 1994: 117) einnehmen. Sie müssen zunächst die als seriös akzeptierten Bedeutungszuweisungen im untersuchten Diskursfeld nachvollziehen. Sie müssen sie aus Verständnisgründen vorläufig akzeptieren, um sie in einem nächsten Schritt zurückzuweisen und sie als konstruiert annehmen zu können. Die Forschungsposition einzuhalten gelingt Ihnen dabei nur, wenn Sie vom »transzendentalen Narzissmus« – wie Foucault den festen Glauben an die im Menschen liegende Wahrheit bezeichnet – Abstand nehmen (vgl. Foucault 1973: 117). Erinnern Sie sich immer wieder daran, nicht vom Menschen aus zu denken. Nur dann besteht die Möglichkeit, die Suchaktivitäten auf Seltenheiten anstatt auf reduzierende Sinntotalitäten zu konzentrieren. Konzentrieren Sie sich auf das Beschreiben von Äußerlichkeiten statt auf transzendentale Begründungen. Dies verhindert, dass Sie sich auf ausgetretenen Pfaden verirren, die dem Forschenden an ihrem Ende das Finden ursprünglicher Wahrheiten suggerieren.

Mit der archäologischen Methode verfolgen Sie das Ziel, die wirkenden Selektionsmechanismen der Diskurse zu analysieren und ungleiche Kräfteverhältnissen in Bezug auf die Thematisierung des untersuchten Objekts darzustellen. Statt hermeneutisch ideengeschichtliche Unterschiede zu reduzieren und eine geradlinige Geschichte zu erzählen, müssen Sie Unterschiede suchen. Es geht darum, das Spiel der Unterschiede und Gemeinsamkeiten in seinen Regeln zu begreifen und so das Entstehen dessen, was Sie untersuchen, zu rekonstruieren.

Beginnen Sie auf der Ebene der diskursiven Formationen.

Zur Isolation dieser diskursiven Formationen schlägt Foucault vor, jede

»(...) Aussage in der Enge und Besonderheit ihres Ereignisses zu erfassen; die Bedingungen ihrer Existenz zu bestimmen, auf das genaueste ihrer Grenzen zu fixieren, ihre Korrelationen mit den anderen Aussagen aufzustellen, die mit ihm verbunden sein können, zu zeigen, welche anderen Formen der Äußerung sie ausschließt« (Foucault 1973: 41).

Kern der Archäologie ist damit das akribische Durchforsten eines archivähnlichen Textkorpus als Datenmaterial, im Zuge dessen Sie die Spur aufnehmen, die in der diskursiven Praxis auf die Regelmäßigkeiten der Diskursproduktion verweist. Die Regelmäßigkeiten, die die Existenzbedingungen der Aussagenformationen bestimmen, schreiben sich über die diskursive Praxis in den schriftlich fixierten Diskurs ein und werden an dieser Stelle greifbar.

In archäologischer Manier finden Sie heraus, dass in einem diskursiven Feld bestimmte Wissenstypen im Zeitverlauf durch das Greifen mehrdimensionaler Selektionsmechanismen bevorzugt wurden. Andere wurden vernachlässigt. Daraus ergeben sich Folgen für die diskursiven Inhalte und die reale Praxis. Sie werden feststellen, dass diese Wissenstypen an einen gewissen temporären und geografischen Raum gebunden sind, was sich ebenso auf die Praxis auswirkt.

Wie formulieren Sie eine entsprechende Fragestellung?

»Die Frage wäre zum Beispiel nicht, zu bestimmen, von welchem Augenblick an ein revolutionäres Bewußtsein erscheint, noch welche wechselseitigen Rollen die ökonomischen Bedingungen und die Arbeit theoretischer Erhellung bei der Genese dieses Bewußtseins spielen konnte; es würde sich nicht darum handeln, die allgemeine und exemplarische Biographie des revolutionären Menschen nachzuzeichnen oder die Verankerung seines Vorhabens zu finden; sondern zu zeigen, wie sich eine diskursive Praxis und ein revolutionäres Wissen gebildet haben, die sich in Verhaltensweisen und Strategien anlegen, die einer Gesellschaftstheorie Raum geben und die Interferenz und die wechselseitige Transformation der einen wie der anderen bewirken.« (Foucault 1973: 278)

Sie müssen sich stets daran erinnern, dass niemals alles gesagt worden ist, und die im Diskurs erschienenen Aussagen immer ein Defizit im Vergleich zu allen möglichen Aussagen sind. Foucault nennt dies das Gesetz der Seltenheit (Foucault 1973). Sie fragen nach den Regeln, die diese seltenen Aussagen zugelassen haben.

Am wichtigsten bei der Arbeit mit archäologischem Forschungsdesign ist, dass Sie sich immer wieder ermahnen und erinnern, dass in der Archäologie der Wert der Aussage nicht auf einer inhaltlichen Ebene der Richtigkeit oder Wahrheit bestimmt wird. Es geht nicht darum herauszufinden, welche Aussage richtig ist und welche weniger richtig oder falsch. Die Analyse erfolgt auf einer Ebene, die auf die Positionierung, die Zirkulationsfähigkeit oder die Transformationsmöglichkeit der Aussage abzielt. Nachdem Sie also den Verständnishorizont verinnerlicht haben und die Aussagen identifiziert, geht es nicht mehr um deren Inhalt, sondern um deren regelhaftes Erscheinen und deren Kombination mit anderen Aussagen.

»Man sucht unterhalb dessen, was manifest ist, nicht das halbverschwiegene Geschwätz eines anderen Diskurses; man muß zeigen, warum er nicht anders sein konnte als er war, worin er gegenüber jedem anderen exklusiv ist, wie er inmitten der anderen und in Beziehung zu ihnen einen Platz einnimmt, den kein anderer besetzen könnte. Die für eine solche Analyse typische Frage könnte man folgendermaßen formulieren: was ist das also für eine sonderbare Existenz, die in dem ans Licht kommt, was gesagt wird, – und nirgendwo sonst?« (Foucault 1981: 43)

Was analysiert die Diskursanalyse?

Wenn Sie in Zukunft diskursanalytisch arbeiten liegt Ihr Fokus auf Wissensordnungen, die Praxis hervorbringen und die die normative Wirkung zur Legitimation bzw. Destabilisierung von Gewissheiten transportieren. Nehmen wir wieder das Beispiel Armut: Nicht hinterfragtes Wissen bildet im Zusammenspiel mit routiniertem Handeln Institutionen, die die hervorgebrachte Praxis des Armseins beeinflussen.

Das Ziel einer archäologischen Analyse des Armuts-Diskurses ist es dann beispielsweise, die Möglichkeitsbedingungen der Rationalität sozialer Differenzierung herauszuarbeiten, über die mit der Thematisierung von Armut Individuen klassifiziert werden und je nach diskursiver Kräfteverteilung in Betroffene, nicht Betroffene, Risikokandidat_innen, potenzielle Arme, vorübergehende Arme, Langzeitarme etc. unterteilt werden. Um mit Foucault zu sprechen: Es geht darum, die Möglichkeitsbedingungen der Diskursformationen zu analysieren, die im Diskurs unterschiedliche Positionen eröffnen (Betroffene, nicht Betroffene usw.), die von den Subjekten eingenommen werden (Foucault OdD 2008).

Was macht man aber im praktischen Vollzug und wie viel Spielraum bleibt bei den aufgestellten methodologischen Ansprüchen für die konkrete Umsetzung einer Diskursanalyse?

Im Sinne des Autors – »Was ich geschrieben habe, sind keine Rezepte, weder für mich noch für sonst jemand. Es sind bestenfalls Werkzeuge (...)« (Foucault 1996: 25) – müssen Sie die Modelle des Foucault'schen Begriffshorizonts übernehmen und sich in der methodischen Umsetzung Ihrer Analyse eigenständig, aber reflektiert in der von Foucault dargebotenen Werkzeugkiste bedienen:

Alle seine Bücher »(...) sind, ob Wahnsinn und Gesellschaft oder dieses hier [Überwachen und Strafen, A. d. V.], wenn sie so wollen, kleine Werkzeugkästen. Wenn die Leute sie öffnen und sich dieses Satzes, jener Idee, einer bestimmten Analyse als Schraubenzieher oder Maulschlüssel bedienen möchten, um die Machtsysteme kurzzuschließen, zu disqualifizieren, eventuell sogar die eingeschlossen, aus denen meine Bücher hervorgegangen sind – gut, um so besser« (Foucault 1976: 52).

Diese viel kritisierte Unschärfe der Foucault'schen Methodenreflexion müssen Sie hinnehmen und zu etwas Positivem verkehren. Eine Gebrauchsanleitung zur Diskursanalyse ist nicht möglich, daher spricht Foucault im Hinblick auf die von ihm aufgestellten Hinweise und Anweisungen zur Diskursanalyse selbst von der berühmten Werkzeugkiste, deren unbearbeitetes Werkstück – der jeweilige Diskurs – über die Tauglichkeit, Auswahl und Verwendung der Instrumente entscheiden muss.

Folgt man Diaz-Bone (1999), gibt es einen groben Kurs für alle Diskursanalysen:

- Das Bewusstmachen der Konstruktion diskursanalytischer Praxis;
- Das Bewusstmachen der Unvollständigkeit des sozialen Sinns der Dinge und Praktiken;
- Das Stellen der Frage: Wie wird diese Unvollständigkeit mit diskursiven Praktiken vervollständigt?
- Das Bewusstmachen der Naturalisierungen und deren Denaturalisierung;
- Das Bewusstmachen der Historizität und Kontingenz der Diskurse;
- Das Bewusstmachen, dass diskursive Praktiken »ways of worldmaking« (Goodman 1978) sind;

Die aus dem bisher Gesagten extrahierte *Methode* der Diskursanalyse steht also zunächst im Zeichen der Dekonstruktion. Ist es doch das große Ziel, im Laufe des methodischen Prozesses den Diskurs anhand der diskursiven Praxis durch Dekonstruktion in seine Bestandteile zu zerlegen. Diesen Prozess jedoch nur als pure Dekonstruktion auszuweisen, ist nicht präzise, denn das methodische Vorgehen steht nicht ausschließlich im Zeichen der Dekonstruktion. Im Anschluss an die Dekonstruktion erfolgt zwingend ein produktiver Akt des Wiederaufbaus des in seine einzelnen Elemente zerlegten Diskurses: Sie stellen Beziehungen zwischen den Elementen her, um so Regelmäßigkeiten und Machtverhältnisse zu ergründen. Bemüht man an dieser Stelle ein Bild im Hinblick auf den Diskurs, das bereits von Descartes genutzt und aktuell von Diaz-Bone wiederbelebt wurde, lässt sich die parallele Existenz von Dekonstruktion und Konstruktion folgendermaßen veranschaulichen: Diskursanalyse sei vergleichbar mit der Sanierung eines

Hauses; »Sie zieht in ein Haus ein und zerlegt es von innen (...) und baut es gleichzeitig im Inneren wieder auf« (Diaz-Bone 1999: 8).

Die Notwendigkeit von Konstruktion und Dekonstruktion ergibt sich aus dem archäologisch-genealogischen Paradigma Foucaults. Der Blick der Diskursforschenden richtet sich perspektivisch gesehen erst auf das Innere des Diskurses, dies aber aus einer sicheren Distanz heraus vom Rand des Diskurses. Dies gelingt nur durch die von Foucault beschriebene doppelte phänomenologische Ausklammerung (Schizophrenie) und die akrobatische Schraubendrehung des Maulschlüssels. Denn nur »im Inneren der Gebäude [kann] der Neubau erfolgen.« (Diaz-Bone 1999: 8).

Die Analyse beginnt also auf der Innenseite des Diskurses. Sie müssen erst einmal verstehen, worum es geht. Dies tun Sie jedoch ausschließlich zu dem Zweck, hiernach befähigt zu sein, einen Schritt zurückzumachen und den Diskurs, dessen Teilnehmende und Produkt Sie selbst mit ihren Analyseambitionen sind, als Diskursobjekt aus sicherer Entfernung zu betrachten. Sie beschreiben also die diskursiven Ereignisse. Erst nachdem der Diskurs von innen heraus durch die reine Beschreibung der diskursiven Ereignisse durchstreift wurde (Archäologie), können die Doktrinen, die im Zusammenhang mit dem Paradigma eines kontinuierlichen Fortschreitens der Entwicklung entstehen, durch das In-Beziehung-Setzen der Diskurselemente und das Aufstellen der den Diskurs ordnenden Regelmäßigkeiten zerstört werden. Auf diesem Wege – zwei Schritte vor, einen zurück – wird es möglich, die als ideal und ursprünglich erscheinenden Bedeutungen und Wahrheiten der Aussageformationen als Ergebnisse des Spiels der Willen (pl.) zum Wissen zu enttarnen. Diese Kombination aus Verstehen, Zerstörung und Wiederaufbau bildet das Grundgerüst für die Diskursanalyse (vgl. Foucault 1973: 41).

Vier methodische Grundsätze

Zur Umsetzung dieses abstrakten Anspruches einer Innensicht von außen folgen Sie am besten vier methodischen Grundsätzen, die sich aus der archäologischen Methode Foucaults ableiten. Ein von Foucault häufig bemühtes Prinzip zur Dekonstruktion der diskursiven Einheiten ist das Instrument der *Umkehrung* (1). Hier wird statt auf kontinuierliche Entwicklungslinien, statt auf kausale, zeitlich chronologische und logische Erkenntnisketten das Augenmerk auf Diskontinuitäten und Brüche gelegt. Der Diskurs lässt durch verschiedene Mechanismen der Verknappung und Ausgrenzung, wie z. B. der Autorfunktion, dem Kommentar oder der Disziplin, die Illusion von Kontinuität und Überfluss im Sinne von Unbeschränktheit erscheinen. Durch das Prinzip der Umkehrung richtet sich der Fokus des Interesses bei einer kritischen Diskursanalyse umgekehrt auf die Begrenztheit des Diskurses, auf die Mechanismen und Prozeduren der Verknappung und Ausgrenzung, um über den Umkehrschluss herauszuarbeiten, welche Bedingungen die Möglichkeiten von Aussagen beschränken, im Diskurs aufzutauchen. Hierbei müssen Sie darauf achten, welche Objekte, Begriffe und Strategien gerade nicht bzw. außerhalb des Sagbaren liegen und welche Rahmenbedingungen dazu führten, dass Strategien ermöglicht, jedoch nur teilweise genutzt werden.

Eng mit dem Prinzip der Umkehrung ist das Prinzip der *Diskontinuität* (2) verbunden, das Sie bereits im ersten Teil des Lehrbuchs kennengelernt haben.

Als logische Konsequenz der Diskontinuität ergibt sich ein weiterer methodischer Grundgedanke: das Prinzip der *Spezifizität* (3). Diskurse können im Prozess der Analyse nicht in ursprüngliche Bedeutungen zerlegt und verallgemeinert werden. Es gibt keine Einsicht in eine vordiskursive Welt oder Wahrheit, da diese nicht existiert. Anstelle des Ursprungsdenkens, das noch in zahlreichen Wissenschaften und Weltanschauungen vorherrschend ist, tritt in Foucaults Denkmodell ja die Regelhaftigkeit im Sinne einer alles umfassenden Kraft. So bezeichnet er den Diskurs denn auch als eine Art von Gewalt, die wir den Dingen aufzwingen, wobei es unmöglich ist, einen Blick auf die Dinge vor den Kulissen des Diskurses zu werfen, da der Diskurs erst die Dinge produziert, über die er spricht.

Genau deshalb zwingt die Vorherrschaft des Diskurses den Forschenden zu Analysen an der *Oberfläche des Diskurses* (4). Denn nicht die Bedeutungen und verborgenen Interpretationen in den Tiefen des Diskurses, sondern nur die äußeren Umstände des Zustandekommens, die Bedingungen der Möglichkeiten der seriellen Zufallsreihen, sind über die diskursiven Ereignisse zu analysieren, sodass über die Beziehungen auf Kräfteverhältnisse und Machtwirkungen geschlossen werden kann.

Im Laufe des Forschungsprozesses gilt es also die vier Grundprinzipien der Umkehrung (1), der Diskontinuität (2), der Spezifizierung (3) und der Äußerlichkeit (4) nicht aus den Augen zu verlieren. Dies können Sie zum Beispiel durch eine Verankerung im Rahmen eines Codiervorgangs und der Integration in ein sogenanntes Codierparadigma gewährleisten.

Eine solche interpretativ-analytische Diskursforschung hat dabei in der Praxis der methodischen Durchführung natürlich zwei gravierende Probleme:

1) Es ergibt sich für die empirische Arbeit meistens ein sehr umfangreiches Textmaterial. Die Konsequenz hieraus wäre ein standardisiertes Auswertungsschema inklusive systematisch erstellter Kategorien.
2) Die Untersuchung läuft so aber Gefahr, bei einseitiger methodologischer Ausrichtung auf quantitative Methoden, durch die hierbei notwendigen Standardisierungen Details und Besonderheiten der einzelnen Diskursbeiträge zu übergehen.

Eine Lösung des Dilemmas und die gleichzeitige Möglichkeit der Wahrung des qualitativen Anspruchs der empirischen Sozialforschung bieten die forschungsleitenden Prinzipien des *Forschungsstils der Grounded Theory*, an denen man sich grob orientieren kann. Vor allem das Verfahren des *Theoretical Samplings* und das Prinzip der Kombination aus offenem Codieren bei schriftlich fixiertem und wiederholbarem *Codierparadigma* helfen, die allgemeinen Gütekriterien der qualitativen Sozialforschung und ein Maß an Systematik und Transparenz des Forschungsprozesses zu wahren (vgl. auch Diaz-Bone 2003). Codieren meint in allgemeiner Form, »die Operationen, mit denen Daten aufgebrochen, konzeptualisiert und auf neue Weise wieder zusammengesetzt werden« (Strauss/Corbin 1990, z. n. Krotz 2005: 180).

Die Qualitätssicherung beginnt so bereits vor der Arbeit am Text. Das *Theoretical Sampling*, nachdem die Textauswahl bei der Akquirierung des Textkorpus erfolgt, basiert auf einer umfassenden Recherche des im Forschungsfeld vorhandenen Wissens über den Gegenstand der Analyse. Die Auswahl der ersten Texte erfolgt auf dieser Basis und wird über die Eignung zur Erweiterung des vorhandenen Wissens ausgewählt.

Zu Beginn wird, quasi für die erste Schraubenumdrehung, ein Datenkorpus auf der beschriebenen Basis zusammengestellt. Dieser Textkorpus stellt ein Ensemble aus diskursiven Ereignissen mit dem Geltungsanspruch Wahrheit durch verschieden legitimierte seriöse Sprechakte dar, die im Untersuchungszeitraum in schriftlicher Form fixiert wurden. Aufgrund verschiedener Mechanismen wurden sie zu Teilelementen des Diskurses. Die Tatsache, dass das Textmaterial, welches es ins Licht der Wahrheit schaffte und zumeist von der Wissenschaft als Wissen anerkannt wurde, bereits im Prozess seines Erscheinens von der wissenschaftlichen Disziplin selbst, von Verlagen, der Ökonomie und Bibliotheken wie Archivaren vorsortiert worden ist, wird im ersten Analyseschritt ignoriert, um im zweiten Schritt im Rahmen der Genealogie diejenigen Machtwirkungen des Diskurses analysieren zu können, die zu dieser Selektion geführt haben können.

Die Textauswahl erfolgt also stets aufgrund von theoretisch eingebetteten analytischen Fragen, die sich aus dem Forschungsprozess ergeben und nach Forschungsstand und Forschungsfortschritt variieren. Die entstehende Kette aufeinander aufbauender Fragen, die jeweils mit Entscheidungen für oder gegen neue Auswahlkriterien verbunden sind, spezifiziert sich gegen Ende des Forschungsvorganges.

Jede Auswahlentscheidung ist aus den jeweiligen Grundsätzen und Perspektiven des aktuellen Forschungsstandes der von Ihnen im Verlauf Ihrer Arbeit aufgestellten »Mini-Theorie« über die Diskursformation zu treffen. Hinzu kommt, dass das dreigeteilte Verfahren, die Erhebung der Daten im Rahmen der Textauswahl, die Analyse im Rahmen des Codierens und die Bildung der theoretischen

Thesen mithilfe von Schlüsselkonzepten – dynamisch miteinander verbindet. So geschieht aufgrund der Gleichzeitigkeit und Gleichberechtigung dieser Elemente eine ständige wechselseitige Kontrolle.

Anhand der Auswertung des im ersten Durchgang des Theoretical Samplings selektierten Textmaterials werden vorläufig formulierte Hypothesen bestätigt oder verworfen. Gleichzeitig ergeben sich erneut Vermutungen, Fragen und Konzepte, anhand derer nach weiterführenden Daten in Form von Textmaterial gesucht wird, die geeignet sein könnten, offengebliebene Fragen zu bestätigen oder zu relativieren. Hierbei müssen neue Erkenntnisse, die sich durch wiederholtes Akquirieren von Text bestätigt haben, immer auch mit bereits akzeptierten Ergebnissen und Konzepten, die aus früheren Analysevorgängen stammen, abgeglichen und nötigen Falls wieder verworfen werden. Hieraus ergibt sich eine offene Arbeit, in der sich ständig neue Perspektiven und bisher verdeckte Sachverhalte eröffnen. Der auf vorangegangenen Analyseschritten und generativen Fragen basierende Prozess der Textauswahl wird so lange fortgesetzt, bis aus zusätzlichen Datenauswertungen keine neuen Erkenntnisse mehr generiert werden können. Hierbei beginnen Sie mit der Textrekrutierung in bereits länger zurückliegenden Veröffentlichungen, um dem Grundmuster der archäologischen Methode Foucaults Rechnung zu tragen.

Der historische Rückblick auf die Archive, ohne den eine Diskursanalyse auf den Spuren Foucaults nicht leistbar ist, leitet den Einstieg in die Diskursanalyse ein. Diese wird sich in grobmaschigen Analyseschritten in das Material hineingraben, um mit fortschreitender Analyse und zunehmender Annäherung an den zeitlich relevanten Diskursausschnitt feiner zu werden. Die historische Perspektive verlassen Sie mit Fortschreiten des Forschungsprozesses zugunsten einer gegenwartsbezogenen Analyse.

Die einzelnen Textelemente werden im Allgemeinen zu Beginn in ihrer Ereignishaftigkeit beschrieben. Im speziellen Fall ist eine vorausgehende Bestimmung bzw. Abgrenzung des Diskurses nicht möglich, weshalb sich auf die im theoretischen Auswahlverfahren herangezogenen Texte beschränkt wird. So kann eine Eingrenzung der diskursiven Reichweite und Gültigkeit erst im Nachhinein geleistet werden. Da der Diskurs also erst im Forschungsprozess identifiziert wird, bleibt dem Forschenden keine andere Wahl, als sich u.a. auf Empfehlung Diaz-Bones einfach »kopfüber ins Material zu stürzen« (Diaz-Bone 2003: 8).

So wird mithilfe eines Empirismus zunächst eine Beschreibung des im diskursiven Material vorhandenen Wissens herbeigeführt, die mit jeder weiteren »Drehung der Schraube« Veränderungen und Verschiebungen sichtbar werden lässt. So ist es möglich, immer feinere Unterschiede, Strategien und logische Strukturen der Aussagen – nicht der Autor_innen! – zu differenzieren. Durch das dichte Beschreiben der diskursiven Ereignisse erkennen Sie erste Einheiten der Ereignisse. Diese sind wichtig für die Analyse der diskursiven Formation, die im nächsten Schritt erfolgt. Die zutage geförderten Einheiten aus dem ereignishaften und konstruierten Textmaterial, die sich aus geregelten Abfolgen und Beziehungsnetzwerken von Begriffen, Objekten, Strategien und Äußerungsmodalitäten zusammenschließen, werden nun isoliert betrachtet und dekontextualisiert.

Forschung leitend sind mit Beginn der Textarbeit im konkreten Fall Fragen nach dem Anlass der jeweiligen Publikation, der gewählten Darstellungsform und des hierfür ausschlaggebenden Motivs sowie Fragen nach der Einführung in den Themenbereich, der verhandelt wird. Natürlich muss trotz der späteren Distanzierung vom Sinnverstehen oder traditionellen Elementen der Textanalyse herausgefiltert werden, worum es in einem Text geht, welche inhaltlichen Phänomene behandelt werden und welche davon wiederum als problematisch dargestellt werden. Daran schließen dann in logischer Konsequenz Fragen nach den angeführten Ursachen und Bedingungen der Problematisierungen an.

Nach dem ersten Lesevorgang wird eine Paraphrasierung des Textes durchgeführt. Anschließend werden Vermerke zu Quellenkunde und Textzugang, historischem und situativem Kontext notiert und das Material in einer kurzen Beschreibung zusammengefasst. Im Rahmen der ersten Zusammenfassung werden *offene Codes* erstellt. Diese Codes haben vorläufigen Charakter und dienen sowohl zur Generierung neuen Textmaterials als auch zur Hypothesenbildung und sind im darauf folgenden einem ständigen Prozess des Überprüfens, Anpassens und Abgleichens unterworfen.

Erste diskursanalytische Fragen nach begrifflichen Streuungen, Objekten, nach Strategien und Modalitäten der Äußerungen stellen sich ein und der Fokus richtet sich auf die diskursive Struktur. Die Isolation und Identifizierung einzelner Aussagen und deren Benennung als Kategorien obliegt dem offenen Codieren. Diese Form des Codierens dient als Möglichkeit, die Materialebene des Textes zu verlassen, und zielt auf erste provisorische Kategorien und Hypothesen ab. Bereits die Reflexion über die Rolle des vorhandenen Vorwissens im Rahmen der Bildung erster Kategorien eröffnet generative Fragen und gibt Hinweise auf zu analysierendes Textmaterial. Hierbei wird Äußerung für Äußerung mithilfe kontrastiven Vergleichs in verschiedene Interpretationszusammenhänge gestellt, wodurch verschiedene Kategorien des Diskurses in Form gestreuter Aussagen sichtbar werden. In diesem ersten Schritt geht es darum, einzelne Phänomene zu erkennen, sie zu isolieren und auf ihr Wirkungspotenzial im Diskurs hin zu untersuchen. Hierbei ist es einerseits möglich, sogenannte In-vivo-Codes, die in ihrer Formulierung direkt aus dem Text übernommen werden, oder künstlich konstruierte Codes als übergreifende Kategorien heranzuziehen. Sind die Kategorien im dekonstruktiven Prozess isoliert, müssen sie im konstruktiven Akt in Form von Formationen miteinander vernetzt betrachtet und in Beziehung zueinander gesetzt werden.

Nun werden verschiedene Dimensionen untersucht, in denen die Kategorie in Bezug auf die Forschungsfrage relevant sein könnte. Dies passiert in einer weiteren *Drehung der Schraube,* indem die bereits aufgestellten Hypothesen und Überlegungen zu den identifizierten Aussagen axial codiert werden. Hierbei wird erstmals das Codierparadigma herangezogen und durchgeführt. Dieses kann, um wieder unser Beispiel des Armutsdiskurses aufzugreifen, wie folgt aussehen:

Abbildung 11   Beispiel Codierparadigma

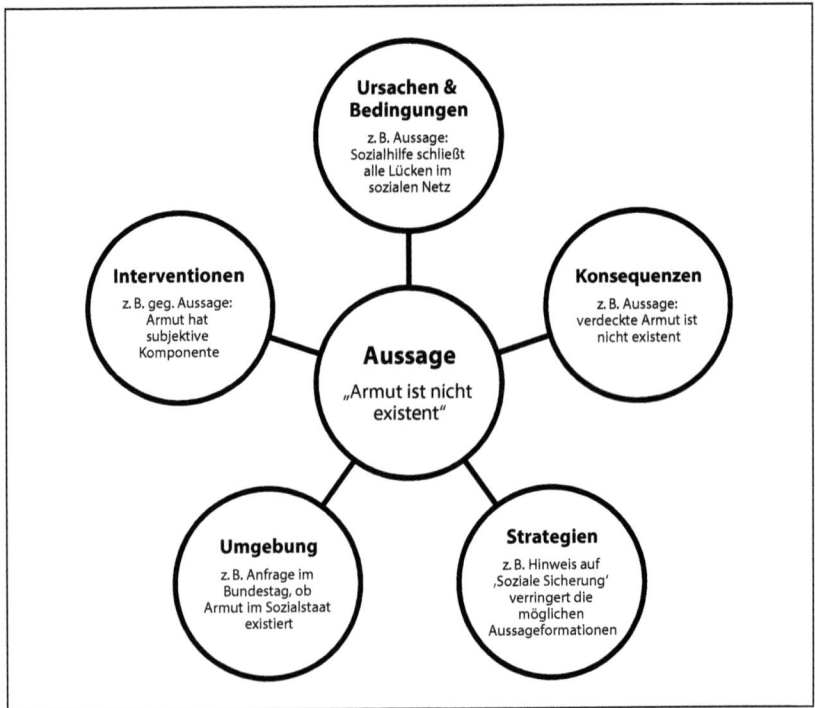

Während dieses vergleichenden Codierschrittes werden bestimmte Hierarchien zwischen den Kategorien sichtbar (vgl. auch Krotz 2005: 183).

Um Ihnen ein weiteres Beispiel zu geben, bestimmt die Aussage zur Existenz einer Wechselwirkung z. B. zwischen Armut und Kapitalismus alle um sie formierten Aussagen, die Adressaten, Ursachen oder Lösungsansätze für Armut thematisieren. Die Kategorie aus dem offenen Codieren avanciert in diesem Schritt zu einer Achse, um die Querverbindungen zu ziehen und ein dichtes Beziehungsnetz anzulegen sind. Axial wird in Hinblick auf ein Ziel – die Eigenschaften einer Kategorie – codiert. Als Endprodukt präsentiert sich dann ein dem Text ordnend zugrunde liegendes Konzept aus mehreren Kategorien als Bedingungen des Auftauchens von Aussagen.

Im dritten Schritt werden beim selektiven Codieren Kategorien und Konzepte aus den offenen und axialen Codes systematisch zu Schlüsselaussagen zusammengefasst. Die Tragweite und Wirkung der Schlüsselaussagen wird ausgelotet. Es wird untersucht an welchen Stellen und zu welchen Zeitpunkten sich der Diskurs auf eines der Schlüsselkonzepte bezieht, die Aussagenkomplexe ausschließen oder reproduzieren. Die Schlüsselkonzepte, die der Prozess des selektiven Codierens produziert, bilden die Stützpfeiler des zu generierenden theoretischen Gerüsts. Schlüsselkonzepte stehen im Zentrum der Formationen, beinhalten eine Vielzahl von Indikatoren und weisen Bezüge zu anderen Schlüsselkategorien auf. Hierbei steht die Schlüsselaussage immer auch in Beziehung zu den Elementen des Codierungsparadigmas.

Grundsätzlich wird mit der Beschreibung der diskursiven Ereignisse der Texte an verschiedenen Stellen angesetzt, um im Anschluss die vereinzelten »Baustellen miteinander zu vernetzen« (Diaz-Bone 2003).

Der methodische Arbeitsschritt des Codierens vollzieht sich auf zwei Ebenen. Einmal auf der Ebene des einzelnen Textes, auf der aus offenen und axialen Codes selektive Kategorien extrahiert und als dem jeweiligen Text ordnend zugrunde liegende Konzepte isoliert werden. Auf einer Makroebene werden mit Fortschreiten des Forschungsprozesses aus den selektiven Konzepten der Texte offene Codes mit Vermutungen und Annahmen über die Modalität des untersuchten Diskurses gebildet. Diese werden mithilfe des Codierparadigmas axial codiert und zu Schlüsselkonzepten in Bezug auf die Forschungsfrage ausgearbeitet. Die Schlüsselkonzepte bilden die Grundpfeiler der theoretischen Überlegungen zur Struktur, Genese, den konstituierenden Mechanismen und Kräften des Diskurses.

Methodisch steht an diesem Punkt noch zur Diskussion, wann ein ausreichendes Maß an Textarbeit absolviert wurde und die Dichte der Daten ausreicht, um repräsentative Ergebnisse vorzeigen zu können. Grundsätzlich gilt: »Je zahlreicher (...) die Indikatoren sind, die sich in ihrer Bedeutung für ein Konzept gleichen, desto höher wird der Sättigungsgrad der Eigenschaften des Konzepts für die sich entwickelnde Theorie« (Strauss 1991: 55). Abbruchkriterien zum Abschluss der Textarbeit sind unter anderem ein auffallendes Wiederholen von Konzepten, eine mögliche Integration dieser in eine zentrale Schlüsselkategorie bzw. Zusammenschluss mehrerer Schlüsselkategorien zu einem Schlüsselkonzept, die Passgenauigkeit des Schlüsselkonzepts auf alle Bereiche der bis dahin generierten Theorie oder das Beinhalten von Erklärungspotenzial auch kontrastierender

Phänomene. Nähert sich der Forschungsprozess seinem Ende, findet sich in neu bearbeitetem Textmaterial immer weniger Unerwartetes und die Aha-Erlebnisse werden seltener bzw. bleiben schließlich ganz aus. Wird sich der Forschende dessen bewusst, wird mithilfe von kontrastierenden Gegenbeispielen (auch fiktiven was-wäre-wenn-Beispielen) versucht, die bisher verifizierten Thesen zu widerlegen und mithilfe von kontrastierenden Texten erneut unterschiedliche Perspektiven einzunehmen.

Wenn Sie Ihr Textmaterial durchcodiert und als Ergebnis eine hierarchische Struktur von Schlüsselaussagen haben, fragen Sie diese Aussagen nach ihren Funktionen für die *Formation der Diskursgegenstände*, für die möglichen und unmöglichen *Subjekt-Positionen*, für die *Formation der Begrifflichkeiten* und die verschiedenen Formen der *strategischen Wahl* ab.

Formationen der Diskursgegenstände

Im Sinne Foucaults gilt es bei den Gegenständen zunächst, die »erste Oberfläche ihres Auftauchens« zu finden (Foucault 1973: 62). Sie müssen herausfinden, in welchen diskursiven Feldern und Bereichen der Diskursoberfläche die Gegenstände erstmals auftauchen.

Danach beschreiben Sie die verschiedenen Instanzen der Abgrenzung zwischen ihnen. Disziplinen werden bestimmt, die die Objekte in der Gesellschaft als hauptsächlich verantwortliche Instanzen als Gegenstände beurteilen, bezeichnen, benennen und einsetzen. Sie sind für die Abgrenzung der Objekte innerhalb des Diskurses wie gegenüber diskursfremden Elementen zuständig. Nachdem alle einflussreichen Instanzen isoliert worden sind, arbeiten Sie die hierarchische Struktur heraus.

Diskursobjekte tauchen unter Anwendung verschiedener Raster der Spezifikation im Diskurs auf. Nehmen wir wieder das Beispiel des Armutsdiskurses: Armut wird nach ihren Ursachen, nach ihrem Ausmaß, aufgrund ihrer Folgen usw. innerhalb des Diskurses anderen Konzeptualisierungen gegenübergestellt, von ihnen unterschieden, ihnen angenähert oder ihnen gegenüber gruppiert (vgl. Foucault 1973: 64). Die Einheiten der Objekte des Armutsdiskurses bilden sich durch eine Gesamtheit determinierter und determinierender Beziehungen, die sich zwischen diesen Spezifikationsrastern entfalten.

Es ist zentral, die Bedingungen dafür zu untersuchen, dass ein Ereignis in bestimmter Spezifizierung zum Gegenstand des Diskurses wurde, dass darüber gesprochen werden kann, dass letztendlich Unterschiede, Entfernungen, Ähnlichkeiten und Transformationen in Bezug auf dieses Objekt hergestellt werden konnten:

»Der Diskurs charakterisiert sich keineswegs nur durch bevorzugte Objekte, sondern durch die Art, seine – übrigens breit gestreuten – Gegenstände zu gestalten. Diese Gestaltung wird gewährleistet durch eine Gesamtheit von zwischen den Instanzen des Auftauchens, der Abgrenzung und der Spezifizierung aufgestellter Beziehungen« (Foucault 1973: 67).

Im Diskurs auftauchende Objekte stehen hierbei nicht etwa außerhalb des Diskurses und sind in irgendeiner Weise präexistent. Armut gibt es nur im Diskurs, der sie hervorbringt. Armut steht nicht am äußeren Diskursrand in einer Warteschlange und versucht ein Hindernis zu überwinden, das ihr den Zugang zum Diskurs versperrt. Der Diskursgegenstand, das Objekt existiert nur »unter den positiven Bedingungen eines Bündels von Beziehungen« (Foucault 1973: 68). Diese Beziehungen herrschen zwischen Institutionen, gesellschaftlichen Prozessen, ökonomischen Tatsachen, zwischen Normen, Verhaltensweisen, zwischen Techniken und Charakterisierungsweisen. Sie bestimmen zwar nicht den Gegenstand selbst, dafür jedoch die Regeln, nach welchen besagte Beziehungen hergestellt werden, können und es ermöglichen oder verhindern, dass der Gegenstand zum Objekt des Diskurses wird.

Methodisch heißt das, dass Sie sich nicht einen Gegenstand zum Ausgangspunkt der Analyse machen, sondern sich der Gegenstand von Diskursen erst während der Analyse heraus kristallisiert. Dadurch, dass man die diskursiven Formationen herausarbeitet, wird erst der Gegenstand des Diskurses deutlich. Es kann also sein, dass Sie sich vornehmen, den Armutsdiskurs der Caritas zu untersuchen, und während der Analyse feststellen, dass hier nicht Armut der Gegenstand des Diskurses ist, sondern Barmherzigkeit. Am Ende haben Sie dann den Barmherzigkeitsdiskurs analysiert, der möglicherweise ein Teildiskurs des Armutsdiskurses ist.

Daran schließen Sie Fragen nach dem Grund des Auftauchens eines neuen Gegenstandes an. Aufgrund welches Beziehungsgeflechts von diskursiven und nichtdiskursiven Praktiken ist in der konkreten historischen Situation Barmherzigkeit als Gegenstand für den Diskurs in Erscheinung getreten?

Formation der Äußerungsmodalitäten

Im Bereich der Formation der Äußerungsmodalitäten arbeiten Sie heraus, wer spricht und von welcher Position aus gesprochen wird. Wer hat im speziellen Fall das Recht, Äußerungen zu machen und vor allen Dingen – welcher Art sind die Bedingungen, unter denen die Berechtigung der Sprechenden zustande kommt?

Institutionen, Zulassungsbeschränkungen, der Erwerb legitimer Bildungstitel, vorgezeichnete Karrierewege und Wandlungen im Status der Sprechenden werden hierbei z. B. berücksichtigt. Darüber hinaus klären Sie, welche Besonderheiten die Sprache vorweist und wer sie aus der Menge aller aussagenden Individuen im doppelten Wortsinn beherrscht. Der Aussagenstatus der Sprechenden ist durch die benutzte Sprache legitimiert. Umgekehrt: Entsteht nicht auch durch die Art des Sprechens, durch Sprechende und deren Status ein Wahrheitsanspruch? Sie prüfen die zur Analyse bestimmten Texte auf ihre Darstellung und Präsentation der Inhalte und teilen sie entsprechend in grobe Klassifikationen. Sind die Äußerungen beispielsweise quantitative Auszählungen, biografische Erzählungen, statistische Schätzungen, Überprüfungen, induktive oder deduktive Schlussfolgerungen usw. (vgl. Foucault 1973)? Innerhalb der Texte sind die Äußerungsmodalitäten von Hierarchien und Untergliederungen, Nachfragen, Informationsaustausch usw. geprägt.

Um die weiter oben gestellte Frage nach der Position, aus der gesprochen wird, zu beantworten, werden die institutionellen Plätze beschrieben, von denen aus die Aussagen getätigt werden. Um dies an unserem Beispiel zu illustrieren: Diese institutionellen Plätze können im Armutsdiskurs das Arbeitsamt, der Bundestag, die Wohlfahrt, ein Forschungsinstitut, die Soziologie usw. sein. In der Vorausschau ist diesem Phänomen besonders in Hinblick auf einschneidende Veränderungen und Verschiebungen der Bedeutung dieser Plätze aufgrund der Legitimationskraft derselben Aufmerksamkeit zuzuteilen. So könnte ein Ergebnis dieses Analyseschrittes sein, dass die Schule im Angesicht der wachsenden Kinderarmut und der Verschiebung des Erziehungsauftrages im Rahmen des Wandels der Arbeitsgesellschaft und der zunehmenden Vollberufstätigkeit von Müttern eine Aufwertung in der legitimierenden Hierarchie der institutionellen Sprecherorte innerhalb des Armutsdiskurses erfahren hat.

Formation der Subjektposition

Im Anschluss an die Analyse der Äußerungsmodalitäten der Aussagen werden die sich eröffnenden Positionen für das Subjekt betrachtet.

Hier müssen Sie herausfinden, ob es sich bei den geöffneten Positionen um ein

»fragendes Subjekt mit einem bestimmten Raster mehr oder weniger expliziten Fragestellungen (…) [oder um ein, A. d. V.] horchendes Subjekt gemäß einem, bestimmten Informationsprogramm« handelt, »ist [es ein] betrachtendes Subjekt mit einer Tafel von charakteristischen Zügen und notierendes Subjekt gemäß einem deskriptiven Typ« (Foucault 1973b: 78).

Es geht also in gewisser Weise um den Status, den institutionellen Ort des Subjekts, um die Situation und die »Einreihungsweise des diskursierenden Subjekts« (Foucault 1973b: 95).

Die Subjektpositionen, die die Individuen an bestimmten Stellen des Diskurses einnehmen können, sind abhängig von der umgebenden Situation, die vom Verhältnis zu Gebieten, Gruppen und Einheiten von Gegenständen geprägt ist. Subjektpositionen eröffnen sich aus dem Zusammenspiel bestehender Beziehungen zwischen dem umgebenden Raum – z. B. einer Behörde – und den verschiedenen Techniken der Wahrnehmung des Menschen als Kunde_in, als Bittsteller_in, als Abhängigem, als Beurteilendem, als Entscheidendem usw.

Die vom Diskurs dargebotene Subjektposition ergibt sich aus den verschiedenen Rollen und den Verhältnissen, die zwischen diesen Rollen herrschen. Foucault greift zur Verdeutlichung die Subjektposition des Arztes und dessen Rolle als Arzt, als Pädagoge, als Lebensberater, als Vertrauter, als Gutachter usw. auf. Die Subjektposition als die »Position, die unter bestimmten Bedingungen mit indifferenten Individuen gefüllt werden kann« (Foucault 1973b: 167), vermittelt dem Individuum, welches Gegenstand von Disziplinierung und Regierung ist, ein bestimmtes Selbstverhältnis und formt mit dem variablen Netz an Beziehungen (zwischen Rollen, zwischen Äußerungsmodalitäten und Wahrnehmungstechniken) die Beziehung zu sich selbst.

So eröffnet die offenstehende Position dem Subjekt die Möglichkeit, sich als Element im Diskurs zu positionieren. Im Rahmen der Diskursanalyse wird überprüft, welche Art der sprachlichen Äußerung ein Individuum machen muss, um eine Position im Diskurs zu erlangen. Die verschiedenen Subjektpositionen weisen auf die im Diskurs vorherrschenden Formationsregeln hin, die dem Individuum die genauen Modalitäten der Position vorgeben. Das Individuum in der jeweiligen Subjektposition ist ein Produkt des Diskurses und muss sich den Regeln der Aussage unterwerfen, um als Subjekt auftreten zu können.

Formation der Begriffe

Auf der Ebene der diskursiven Praktiken ist es aufgrund deren Regelhaftigkeit und Systematik möglich, die Begriffe, ihre Verschiebungen, ihre Überlagerungen mit anderen Begriffen oder auch Brüche in der Formation der Begriffe zu analysieren. Dies tun Sie unter der Prämisse, dass Sie nicht die Begriffe selbst in ihrer Materialität untersuchen, sondern den Fokus Ihrer Aufmerksamkeit auf das diskursive Feld richten, in dem die jeweiligen Begriffe produziert werden und existieren. Die Begriffe, die in einem diskursiven Feld auftauchen, entstehen im Zusammenhang mit dem anonymen Wahrheitsspiel, da sie den gleichen Regeln unterliegen. Es ist sinnvoll, die Begriffe, das Feld, in dem diese auftauchen und dessen Organisationsstruktur genauer zu betrachten. Die Organisation eines diskursiven Feldes macht sich in Formen der Abfolge von Begriffen bemerkbar. Hier bestimmen Sie, wie die Begriffe in den Äußerungsfolgen angeordnet sind. Begriffe können in ihrem Auftauchen nach einem Schema der sukzessiven Verallgemeinerung oder Spezifizierung untersucht werden. Sie untersuchen also auch, wie Begriffe räumlich verteilt sind, wie die Ordnungskategorien während des Erzählens sind, welche rhetorischen Schemata vorherrschen, durch die die Aussagen kombiniert werden können, und ob Häufungen bestimmter Begriffe auftreten.

Um die Formation der Begriffe und die Modalitäten und deren Abfolge im Diskurs zu komplettieren, müssen abschließend sogenannte Prozeduren der Intervention definiert werden, die auf die Aussagen angewendet werden. Sie suchen hierbei nach Techniken der Neuschreibung, z. B. Umschreiben von linearen in tabellarische Beschreibungen, Techniken der Transkription oder Techniken, um alltägliche Beschreibungen in eine formale Fachsprache zu übertragen, Techniken der Übersetzung, z. B. von quantitativen Formulierungen in qualitative, Techniken der Systematisierung, z. B. Verbindungen bereits bestehender Aussagen im Zusammenhang.

Die Teilelemente der Analyse des Systems der begrifflichen Formation sind auffallend heterogen. Bezeichnend für eine bestimmte Formation der Begriffe in einer diskursiven Formation ist jedoch die Beziehung, genauer die Art und Weise der Beziehung zwischen den verstreuten Begriffen. Das heißt, das Ziel der Analyse der begrifflichen Formationen ist es, die Verbindungen und Relationen aufzuzeigen, die das Feld charakterisieren, in dem bestimmte Begriffe in ihren Abfolgen nebeneinander bestehen können, und die Regeln zu bestimmen, denen das Feld hierbei unterworfen ist (vgl. Foucault 1973: 89).

Formation der Strategien

Neben den Formationen der Objekte, der Subjektpositionen und der Begriffe findet sich im Gewimmel des Diskurses eine Anzahl verschiedenster Strategien. Mithilfe dieser werden Aussagen, die bereits im Verlauf des Diskurses thematisiert wurden, wiederbelebt, gewisse Themen als diskursive Dauerbrenner stabilisiert, andere ursprünglich unvereinbare Themen in den Diskurs integriert oder gegenläufige Themengebiete ausgeschlossen. So eröffnet jede diskursive Formation eine Art Manövrierraum (vgl. Dreyfus/Rabinow 1994). In diesem von Foucault als »Feld möglicher Optionen« (Foucault 1973b: 97) bezeichneten Raum werden durch die Unvereinbarkeit der sich darbietenden Handlungsoptionen verschiedene Formen der strategischen Entscheidung eingefordert, die sich anbietenden Handlungsoptionen mit allen Konsequenzen zu nutzen. Jede Entscheidung für oder gegen die Problematisierung eines Themas vor dem Hintergrund einer bestimmten Begriffs- und Objektformation ist mit einer spezifischen Strategie zur Lösung des Problems verbunden.

Wie und warum verteilen sich also Themen und Theorien und in der Folge Lösungsstrategien im seriellen Ablauf des Diskurses?

Um die Diskursstrategien zu isolieren, müssen Sie mögliche Bruchpunkte des Diskurses bestimmen. An diesen Bruchstellen finden sich in der Regel zwei Objekte, Begriffe oder Äußerungsformen, die nach denselben Regeln gebildet werden, aber eine Alternative zueinander darstellen, die in einem entweder ... oder bzw. in zwei Aufhängungspunkten einer Systematik (der Strategie) gipfelt. Diese Punkte nennt Foucault »Punkte der Inkompatibilität« (Foucault 1973: 96).

Von jedem Ausgangspunkt leitet sich eine kohärente Serie von Gegenständen, Äußerungsformen und Begriffen ab und bildet so neue diskursive Teilmengen. Die strategische Wahl bei Foucault könnte man als eine aus verstreuten Themen gebildete Einheit bezeichnen. Die Themenkomplexe eröffnen ein Feld möglicher Optionen und gestatten verschiedenen und einander ursprünglich ausschließenden Architekturen, nebeneinander oder nacheinander aufzutauchen.

Mit den Formationen der Objekte, Begriffe, Subjektpositionen und den auf theoretischen Wahlen basierenden Strategien sind die vier Kategorien zur Beschreibung der Diskursereignisse benannt.

Explizite Mechanismen und Prozeduren der Diskurskontrolle haben Sie bereits bei der Lektüre des Originaltextes zur Ordnung des Diskurses kennengelernt. Diese Prozeduren gilt es, im Rahmen der Analyse des Diskurses methodisch herauszuarbeiten. Grundsätzlich ist zwischen internen und externen Kontrollprozeduren zu unterscheiden.

Im Bereich der externen Kontrollprozeduren arbeiten Sie verschiedenen Formen des Verbots, der Grenzziehung und des Ausschlusses durch den bzw. die Willen zum Wissen heraus. Nach Foucault finden Sie z. B. drei Formen des Verbots in Diskursen vor: das Tabu, das Ritual und das Recht.

Die Funktion der Tabuisierung zielt auf die Formation der Diskursobjekte ab und tabuisiert Gegenstände des Diskurses. Ein unausgesprochenes, aber gesellschaftlich legitimiertes Verbot über ein bestimmtes Thema zu sprechen, wird verhängt. Formen dieser Art der Diskurskontrolle sind z. B. in der Tabuisierung von Armut im Wohlfahrtsstaat der 1980er-Jahre oder dem Tabu der Altersarmut in den 2000er-Jahren zu finden.

Im Falle der Ritualisierung betreffen die Kontrollmechanismen nicht das Diskursobjekt selbst, sondern definieren bestimmte Umstände, die als Voraussetzung erfüllt sein müssen, um ein bestimmtes Thema problematisieren zu dürfen. Sie arbeiten diesbezüglich heraus, an welchen Stellen des Diskurses sogenannte Rituale den Wahrheits- und Gültigkeitsgehalt von Aussagen bestimmen.

Ein in seiner Wirkung nicht zu vernachlässigendes Verbot innerhalb des Diskurses ergibt sich aus dem juristischen oder ethisch-moralischen Recht des legitimen Sprechens. So gibt es Situationen, in denen nicht jeder Diskursteilnehmende das Recht hat, zu sprechen oder wo nicht der Grundsatz des gleichen Rechts für alle gilt. Einige Subjektpositionen sind aufgrund der gegebenen Umstände bevorzugt berechtigt, Aussagen zu tätigen.

Nicht in dem Ausmaß, wie dies für das Gegensatzpaar der Vernunft und des Wahnsinns in Foucaults Untersuchung von Wahnsinn und Gesellschaft am Beginn der 1960er Jahre der Fall war, dennoch herrschen z. B. auch im Armutsdiskurs Grenzziehungen vor, die das diskursive Feld beeinflussen. Bei der eingehenden Betrachtung werden Strategien der Grenzziehung sichtbar, die verschiedenste Aussagen zwar nicht als wahnsinnig, jedoch als abwegig oder utopisch charakterisieren. Gegen diese wird mit Appellen an die rationale Vernunft angegangen. Ähnlich dem Gegensatz von Vernunft (im Sinne von dem Eigenen) und Wahnsinn (im Sinne von dem Anderen, Fremden und zu Bekämpfenden), agiert der Wille zum Wissen, der Aussagen als wissenswerte wahre und nicht wissenswerte falsche Aussagen deklariert. Vor allem auf dem Weg des Vergleichs von als Wahrheiten anerkannten Wissensformen wird im Diskursverlauf Ausschließungs- und Integrationsmechanismen nachgespürt.

Den Diskurs intern verknappende Prozeduren lassen sich in Form von Klassifikationsprinzipien, Anordnungsprinzipien und Verteilungsprinzipien analysieren. In struktoraler Form ist dies der *Kommentar*, in der Form einer Funktion der *Autor* und in Form regelhafter Konstruktionsweisen die *Disziplin*.

Während sich zum Phänomen der Disziplin eher Vorstellungen der Kontrolle assoziieren lassen, sind die Funktionen von Autor und Kommentar diffiziler. Im Rahmen der Analyse der kontrollierenden Funktion von im konkreten Fall wissenschaftlichen Disziplinen werden die Spielregeln der Konstruktion von wahren, im Sinne von gültigen Aussagen in den Fokus des Interesses gerückt. Sie geben die möglichen Diskursgegenstände, spezifische Methodenbündel, ein Gebilde aus wahren Sätzen, Regeln und Definitionen sowie Techniken und Instrumente vor und schließen dementsprechend andere aus. Die Problematik, dass sich Aussagen, die einen Wahrheitsanspruch anstreben, zwar nur vor dem theoretischen Hintergrund und auf der Grundlage des disziplinär anerkannten Wissens in den disziplinären Kanon einreihen können, die Kriterien hierfür aber wandelbar sind, verdeutlicht Foucault an einem prominenten Beispiel:

So wurde Johann Gregor Mendel in der Wissenschaftslandschaft Mitte des 19. Jahrhunderts lange nicht anerkannt, weil er Methoden und Mittel benutzte, die nicht innerhalb des theoretischen Rahmens seiner ihm zugedachten Disziplin lagen.

»Mendel war ein wahres Monstrum [wegen seiner neuen Methoden, Begriffe usw.], weshalb die Wissenschaft nicht von ihm sprechen konnte. (…) Im Wahren ist man nur, wenn man den Regeln einer diskursiven ›Polizei‹ gehorcht« (Foucault 2014: 25).

Die Disziplinen der Armutsforschung, um unser bekanntes Beispiel zu bemühen, müssten also auf ihre Kontrollfunktion im Hinblick auf die Produktion des Diskurses analysiert werden. Hierbei suchen Sie nach klaren Linien, die eine Disziplin in Bezug auf Argumentationsketten, Kommentare und Bewertungen konstruiert. Die Fachgeschichte wird als kollektiv geteilte Narration sowie die darin in schleichenden Prozessen integrierten Neuerungen und Umdeutungen disziplinärer Richtungsvorgaben inspiziert.

Neben der Disziplin muss auch die Funktion eines Autors ins Auge gefasst werden, der als Einheit stiftendes Element Diskurse um sich gruppiert und so als Medium eines Ursprungs von Bedeutung fungiert. Hierbei untersuchen Sie, inwieweit die Wirksamkeit einer Aussage oder die Reichweite und Bedeutung der Aussagen im Textmaterial von den vom Autor gestifteten Querverbindungen abhängig ist. Häufig verleihen Autorenschaften unzusammenhängenden und uneinheitlichen Aussagen einen ordnenden Rahmen, sodass Ungereimtheiten und Widersprüche mit Hinweisen auf den Biografieverlauf oder auf verschiedene kreative Phasen (der junge und der alte Nietzsche) geglättet werden können. Autor_innen markieren im Diskurs Subjektpositionen, die Autorität über bestimmte Diskursgegenstände haben. In extremer Form garantierte im Mittelalter allein die Benennung eines Autors die Glaubwürdigkeit und Richtigkeit eines Schriftstückes oder einer Aussage. Auch im modernen Armutsdiskurs finden sich Funktionen, die über den Autor oder die Autorin auf die Formation des Diskurses wirken. Ein Autor kann veränderbare Zuschreibungen erhalten und sich z. B. in Form von Verweisen auf wissenschaftliche Traditionen, philosophische Schulen oder Gattungen, auf einen oder Gruppen von Autoren berufen und somit die Integration neuer Themen in den Diskurs bewirken.

Vermittels des Kommentars als sekundärer Diskurs werden primäre Diskurse als relevant aktualisiert, autorisiert und wiederholt, zugleich aber auch durch den Kommentar modifiziert, indem dieser dem primären Diskurs eine scheinbar bislang verborgene, aber schon inhärente Wahrheit zu entlocken trachtet (vgl. Foucault 2014: 19). Die Einschränkung des Diskurses bedient sich ferner der Vorstellung von Disziplinen, welche sich definieren »durch einen Bereich von Gegenständen, ein Bündel von Methoden, ein Korpus von als wahr angesehenen Sätzen, ein Spiel von Regeln und Definitionen, von Techniken und Instrumenten« (Foucault 2014: 22). Hierbei muss beachtet werden, dass Disziplinen ein exklusives Verhältnis zur diskursgenerierten Wahrheit pflegen, indem sie das Sagbarkeitsfeld abstecken, Wahrheiten zuschreiben und die Produktionsregeln der Wahrheitskonstruktion immer wieder reaktualisieren (vgl. ebd.: 22 ff.).

Die dritte interne Regulationsinstanz zeigt sich als Zugangsbeschränkung der sprechenden Subjekte zu den Diskursen, denn »nicht alle Regionen des Diskurses sind gleichermaßen offen« (Foucault 2014: 26). Zur Begrenzung des Zugangs zu den Diskursen trennt Foucault das Ritual, das die zum Zugang notwendigen Qualifikationen und Verhaltensmodalitäten definiert, von den Diskursgesellschaften, »welche die Aufgabe haben, Diskurse in einem geschlossenen Raum zirkulieren zu lassen und sie nach bestimmten Regeln zu verteilen« (Foucault 2014: 27).

In Bezug auf den Armutsdiskurs kann man beispielsweise Texte und Formeln isolieren, die als ritualisierte Diskurssammlungen unablässig herangezogen und vorgetragen werden. Es gibt Unterschiede zwischen Diskurssträngen mit Primärtexten und solchen, deren diskursives Material zwar zur Anwendung kommt, aber relativ schnell in ihrer Bedeutung für andere diskursive Beiträge verliert. Hierbei kommt dem Kommentar in Form des Wiederaufgreifens und Wiederholens von Primärtext die funktionale Rolle zu, die Unberechenbarkeit und Zufälligkeit des Diskurses einzuschränken, sodass Machtwirkungen gezielter eingesetzt werden können. Das Wiederholen und Wiederaufgreifen bereits getätigter Aussagen macht die Folgen des Auftauchens vorhersehbar und kalkulierbar. Darüber hinaus können über einen Kommentar auf der Grundlage des Primärtextes nicht nur bereits vergangene Phänomene und deren Themenbereiche in den aktuellen Diskurs integriert werden, es ist darüber hinaus möglich, den Originaltext durch bloßes Wiederholen im Rahmen einer veränderten diskursiven Formation zu transformieren und dadurch andere Diskurselemente in anderem Licht erscheinen zu lassen.

Der Kommentar ermöglicht Kontexteinbindung von Ereignissen, Positionierung von Sprecher_innen und regelt Deutungsmuster, indem auf bereits vorhandene Aussageformationen und Narrative rekurriert wird. Durch einen Kommentar werden Aussagen platziert, transformiert und im Diskurs verortet. Kajetzke unterstreicht dies mit folgendem Foucault-Zitat zum Kommentar:

> »Er [der Kommentar, A. d. V.] erlaubt zwar, etwas anderes als den Text selbst zu sagen, aber unter der Voraussetzung, dass der Text gesagt und in gewisser Weise vollendet werde.« (Foucault 2001: 20, z. n. Kajetzke 2008: 48)

Der Einsatz der internen Verknappungsmechanismen, die die Existenzbedingungen möglicher Aussagen erschweren und verknappen, wird darüber hinaus von dem vorhandenen Grad der Diskursfreiheit bestimmt, die den Zugang zum Diskurs regelt. Deshalb wird der Diskurs auf bestehende Doktrinen oder elitäre Diskursgesellschaften hin untersucht und deren Funktionen und Wirkungen im und auf den Diskurs verfolgt.

Im Rahmen der Entschlüsselung des Zustandekommens verschiedener diskursiver Formationen haben Sie also Ihre Texte nach Mechanismen der Exklusion und Inklusion abgefragt. Man muss sich dabei mit den Bedingungen der Möglichkeit verschiedener diskursiver Ereignisse und den daraus resultierenden Strategien auseinandersetzen. Des Weiteren ist zu analysieren, warum nicht alle der vom Diskurs ermöglichten Strategien angenommen werden und welche Möglichen und Genutzten sich gegenseitig abschwächen oder in ihrer Existenz bestätigen. Im zweiten Schritt ist zu analysieren, in welchem Maße die auf diesem Feld konkurrierenden Machtverhältnisse hierfür verantwortlich sind.

Ebenso können Sie Ihr Augenmerk auf die Verwendung von Bildern, Beschreibungen, Metaphern und Formulierungen richten oder die Art und Weise des sprachlichen Stils charakterisieren, da das Aufgreifen von bereits legitimierten Aussagen als Mittel zur Integration neuer Elemente und Erweiterung oder Einschränkung des diskursiven Feldes dient. Darüber hinaus gilt es herauszufinden, welche Akteurinnen vom Diskurs zugelassen und wodurch die Beschränkungen und Zugangsmodalitäten kontrolliert werden. Hierbei spielen ritualisierte Prozesse, Dogmen und Doktrinen, aber auch Fachsprachen und Begrifflichkeiten eine Rolle.

Folgende Übersicht zeigt die beiden beschriebenen Ebenen der Analyse und die jeweiligen Analyseschritte in diachroner Anordnung.

Mikroebene des Textmaterials

1. Theoretische Recherche und Informationssammlung über das Forschungsfeld

2. Auswahl erster Texte
Erster Lesedurchgang: Paraphrasieren der Texte und Katalogisierung (Quellenkunde, historischer Kontext etc.). Hierbei *offene Codes* und Hypothesen bilden (Ausmachen der Themenbereiche, Textzugang, historischer und situativer Kontext, Zusammenfassung des Materials als Kurzbeschreibung, hermeneutische Fragen stellen).

Zweiter Lesedurchgang: *Axiales Codieren:* Isolation von Aussagen und Ausmachen von komplexen Formationen (Isolation und Identifikation einzelner Aussagen und deren Benennung als Konzepte, Aussagenstreuung, Bilder, Beschreibungen, Metaphern, Sprachstil, Fachsprache etc.) und Formationen der Begriffe, Objekte, der Äußerungsmodalitäten, Strategien und Subjektpositionen.

Dritter Lesedurchgang: *Selektives Codieren:* Systematisches Zusammenführen von Kategorien und Konzepten aus offenen und axialen Codes zu Schlüsselaussagen; Zueinander in Beziehung setzen von Aussagen; Ausloten von Relationen, Herausarbeiten von Sprecher_innenpositionen, Ausschluss- und Verknappungsmechanismen (Autorfunktion, Disziplin, Kommentar, Doktrin, Diskursgemeinschaft etc.).

3. Isolation der vier Grundkriterien:
Begriffe, Objekte, Strategien der theoretischen Wahl und Formen der Äußerung etc.

4. Hypothesen bilden, darauf aufbauend nach nächsten Texten suchen
Den vorausgegangenen Prozess wiederholen, Schraubenbewegung vollziehen bis Erkenntnisgewinn nachlässt.

Makro-Ebene des Diskurses

1. Wiederholen der drei Codier-Schritte auf der Eben aller codierten Texte

2. Einbezug von Informationen zu nicht-diskursiven Praktiken

3. Verschriftlichung des Ergebnisses zu einer strukturierten Darstellung von ordnenden Schlüsselkonzepten in Bezug auf die Genese, Konstitution, auf Mechanismen der Kontrolle, Ermöglichung und Determinierung des Diskurses

4. Benennung des analysierten Diskurses

Diese Veranschaulichung des Prozederes kann als Orientierung bei der archäologischen Arbeit mit Diskursen dienen und sollte nicht als statisches Rezept missverstanden werden. Doch damit nicht genug der Arbeit, denn neben der Archäologie arbeitet Foucault und alle, die in seinem Sinne diskursanalytisch forschen wollen immer auch genealogisch. Was meint er mit einer Genealogie?

Genealogie

»Die Analyse der Herkunft führt zur Auflösung des Ich und läßt an den Orten und Plätzen seiner leeren Synthese tausend verlorene Ereignisse wimmeln. Die Analyse der Herkunft führt uns auch zu den unzähligen Ereignissen zurück, durch die (dank denen und gegen die) sich ein Begriff oder ein Charakter gebildet hat. Die Genealogie geht nicht in die Vergangenheit zurück, um eine große Kontinuität jenseits der Zerstreuung des Vergessenen zu errichten. Sie soll nicht zeigen, daß die Vergangenheit noch da ist, daß sie in der Gegenwart noch lebt und sie insgeheim belebt, nachdem sie allen Zeitläufen eine von Anfang an feststehende Form aufgedrückt hat. Nichts gleicht hier der Entwicklung einer Spezies oder dem Geschick eines Volkes. Dem komplexen Faden der Herkunft nachgehen heißt vielmehr das festhalten, was sich in ihrer Zerstreuung ereignet hat: die Zwischenfälle, die winzigen Abweichungen oder auch die totalen Umschwünge, die Irrtümer, die Schätzungsfehler, die falschen Rechnungen, die das entstehen ließen, was existiert für uns Wert hat. Es gilt zu entdecken, daß an der Wurzel dessen, was wir erkennen und was wir sind, nicht die Wahrheit und das Sein steht, sondern die Äußerlichkeit des Zufälligen. Darum verdient jeder Ursprung der Moral, sofern er nicht mehr verehrungswürdig ist – und die Herkunft ist es niemals – Kritik.« (Foucault 2002: 166–190)

Etwas vereinfacht beschreibt Fink-Eitel die Foucault'sche Genealogie in seiner Einführung in Abgrenzung zu dem bisher beschriebenen archäologischen Untersuchungsstil wie folgt:

»Die Genealogie ist eine eher hermeneutisch-interpretative Disziplin, die in Beteiligtenperspektive, ausgehend von bedrängenden Problemen der Gegenwart, zu zeigen versucht, dass und wie gegebene Diskursformationen, (...) aus der Geschichte bestimmter Praktiken (...) hervorgehen. Die Genealogie fragt nach der Herkunft des modernen Begehrens- und Geständnissubjekts und der ihm zugeordneten Humanwissenschaften. Die Archäologie hingegen ist eine eher analytische Disziplin, die in objektivistischer Beobachterperspektive die unbewusste Ordnung des Diskurses und des Wissens freilegt, deren praktische Herkunft die Genealogie aufgezeigt hat. Sie enthüllt, dass die Grundlage dessen, was einst und heute für wirklich gehalten wird, in Wahrheit nur historische Konstruktion von Kontingenz und Interpretation ist« (Fink-Eitel 2002: 87).

In den 1970er-Jahren führt Foucault seine Gedanken dahin gehend weiter, dass er die Methode der Archäologie, mithilfe derer er Abbilder des Diskurses zu einem bestimmten historischen Zeitpunkt rekonstruiert, zu einem methodischen Mix aus archäologischen Elementen und genealogischen Schlussfolgerungen erweitert. In seinen genealogisch geprägten Arbeiten ab 1970 legt Foucault seinen

Fokus auf die prozess- und handlungspraktische Ebene des Diskurses, die er vorher zugunsten der Theorie weitgehend ausblendet. Bis zu diesem Zeitpunkt geht er von einem autonomen Diskurs aus. Er entwickelt sein Konzept der Wissensproduktion in Überlegungen der im Diskurs relativ stabil wirkenden Macht-Wissenskomplexe und konzentriert seine Bemühungen nun ganz auf Praktiken, die diese Stabilisierung ermöglichen. In der Genealogie verlassen Sie also die Textebene und sehen sich Dispositive an. Wie Sie bei der Lektüre von *Die Ordnung des Diskurses* (Foucault 2014) gesehen haben, entdeckt Foucault, dass Diskurse immer mit Ausschluss- und Ermächtigungskriterien (legitime und illegitime Sprecher, Sagbares und Unsagbares) verbunden sind, und erweitert sein Konzept dahin gehend zur genealogischen Dispositivanalyse. Um Ihnen noch einmal ins Gedächtnis zu rufen, was ein Dispositiv ist:

> Foucault beschreibt mit dem Dispositiv »(...) ein entschieden heterogenes Ensemble, das Diskurse, Institutionen, architektonische Einrichtungen, reglementierende Entscheidungen, Gesetze, administrative Maßnahmen, wissenschaftliche Aussagen, philosophische, moralische oder philanthropische Lehrsätze, kurz: Gesagtes ebenso, wie Ungesagtes umfasst. Soweit die Elemente des Dispositivs. Das Dispositiv ist das Netz, das zwischen diesen Elementen geknüpft ist« (Foucault 1978: 119 f.)

Hierbei geht es ihm um dasjenige, was den Diskurs als solchen trägt und ihn in wirklichkeitspraktische Konsequenzen umsetzt (Gesetze, Architektur, Redepraktiken, Verhaltensmuster usw.).

Wie Sie in der praktischen Anwendung feststellen werden, ist einer der gravierenden Vorteile der Genealogie die Tatsache, dass sich genealogische Untersuchungen nicht mehr ausschließlich auf Vergangenes beziehen, sondern sich durchaus der Gegenwart annehmen und auch Ergebnisse, die in die Zukunft wirken, produzieren können. Die Genealogie entwickelt Foucault als ein kritisches Verfahren zur Analyse von Macht, deren Wirkung und Entstehung und deren Rolle im Rahmen der Subjektivierung von Individuen.

Im Zusammenspiel der Methoden der diskursanalytischen Archäologie und dispositivanalytischen Genealogie haben Sie die Möglichkeit, das lebensweltliche Vorverständnis von übernommenen Interpretationen und Traditionen der Teilnehmenden diskursiver Praxis infrage zu stellen.

Wenn Sie in Zukunft mit Foucault empirische Forschung betreiben, lautet Ihre Devise:

> »Widerstehe aller Tiefe, Finalität und Innerlichkeit. Ihr Banner: Misstraue den Identitäten der Geschichte, sie sind nur Masken, Aufrufe zur Einheit« (Dreyfus/Rabinow 1994: 136).

Während Sie mit der Archäologie die Diskurse im Gesetz ihres Werdens erfassen und quasi die Regeln offen legen, die das Erscheinen und Verschwinden von Aussagen in einer Kultur determinieren, geht es im nächsten Schritt darum, die genealogische Machtwirkung des Diskurses und deren Folgen für die Praxis ins Auge zu fassen – wie Foucault es formuliert: die Geschichte der Interpretationen zu schreiben.

Im Rahmen der Genealogie führt Foucault die Grundlosigkeit, im Sinne der nur angenommenen Grundlage von Interpretation, vor Augen, die man, um Forschung betreiben zu können, zwar annehmen, aber ebenso notwendig auch das damit verbundene Dilemma benennen muss: »Mit dieser Entdeckung der Grundlosigkeit wird die inhärente Willkür der Interpretationen offenbar« (Foucault 1974, z. n. Dreyfus/Rabinow 1994: 136).

Als Genealoginnen und Genealogen machen Sie sich auf die Suche nach Beziehungen zwischen Macht – Wissen und Körpern der Individuen im Sinne von stabilen Kontinuitätslinien kultureller Praxis. Hierbei geht es darum, die subjektivierende Unterwerfung des Individuums in Machtwirkungen und die damit hervorgebrachten Handlungsmöglichkeiten zu untersuchen.

Versuchen Sie, Formen der Institutionalisierung der Macht in Traditionen, Moden, Gewohnheiten und Gesetzen zu isolieren, bestimmen Sie den Grad der Rationalisierung der Machtformen, indem Sie herausarbeiten, wie weit die Machtwirkungen bewusst genutzt und kalkuliert eingesetzt werden, um Privilegien aufrechtzuerhalten oder ähnliche Strategien zu verfolgen. Sie richten Ihren forschenden Blick am besten auf Unterschiede. Denn jedes Machtverhältnis bringt Unterscheidungen hervor. Unterscheidungen z.B. in Bezug auf den Status oder Privilegien, in Sprache und Kultur, in Bezug auf Kompetenzen, auf ökonomische Verhältnisse oder die jeweilige Stellung innerhalb des Produktionsprozesses (vgl. Dreyfus/Rabinow 1994).

Da die Archäologie das Pflichtprogramm – die Genealogie quasi die Kür der empirischen Forschung mit Foucault darstellt, gibt es von Foucault keine expliziten methodischen Hinweise, wie Genealogie betrieben wird. Sie lernen sein genealogisches Arbeiten im Kapitel zum Verhältnis von Diskurs und Gesellschaft näher kennen, weshalb wir es an dieser Stelle bei diesen Anmerkungen zur Genealogie belassen. Zudem haben sich sehr viele der im Anschluss an Foucault Arbeitenden an dem Forschungsstil der Genealogie abgearbeitet, sodass es in der aktuellen Soziologie zahlreiche Vorschläge zur Dispositivanalyse und genealogischem Arbeiten mit Foucault gibt. Diese Anschlüsse und Vorschläge, wie man Genealogie betreibt, sehen wir uns nun an.

Diskurstheorie aktuell – was hat sich seit Foucault getan?

Neben vereinzelten Gastauftritten in verschiedenen abweichenden Forschungsbereichen ist der Diskursbegriff in den Sozialwissenschaften maßgeblich und richtungweisend in den mannigfaltigen Formen und Ausprägungen der Diskursanalyse präsent, die als Sammelbegriff die noch näher zu bestimmenden Formen der *discourse analysis,* der linguistisch-historischen Diskursanalyse, der kritischen Diskursanalyse, der kultursoziologischen Diskursanalyse, den Diskurstheorien und der wissenssoziologischen Diskursanalyse fasst. Diese Differenzierung lehnt sich an das Tableau an, wie es beispielsweise Keller ausdifferenziert hat und das im Folgenden kurz angerissen werden soll (vgl. Keller 2004).

Die Gattung der ›*discourse analysis*‹ umfasst z. B. all diejenigen Formen der Sprachanalyse, die gemäß dem Sprachgebrauch des angelsächsischen Raumes qualitative Forschung mit dem Ziel verbinden, situative, gesellschaftliche und politische Kontexte von Diskursen zu erforschen. Unter dem in England herausgebildeten Begriff der *discourse analysis* mischen sich in der Gesamtschau Forschungsansätze linguistischer, soziolinguistischer und konversationsanalytischer Perspektive, wie Ansätze der Soziologie und Psychologie mit der grundsätzlichen Analyse realer Kommunikationsabläufe. Deppermann fasst diesen Bereich der ›*discourse analysis*‹ unter dem deutschen Begriff der qualitativen ›*Sprachgebrauchsforschung*‹ zusammen (vgl. Deppermann 1999). Ein Vertreter dieser Ausrichtung der Diskursforschung, der zudem für die Sprach- und Kognitionsforschung relevante Diskursebenen in seinen Analysen von ›*text and talk in action*‹ in einer Art Brückenschlag vereint, ist der niederländische Sprachwissenschaftler Teun van Dijk. Dieser lebt das für den *discourse analysis* typische Charakteristikum der interdisziplinären und fächerübergreifenden Forschung und untersucht im Rahmen dessen Diskurse in den Themenbereichen *Rassismus und Diskurs, Ideologie und Diskurs* oder *Diskurs und Erkenntnis* (Dijk, Teun van z. n. Keller 2004).

Mit der Mitte der 1960er-Jahre losgetretenen Lawine des *linguistic turn* kommt auch die konkrete Beschäftigung mit dem Diskurs in den Sprachwissenschaften in Form von linguistisch-historischen Diskursanalysen ins Rollen (vgl. Bachmann-Medick 2014). Mit weitreichenden Folgen für das Fach warf u. a. Ferdinand de Saussure einen sprachphilosophischen Blick auf den Diskurs und bestärkte dadurch die zentrale Rolle des Diskurses in der Linguistik (vgl. Saussure 2001). Seitdem verbindet der Diskurs in Gestalt eines allen Äußerungen präformierend zugrunde liegenden Phänomens in der Linguistik die Konzepte des *Denkens* und *Sprechens* und ermöglicht eine Transformation des bis dato passiv konzipierten Sprachflusses zu reflektierter Sprachnutzung. Die linguistisch-historische Diskursanalyse widmet sich dem Diskurs – im Gegensatz zur qualitativen Sprachgebrauchsforschung der *discourse analysis* – wegen ihres Interesses an langfristigen Prozessen vor allem mit quantifizierenden Methoden und forscht in der Tradition der französischen Historikerinnen des 20. Jahrhunderts in fächerübergreifender Manier. Dies geschieht meist in Kooperationen zwischen Geschichtswissenschaften und Linguistik in den Bereichen der historischen Semantik oder der Diskurs- und Begriffsgeschichte. Unter *Diskurs* wird in der Konsequenz eine repräsentative Auswahl an Textmaterial stellvertretend für den Gesamtdiskurs gefasst, welcher dann nach Wandlungen von Worten im Zeitverlauf, Streuungen oder Verbindungen zwischen Worten und Aussagen untersucht wird. Zu den Vertreterinnen der aufgrund des Umfangs des Textmaterials auch als korpuslinguistisch-historisch bezeichneten Diskursanalyse gehören unter anderen die Diskursforscherinnen marxistisch-ideologiekritischer Ausrichtung wie Michelle Pêcheux[36] oder Jacques Guilhaumou[37].

Aktuell widmen sich im deutschen Sprachraum z.B. Dietrich Busse (Methoden und Techniken der kulturwissenschaftlichen Linguistik)[38], Wolfgang Teubert (Korpuslinguistik)[39], Georg Stötzel (Sprachgeschichte der Nachkriegszeit)[40] und Matthias Jung (linguistische Diskursgeschichte in den Bereichen Migration und Umwelt/Ökologie)[41] semantischen Analysen des Sprachwandels. Dass hier auch Synergieeffekte für die Soziologie liegen, machen interdisziplinäre Arbeiten deutlich. Für die Soziologie machte z.B. Andrea Hamp die spezifische Form der linguistischen Toposanalyse zur Untersuchung von Diskursen nutzbar und erweiterte diese zur Analyse der Praxis soziologischer Debatten und Theoriebildungsprozessen (vgl. Hamp 2017).

Aus dem sprachwissenschaftlichen Kontext ging in den 1980er-Jahren eine spezielle Form der Diskursanalyse kritischen Impetus hervor: die *Critical Discourse Analysis/Kritische Diskursanalyse*. Den kritischen Diskursanalytiker_innen geht es darum, linguistische Fragestellungen mit ideologiekritischen, gesellschafts-

---

36 Pêcheux, Michel (1969): Analyse automatique du discours. Dunod, Paris.
37 Guilhaumou, Jacques 1989: Sprache und Politik in der französischen Revolution. Vom Ereignis zur Sprache des Volkes (1789–1794). (frz Original 1988: Langages de la Révolution). Frankfurt.
38 Busse, Dietrich (Hg.) (1994): Begriffsgeschichte und Diskursgeschichte. Methodenfragen und Forschungsergebnisse der historischen Semantik. Westdt. Verl., Opladen; Busse, Dietrich (Hg.) (2005): Brisante Semantik. Neuere Konzepte und Forschungsergebnisse einer kulturwissenschaftlichen Linguistik. Niemeyer, Tübingen.
39 Teubert, Wolfgang (Hg.): Corpus linguistics. Routledge, London [u.a.]. Reihe/Band: Critical concepts in linguistics. Vol. 1–6.
40 Stötzel, Georg/Wengeler, Martin (Hg.) (1995): Kontroverse Begriffe. Geschichte des öffentlichen Sprachgebrauchs in der Bundesrepublik Deutschland. De Gruyter, Berlin.
41 Jung, Matthias/Niehr, Thomas/Böke, Karin (Hg.) (2000): Ausländer und Migranten im Spiegel der Presse. Ein diskurshistorisches Wörterbuch zur Einwanderung seit 1945. Westdt. Verl., Wiesbaden.

und sprachkritischen Fragen zu verbinden. Zugehörig zu der durch emanzipatorische Aufklärungstendenzen vor allem von Forscherinnen auf den Weg gebrachten kritischen Diskursanalyse können Ruth Wodak und Norman Fairclough gerechnet werden[42]. Als kritisch ausgewiesene diskursanalytische Arbeiten fassen den Diskurs sowohl als Sprachgebrauch des Sprechens und dessen schriftliche Fixierung, wie gleichzeitig als Form sozialer Praxis (vgl. Fairclough/Wodak 1997), woraus resultiert, dass der Diskurs und der ihn umgebende soziale Rahmen Bedingung und Effekt zugleich sind – und sich gegenseitig formen.

Die 1987 ins Leben gerufene private und interdisziplinäre Forschungseinrichtung – das Duisburger Institut für Sprach- und Sozialisationsforschung (DISS), das bis heute zahlreiche Kommentare, Vorträge, Texte usw. initiiert – und namentlich Siegfried Jäger – sieht ihr Wirken im Anschluss an die diskursanalytischen Arbeiten von Jürgen Link, der den kritischen Diskursbegriff um die Komponente der Machtwirkung erweiterte und Diskurse in der Folge als »institutionalisierte, geregelte Redeweisen, insofern sie an Handlungen gekoppelt sind und also Machtwirkungen ausüben« definiert (Link, z.n. Jäger 1999: 127). Dieses Verständnis von Diskurs greift das DISS auf und reiht es in die Foucault'sche Tradition, immer dann, wenn sich Fragen nach »institutionalisiertem Spezialwissen, einschließlich der ritualisierten Redeformen, Handlungsweisen und Machteffekten« (z.n. Keller 2004: 31) stellen, von Diskursen zu sprechen. Daraus ergibt sich für die Forschungsgruppe das Ziel, die Art und Weise, wie gesellschaftliche Strukturen konkrete sprachliche Ereignisse prägen, zu erforschen und Machtwirkungen in Form von internen wie externen Mechanismen der Einflussnahme auf den Diskurs zu analysieren.

Für die sozialwissenschaftliche Diskursanalyse kann dieser Bereich der Diskursforschung besonders fruchtbar gemacht werden, da sich Siegfried Jäger 1993 als einer der Ersten daran wagte, in der Reihe der DISS-Studien eine Einführung in die Diskursanalyse für Sozialwissenschaftler_innen herauszugeben[43], die 2012 bereits in der sechsten Auflage erschienen ist. Durch diskursanalytische und gleichsam ideologiekritische Untersuchungen weisen die DISS-Publikationen verstärkt auf restaurative und undemokratische Tendenzen in der Gegenwartsgesellschaft hin und betreiben laut eigenem Selbstverständnis *Wissenschaft gegen den Strich.*[44] Ziel und Anspruch der Duisburger Diskursforscher_innen ist es, durch Analysen und Studien in thematischen Bereichen wie z.B. Rassismus und Ein-

---

42 Fairclough/Wodak (1997): Critical Discourse Analysis. In: van Dijk, Teun [Hg.] (1997): Discourse as social interaction. Discourse studies. Bd. 2, London, S. 258–284.
43 Jäger, Siegfried (2004): Kritische Diskursanalyse. Eine Einführung. Unrastverlag, Münster.
44 Selbstdarstellung auf der DISS-eigenen Homepage http://www.diss-duisburg.de/Verantwortlicher Siegfried Jäger; abgefragt am 07.09.2007.

wanderung, völkisch-nationale Tendenzen, Antisemitismus, soziale Ausgrenzung, Biopolitik, Krieg und Friedenspolitik oder angewandte Diskurstheorie einen praxisbezogenen Beitrag zur Demokratisierung zu leisten.[45]

Die im Rahmen des Instituts herausgegebene Zeitschrift *KultuRRevolution* zeugt von einem marxistisch-psychologischen Hintergrund, wobei der eigenständige Ansatz der *critical discourse analysis* u. a. basierend auf der Tätigkeitstheorie von Leontjew, Texte als Ergebnisse von Denkprozessen zum Analysegegenstand macht. In einer Ausweitung des Ansatzes der *critical discours analysis* erweitert Link aktuell die kritische Diskursanalyse um Überlegungen zur Rolle der diskursiven Praxis im Bereich der Machtwirkungen und entwirft eine Methode der genealogischen Dispositivanalyse. Im Rahmen dieser geht er davon aus, dass institutionalisierte Redeweisen, wenn sie an Handlungen gekoppelt sind, in hohem Maße Macht im Diskurs – dem »Fluss von sozialen Wissensvorräten in der Zeit« – ausüben (Link, z. n. Jäger 1999: 127). Besonderes Augenmerk liegt auf gesellschaftlich partizipierten Kollektivsymboliken und deren Funktion im Spiel interdiskursiver Beziehungen.

Ebenfalls diskursorientierte Perspektiven finden sich in der Kultursoziologie in den von Keller mit dem Oberbegriff der *kulturalistischen Diskursforschung* überschriebenen Ansätzen z. B. im Bereich der interpretativen Soziologie des symbolischen Interaktionismus oder aber auch in aktuell stark frequentierten kultursoziologischen Strömungen der Soziologie der Praxis (Vgl. Schäfer et al. 2015). Vor dem Hintergrund der Annahme, soziale Akteur_innen handelten im Rahmen kollektiver Interpretationsprozesse interaktiv verschiedene Definitionen der Wirklichkeit aus, beschäftigten sich kultursoziologische Diskursforscher_innen bisher hauptsächlich mit gesellschaftlichen Formen symbolischer Ordnungen. Vor allem in der unterschiedlich ausgestalteten aktiven bzw. passiven Rolle des einzelnen Individuums im Prozess der Wirklichkeitskonstruktion unterscheiden sich kultursoziologische Arbeiten wie z. B. die *Theorie der Praxis* eines Pierre Bourdieus oder die *Frame-Analyse* eines William Gamson von klassischen Diskurstheorien.

Kultursoziologische Diskursforschung verbindet häufig qualitative Methoden der Textanalyse mit quantitativen Auswertungen großer Textmengen beispielsweise aus Printmedien, um Strategien von Interpretationskämpfen um angemessene Deutung in gesellschaftlichen oder politischen Auseinandersetzungen aufzuschlüsseln.

Letzten Endes hat die Kultursoziologie Michel Foucaults poststrukturalistische Diskurstheorie für sich entdeckt und nutzt diese nicht nur in der Empirie, sondern auch für die Theoriebildung. Mit dem Begriffshorizont aus Diskurs, Kör-

---

45 ebd.

per, Wissen und Machttechnologien gelingt es immer mehr, die bedrohliche Materialität des Diskursiven mit massenkulturellen Phänomenen im Sinne einer Vergesellschaftung über Kultur als Praxis zu fassen (z. B. Schrage 2009, Hillebrandt 2014; Schäfer/Daniel 2015). Eine von mir persönlich präferierte Art der am Begriff der Praxis orientierten kultursoziologischen Diskursanalyse lernen Sie am Ende des Lehrbuchs noch näher kennen.

Mit der Wissenssoziologie dagegen verbindet die Diskursforschung die grundlegende Auffassung, dass die soziale Wirklichkeit eine durch gesellschaftliches Wissen konstruierte Wirklichkeit ist. Die Soziologie des Wissens thematisiert folglich die Konstitution, Verbreitung und Bewahrung von Wissen in Gesellschaften und Gruppen (vgl. Truschkat 2008: 264). Da das gemeinsame Thema wissenssoziologischer Studien die Rekonstruktion gesellschaftlicher Wirkungen von Konstruktionsprozessen, von Prozessen der Legitimierung oder der Transformation von Sinn und Bedeutung im Bereich der Institutionen, Organisationen und der Individuen ist, fällt diese Bindestrichsoziologie genau in den Bereich der diskursanalytischen Forschung. Mithilfe der von Berger und Luckmann in Bezug auf allgemeines Alltagswissen aufgestellten Soziologie des Wissens (vgl. Berger/Luckmann 2013) lassen sich die bisher vorgestellten Ansätze vor allem der kultursoziologischen Diskursforschung mit den grundlegenden Überlegungen Foucaults verbinden. Beide Richtungen gehen grundlegend davon aus, dass das *diskursive Gewimmel* (vgl. Foucault 1973) für die gesellschaftliche Herstellung symbolischer Systeme zur Anordnung von Wissen verantwortlich ist. Darüber hinaus ist – wissenssoziologisch gedacht – die menschliche Wahrnehmung nicht etwa als direkter Zugang zur materialen Welt zu denken, sondern wird dem Menschen als legitim anerkanntes und objektives Wissen vermittelt, was die geistige Nähe der Wissenssoziologie zur Foucault'schen Auffassung der von Diskursen regierten Wahrnehmung der Wirklichkeit unterstreicht (vgl. Berger/Luckmann 2013, Keller 2004). Ebenso birgt die Rolle der Individuen im Rahmen der Wissensproduktion einige Parallelen. Während Foucault sich zeitweise gänzlich vom autonomen Subjekt abkehrt, kommt dem wissenssoziologisch gefassten Individuum die Aufgabe der Formulierung der kommunizierten Diskursbeiträge zu. Der Akt der Formulierung ist jedoch auch hier von den diskursiven Regeln des jeweiligen Feldes und den vorhandenen Ressourcen determiniert.

Keller beweist, dass eine wissenssoziologisch geprägte Analyse von Diskursen nicht nur möglich, sondern der Anschluss an das Diskursmodell Foucaults sehr sinnvoll ist (vgl. Keller 2001). Die Arbeiten von Waldschmidt (1996), Schneider (1999), Viehöver (2013) und Knoblauch (1995) zeichnen sich in ihrem wissenssoziologischen Gehalt der Diskursanalyse u. a. dadurch aus, dass sie sowohl den semantischen als auch den symbolischen Gehalt von Wissensbeständen einer Gesellschaft in synchroner oder diachroner Art analysieren und dabei insbesondere die Praktiken der Diskursproduktion anhand von Beobachtungen der vorhandenen Regeln, Ressourcen, der Rollen der Individuen und des diskursiven wie nichtdiskursiven Kontextes analysieren.

Vor allem Prozesse und Praktiken der Wissensproduktion und -verbreitung im institutionellen Feld der Wissenschaft werden häufig zum Gegenstand von Forschungsarbeiten (vgl. Schäfer 2013). Auch bezüglich der zugrunde liegenden Erklärungsmuster der Wirklichkeitskonstruktionen und Wahrnehmung lassen sich im Vergleich zum Foucault'schen Modell keine nennenswerten Abweichungen feststellen, wenn der im Feld der Wissenssoziologie häufig bemühte Diskursbegriff von Berger/Luckmann – wenn auch nur in Bezug auf die Produktion von *Alltags*wissen – als Ensemble aus Praktiken und Bedeutungszuschreibungen und als strukturiertes Ergebnis vorangegangener diskursiver Prozesse beschrieben wird. Diskursive Ereignisse werden in Form von Aktualisierungen, Reproduktionen und Transformationen bestehender Diskursstrukturen aufgegriffen. Wenn auch darauf hingewiesen werden muss, dass der hermeneutische Anteil in wissenssoziologischen Studien häufig deutlich höher ist, als in der Foucault'schen Diskurstheorie angelegt. Kellers wissenssoziologische Diskursanalyse verknüpft mit hermeneutischer Wissenssoziologie und Diskursforschung zwei Traditionen der soziologischen Analyse von *Wissen*, entwickelt daraus einen systematischen Vorschlag zur Analyse der *diskursiven Konstruktion symbolischer Ordnungen* und legt den Fokus auf das Zurückwirken dieser Ordnung auf soziale Akteure und deren subjektive Sinnkonstitution.

Der Unterschied zur praxis- bzw. kultursoziologischen Diskursanalyse im Anschluss an Foucault liegt in dem Verständnis von der Materialität des Diskursiven. Die wissenssoziologische Diskursanalyse vermeidet die von Foucault implizierte Ontologisierung bzw. Verdinglichung der Diskurse und führt stattdessen wieder ein Akteurskonzept ein, mit dem soziale Akteure sowohl als diskursiv konstituierte wie als regelinterpretierend Handelnde, also aktive Produzenten und Rezipienten von Diskursen verstanden werden.

Sie begreift Diskursanalyse als unumgängliche Interpretationsarbeit. Deren methodische Kontrolle kann und muss über hermeneutisch reflektierte Vorgehensweisen erfolgen, sofern Diskursforschung als ein empirisches Unternehmen der Sozialwissenschaften konzipiert wird. Wissenssoziologische Diskursanalyse schließt dazu an die Methodologie und das Methodenspektrum der qualitativ-interpretativen Sozialforschung an und versteht sich als ein zur Selbstkorrektur fähiger Prozess der Theoriebildung auf empirischer Grundlage, und nicht, wie verschiedene andere diskurstheoretische Programme, als deduktive Anwendung oder Nachweis des selbstbezüglichen Funktionierens einer abstrakten Diskursordnung.

Wie Sie sehen, hat sich die Spannweite der Streuung des Diskursbegriffs in den Sozialwissenschaften bis heute noch einmal enorm erweitert und aufgefächert.

In der Soziologie werden vor allem zwei Strömungen aufgegriffene und weitergeführt: die wissenssoziologische Diskursforschung (Keller 2004) und die poststrukturalistischen Diskurstheorien (Belsey 2013).

Vor allem in der politischen Soziologie wird in Bezug auf die poststrukturalistische Diskurstheorie auf zwei französische Sozialphilosoph_innen rekurriert. Ernesto Laclau und Chantal Mouffe radikalisieren den Foucault'schen Diskursbegriff und setzen als Standard das Motto: Alles ist Diskurs! Und das, was möglicherweise nicht Diskurs ist, können wir ohnehin nur diskursiv gefiltert wahrnehmen bzw. das dem Diskurs Äußerliche nicht angemessen beschreiben (Laclau/Mouffe 2015). Im Kontext der politischen Wissenschaften knüpfen Mouffe und Laclau Mitte der 1980er-Jahre an Althussers Ideologiekritik, Gramscis Hegemoniekonzept und Lacans Subjekttheorie an und entwerfen eine allgemeine Sozialtheorie der Konstruktion individueller und kollektiver Identitäten, in der sie den Diskurs zu einer gesellschaftlichen und symbolischen Sinn-Ordnung erklären, in der sich Beziehungen zwischen Praktiken, materiellen Objekten, Subjektpositionen usw. durch Bedeutungszuschreibung konstituieren und sich gegenseitig stabilisieren. Auch Sie erweitern den Diskurs über das rein Sprachliche hinaus und gehen, wie dies z. B. auch in den soziologischen Praxistheorien üblich ist, davon aus, dass der Diskurs immer materiell ist. Ein wichtiges Konzept das Laclau/Mouffe dem Foucault'schen Diskursuniverum hinzufügen ist die *Artikulation*. Artikulieren heißt Relationen zwischen Elementen herstellen, sodass sich deren Bedeutung in einem Netz aus Differenzen verändert. Alles, was artikuliert wird, ist Teil des Diskurses. Alles, was nicht artikuliert werden kann, sei es körperlich, sprachlich oder symbolisch, ist außerhalb des Diskurses. Da sich Momente der Veränderung der Artikulation ständig vollziehen und die Relation zu anderen verändern, gibt es für Laclau/Mouffe keinen statischen und abgeschlossenen Diskurs, sondern wie schon Jäger formulierte, einen Fluss durch die Zeit. Hier spielt bereits die Praxis als Prinzip der Sinnerzeugung auch jenseits von Kommunikation eine tragende Rolle. Dem Diskurs wird hier die Rolle zugedacht, den vorhandenen Überschuss möglicher Interpretationsangebote durch interne und externe Abgrenzung zu reduzieren und ein Ensemble kollektiv geteilter Interpretationsweisen herzustellen. Interessant ist, dass auch hier die Auffassung vertreten wird, dass die Akteur_innen im Rahmen der internen Abgrenzung durch die Logiken der Differenzierung und im Rahmen der externen Grenzziehung im Sinne der Logik der Äquivalenz durch Vereinheitlichungen und Universalisierungen aktiv in den Diskurs eingreifen können (Bsp.: durch die Artikulation leerer Signifikanten wie einem gemeinsamen Feind oder durch Metaphern des Friedens und der Freiheit). Ihre Sozialtheorie entwickeln Mouffe und Laclau später zu einer *Theorie des Politischen* als einem gesellschaftlichen Arrangement von Praktiken der Artikulation weiter (vgl. Mouffe 2007). Vor allem in der Weiterentwicklung des Subjektbegriffs unterscheiden sich die hegemonietheoretischen Arbeiten von Laclau und Mouffe von denen Foucaults. Sie treiben die Unmöglichkeit einer Subjekteinheit auf die Spitze und gehen davon aus, dass selbst die vom Diskurs eröffnete Subjektposition ein Bündel aus verschiedenen potenziellen Positionen ist. Laclau/Mouffe vertreten damit eine noch radikalere anti-essenzialistische Diskurstheorie als Foucault. Sie verabschieden sich völlig von festen Strukturen und gehen nur noch davon aus, dass sich innerhalb der Diskurse Knotenpunkte bilden, die den Diskursverlauf bestimmen und hegemoniale Diskurse für bestimmte Zeit stabilisieren. Diese führen in der Gegenwartsgesellschaft eben nicht mehr zu klaren Antagonismen zwischen zwei Lagern, sondern reartikulieren sich ständig über die Relationen verschiedener Knotenpunkte. Dieser Gedanke findet sich auch in dem Gesellschaftsbegriff von Marcharts postfundamentalistischer Theorie, die Sie im Rahmen der Klärung des Verhältnisses von Diskurstheorie und Gesellschaft gleich noch kennenlernen werden.

Von ähnlicher Relevanz und maßgeblich an der aktuellen Popularität des Diskursbegriffes beteiligt, präsentiert sich die Beschäftigung mit dem Diskursbegriff im Rahmen feministischer Theorien und den *Cultural Studies*. Letztere gehen in den 60er-Jahren aus der britischen Erwachsenenbildung und der Literaturwissenschaft hervor. Die *Cultural Studies* beschäftigen sich vor allem in Analysen transnationaler und hybrider Identitäten mit Formen der Amalgamisierung von Kulturalismus und Semiotik und bringen auf diesem Wege verschiedene Konzepte des *Fremden* oder Modelle zur Rekonstruktion von Stereotypen hervor (vgl. Said 2003). Die Zirkulation der Bedeutungsmuster wird als immerwährender und ungleicher Kampf um symbolische Ordnungen aufgefasst und folglich der gesellschaftliche Prozess in Form von permanenter Produktion und Transformation symbolischer und materieller Ordnung behandelt (vgl. Engelmann 1999).

Erwähnenswert im Bereich der Auseinandersetzung mit dem Diskurs als solchem und relevant für die Soziologie sind auch die Arbeiten feministischer Theorietradition, die häufig in der Rezeption poststrukturalistischer Autor_innen wie Foucault, Jacques Derrida, Louis Althusser und anderer diskursive Prozesse und deren Funktion bei der Konstruktion von *Geschlecht* untersuchen. Hauptvertreterin feministischer Theorien ist namentlich die bekannte amerikanische Professorin für Rhetorik und Literaturwissenschaft Judith Butler, die aus Sicht der von ihr entworfenen sprachphilosophischen und diskursanalytischen Position eine dekonstruktive Variante des Feminismus vertritt und sich in den einflussreichen Publikationen *Gendertrouble* und *Bodies that matter* mit den normierenden Wirkungen des zweigeschlechtlichen Diskurses beschäftigt (vgl. Butler 1993; 2004). In einem performativen Geschlechtsmodell werden gewohnte Kategorien wie *männlich* und *weiblich* als durch Wiederholung von Handlungen stabilisiert wahrgenommen und die evidente natürliche Determinierung kritisch hinterfragt. Beispielhaft für den deutschen Sprachraum arbeitet z. B. Bührmann seit Mitte der 1990er-Jahre mit der These einer hierarchisierten und diskursiv-praktisch hergestellten Differenzstruktur im Bereich der Ordnung der Geschlechter (vgl. Bührmann 1995). Auch Bublitz forscht zur Genese, Reproduktion und Transformation sozialer und biologischer Ordnung der Geschlechter (vgl. Bublitz 1998). Beide Autorinnen gehören aktuell zu der Gruppe von Diskursforscher_innen, die aufgrund der großen Popularität der Begrifflichkeit, die mangelnde methodische Reflexion und forschungspraktische Anwendung der Foucault'schen Diskursanalyse anprangern und die methodische und theoretische Diskussion verstärkt vorantreiben (vgl. Bublitz/Bührmann/Hanke/Seier 1999).

Auch die postkoloniale Soziologie greift auf Foucaults Diskurstheorien zurück und konfrontiert herkömmliche Modernisierungstheorien mit diskursanalytischen Perspektiven auf Fortschritt und sozialen Wandel. Im Rahmen der *Postkolonialen Theorien* thematisieren Vertreter wie der britische Soziologe Stuart Hall und der Kulturwissenschaftler John Fiske mögliche Zusammenhänge zwischen materialen Folgen und den symbolischen und kulturellen Folgen, die die konstruierten Machtbeziehungen im Kolonialismus hinterließen. In Bezug auf das Verhältnis von Moderne und Religion sind die Studien von Randeria zu den verwobenen Modernen im Foucault'schen Sinne maßgeblich (Conrad, Randeria, Sutterlüty 2002). Eine wunderbare Art, den religionssoziologischen Diskurs von seinen Grenzen her zu denken und mit postkolonialer Theorie zu konfrontieren eröffnet aktuell Daniel (2015).

Will man die beschriebenen diskursanalytisch-sozialwissenschaftlichen Forschungsrichtungen und aktuellen Anschlüsse an die Foucault'sche Diskurstheorie auf einen gemeinsamen Nenner bringen, können vier Gemeinsamkeiten in Bezug auf an Foucault anschließende Arbeiten genannt werden: Als geteilten Gegenstand diskursanalytischer Aktivitäten kann man sowohl für die linguistische, kultursoziologische und kritische Diskursanalyse, die Diskurstheorie und die wissenssoziologische Forschung den Gebrauch von Sprache und Zeichensystemen in gesellschaftlicher Praxis ausmachen. Dem in den Fokus der wissenschaftlichen Aufmerksamkeit gestellten Gebrauch der Sprache bzw. anderer symbolhafter Zeichensysteme wird in der sozialwissenschaftlichen Diskursforschung die funktionale Rolle der Konstruktion von Bedeutungen und realen Phänomenen in der Gesellschaft zugewiesen (vgl. Keller 2004: 8). Ebenso nehmen alle vorgestellten Ansätze den institutionellen Kontext als stabilisierende und konstituierende Instanz in Bezug auf die Bereitstellung von Interpretationsangeboten in ihre Diskursmodelle auf und verweisen auf Organisationen, die den Individuen verschiedene Versionen der Deutung und Zuweisung von Bedeutung unterbreiten und ihnen so einen optionalen Handlungsraum eröffnen (vgl. z. B. Foucault 1973). Allen Diskurstheorien und Analysevarianten liegt aktuell die Überzeugung zugrunde, dass der Gebrauch von Sprache und Symbolordnungen unterschiedlich ausgelegten Regeln unterliegt, die durch das Anwenden spezifischer Analysemethoden rekonstruiert werden können.

In Bezug auf Ihre eigene Arbeit mit Diskursen geht es deshalb stets auch darum, eine Ihrem Forschungsgegenstand entsprechende Variante der Diskursanalyse, ein adäquates Diskursmodell und spezifische Methoden wie methodologische Richtlinien für Ihren jeweiligen Forschungsgegenstand zu finden und, wie Diaz-Bone nicht müde wird zu betonen, darauf zu achten, tatsächlich diskurstheoretische Fragen zu formulieren. Lediglich Fragen, die sich explizit auf das Dreieck aus Macht – Subjektivität – Wissen beziehen, sind diskurstheoretische Fragen und können mit Hilfe von Diskursanalysen beantwortet werden.

Neben der sehr breiten methodisch methodologischen Rezeption Foucaults in Bezug auf die Diskurs- und Dispositivanalyse wird Foucault mittlerweile in der deutschsprachigen Soziologie neben der empirischen Arbeit mit Diskursen auch für theoretische Arbeiten in erster Linie für Analysen von Subjektivierungsformen herangezogen (Bublitz 2003). Sehr prominent in Angesicht der Krise des Arbeitsmarktes und des neuen Geists des Kapitalismus (Boltanski/Chiapello 2006) schließt z. B. Bröckling mit seinem Arbeitskraftunternehmer bzw. dem Unternehmerischen Selbst an Foucault an (Bröckling 2007). Durch den Aufschwung kapitalismuskritischer Forschung erhielt die Gouvernementalitätstheorie Foucaults erneut Aufmerksamkeit und Forschungen zu neuen Formen des neoliberalen Regierens in der globalisierten Welt finden oft im Anschluss an Foucault statt. Anschlüsse an Foucaults Normalisierung und Biomacht bleiben gegenüber der Rezeption der Disziplinarmacht verhalten (Kammler et al. 2014: 389)

Nun wissen Sie also schon, dass Foucault der wichtigste Vertreter und Begründer der Diskurstheorie in und für die Soziologie ist, Sie kennen die zentralen Konzepte und theoretischen Werkzeuge der Diskurstheorie, Sie wissen, wie man empirisch im Anschluss an Foucault arbeiten kann und Sie wissen, wer in der Soziologie wie im Nachgang mit Foucaults Begriffsrepertoire arbeitet. Das ist bereits eine Menge.

Jetzt geht es darum, dieses Wissen ins Verhältnis dazu zu setzen, was Sie über Gesellschaft wissen. Wie muss man Gesellschaft denken, wenn man die diskursanalytische Brille aufhat?

2.3 Gesellschaftstheorie

Im nun folgenden Kapitel des Lehrbuchs geht es um eines der Hauptgeschäfte der theoretischen Soziologie: die Theorie der Gesellschaft. Da das Buch jedoch *Diskurstheorie und Gesellschaft* und nicht *Gesellschaftstheorie und Diskurs* heißt, erwartet Sie im Folgenden keine systematische und umfassende Einführung in die verschiedenen Formen der Gesellschaftstheorie und kein Vollständigkeit beanspruchender historischer Abriss, welche Theorie der Gesellschaft sich aus welcher soziologischen Perspektive entwickelt hat oder welches die wichtigsten Gesellschaftstheoretiker_innen sind, die man kennen sollte. Dies haben Sie erstens sicherlich zur Genüge zu Beginn ihres Studiums bzw. während der anfänglichen Auseinandersetzung mit Soziologie studiert[46] und es würde zudem zweitens auch den Rahmen des vorliegenden Lehrbuchs sprengen.

Jetzt ist es aber ja nicht ganz einfach tatsächlich kurz und knapp etwas zum Gesellschaftsbegriff und seinen Theorien zu sagen. Denn wie Sie wissen, steht der zentrale Begriff, trotz dessen sich so gut wie alle Klassiker aktiv oder passiv mit ihm auseinandergesetzt haben, in der Soziologie mit dem Rücken zur Wand, wie u. a. Heinz Bude nicht müde wird zu betonen (Bude 2001). Die Soziologie ist mit dem Heraufkommen des Begriffs der Gesellschaft geboren worden und sie steht und fällt auch mit dem Begriff der Gesellschaft. Auch in seiner Abwesenheit, das heißt in Soziologien, die den Begriff der Gesellschaft umgehen, ist er in seiner Abwesenheit existent (Marchart 2013: 9). Wenn nämlich z.B. die Rational Choice Theorie auf Märkte statt auf Gesellschaft rekurriert und Bourdieu seine Akteure auf sozialen Feldern um Positionierung im sozialen Raum statt in der Gesellschaft kämpfen lässt, ist Gesellschaft dennoch immer präsent. Der Gesellschaftsbegriff ist als Grundbegriff der Soziologie umkämpft. Benutzt man ihn auch nicht explizit, hinterlassen diese Kämpfe trotzdem Narben und verweisen in den abstinenten Theorien stets immer und existenziell auf Gesellschaft.

Deshalb ist es mir ein Anliegen, dass Sie sich im Rahmen der Beschäftigung mit Diskursen auch deren Verhältnis zu dem prominenten Grund- und Gründungsbegriff der Soziologie der Gesellschaft bewusst machen und das kennengelernte Diskurskonzept Michel Foucaults in den größeren Zusammenhang der Gesellschaftsanalyse einordnen (was Foucault selbst sicherlich sehr missfallen würde).

---

46 Wer diesbezüglich Nachholbedarf hat, dem sei das 2009 bei VS erschienene *Handbuch Soziologische Theorie von Kneer/Schroer* oder die 2013 erschienene zweite Auflage von Rosa/Strecker und Kottmann *Soziologische Theorien* bei UTB empfohlen.

Der bisher im Zentrum der Auseinandersetzung stehende Begriff des Diskurses wird also nun explizit mit dem Begriff der Gesellschaft konfrontiert und die bisherigen Überlegungen werden ins Verhältnis zu Gesellschaft gesetzt. Anhand einer kurzen Diskussion dessen, was Gesellschaftstheorie sein kann, lernen Sie nun kennen, was Gesellschaft ist, wenn man eine diskurstheoretische Perspektive einnimmt und wofür eine Vorstellung von Gesellschaft gut sein kann, wenn man diskurstheoretisch arbeitet. Ebenso wird deutlich werden, was bestimmte Gesellschaftstheorien verdecken und wofür bestimmte Vorstellungen von Gesellschaft im Zuge von Diskursanalysen eher hinderlich sind. Dadurch ergibt sich am Ende ein Gesamtbild dessen, was das Verhältnis von Diskurs und Gesellschaft ausmacht.

Gehen wir die Sache der Gesellschaftstheorie systematisch an und lassen Sie uns vorab klären, was Theorien im Allgemeinen sind: Theorien sind Aussagenzusammenhänge, deren Einzelaussagen logisch und konsistent aufeinander beziehbar sind und die einen Bezug zur empirisch erfahrbaren Welt herstellen. Soziologische Theorien bieten auf diese Weise Modelle zur Erklärung der sozialen Welt bzw. der Sozialität (Richter 2001: 9). Nun gibt es verschiedene Ebenen, auf denen Theorien angesiedelt sein können:

> Sozialtheorien – Gesellschaftstheorien – und Theorien begrenzter Reichweite

Lassen Sie uns diese ins Verhältnis setzen, um zu klären, wovon wir im Folgenden sprechen. Gesa Lindemann vollzieht die Unterscheidung zwischen diesen Ebenen nach dem Kriterium der Nähe zur Empirie, was sehr hilfreich ist:

Es gibt demnach also Theorien mittlerer Reichweite, die empirisch gesicherte Aussagen über kleinere (Mikro-) und größere (Makro-)Phänomene des sozialen Lebens treffen.

Gesellschaftstheorien fassen mehrere Theorien begrenzter Reichweite über Makrophänomene (z.B. den Arbeitsmarkt oder Finanzmarkt usw.) zu einer umfassenden Theorie zusammen, die sich von der empirischen Forschung entfernt aber nicht ganz verabschiedet. Metaphorisch kann man sich Gesellschaftstheorien quasi als Hochrechnungen auf Basis mehrere Theorien begrenzter Reichweite vorstellen. Oder wie Lindemann es formuliert:

»Bei einer Gesellschaftstheorie handelt es sich um die Extrapolation einer idealtypischen Gestalt (Lindemann 2008) auf der Grundlage von Theorien begrenzter Reichweite.« (Lindemann 2011: 6).

Im Verhältnis von Gesellschaftstheorien zu Theorien begrenzter Reichweite über Makrophänomene besteht ein fließender Übergang und die Abgrenzung zwischen beiden kann dabei im Einzelfall durchaus schwierig sein.

Die Sozialtheorie dagegen kann man klar von Gesellschaftstheorie abgrenzen. Bei der Sozialtheorie liegt ein komplett anderes Verhältnis zur empirischen Forschung vor. Während die einzelnen Aussagen der Theorien begrenzter Reichweite empirisch verifiziert oder falsifiziert werden können und müssen, gilt dies für die Sozialtheorie nicht. Die Sozialtheorie legt die Konstitution ihres Gegenstandes und die methodischen Konsequenzen daraus selbst fest (Lindemann 2011: 3). Eine Sozialtheorie bestimmt z. B. ihren Gegenstand im Handeln von Handelnden. Hieraus ergibt sich methodisch die Konsequenz, dass in der Empirie Handlungen untersucht werden, um Theorien mittlerer Reichweite zu erstellen.

Sozialtheorien machen also aufeinander aufbauende Aussagen zur Konstitution des Sozialen und hieraus leitet sich die Art und Weise der Empirie ab:

> »Wenn man die soziale Wirklichkeit als Verkettung der Handlungen Handelnder beschreibt, wird es keine Beschreibung geben, die der Annahme widerspricht, dass soziale Wirklichkeit als Verkettung der Handlungen Handelnder zu begreifen ist. Empirische Daten sind unrettbar und durch und durch sozialtheoretisch geladen.« (Lindemann 2011: 6).

Sozialtheorien sind also empirisch nicht zu falsifizieren, sie treffen Aussagen über die Konstitution des Sozialen. Gesellschaftstheorien fassen mehrere empirisch fundierte Theorien mittlerer Reichweite zu einem Idealtyp einer Hochrechnung zusammen und entfernen sich damit stückweise von der Empirie.

Wenn auch die Übergänge von den Theorien mittlerer Reichweite über Makrophänomene zur Gesellschaftstheorie an sich fließend sind, kann man es sich ein wenig einfacher machen und Hartmut Rosa zurate ziehen – diesem nach sind alle die Theorien der Soziologie Gesellschaftstheorien, die sich auf den triadisch angeordneten Ebenen der Synthesis, Dynamis und Praxis die Frage danach stellen, worin der Grundbaustein der Gesellschaft besteht und was Gesellschaft zusammenhält. Dabei fragt die Synthesis nach der kleinsten analytischen Einheit. Auf der Ebene der Dynamis heißt die Frage: Was bewegt die Gesellschaft, wie ist sozialer Wandel möglich? Und auf der Praxisebene hinterfragen solche Theorien, ob und wie man auf Gesellschaft einwirken kann (vgl. Rosa et al. 2013: 16). So antwortet die Systemtheorie auf der Synthesis-Ebene mit Kommunikation und beschreibt, wie das System anschlussfähige Kommunikation generiert. Auf der Dynamis-Ebene antwortet die Systemtheorie mit funktionaler Differenzierung und bleibt auf der Praxisebene mit dem Hinweis auf strukturelle Kopplung skeptisch.

Mit diesen unterschiedlichen Definitionsversuchen und Kategorien für Gesellschaftstheorie bleibt aber die zentrale Frage noch unbeantwortet:

Was ist Gesellschaft?

Dass Gesellschaft der umstrittenste aber sehr prominente Grundbegriff der Soziologie ist und von unterschiedlichen Positionen aus als entweder unverzichtbar, oder aber als unbrauchbar eingeschätzt wird, ist für Sie als soziologisch vorinformierte_r Leser_in sicher obligatorisch. Da der Begriff der Gesellschaft aber nun einmal in der Welt ist, müssen wir darüber reden und überlegen, wie er im Verhältnis zum Diskurs, wie wir ihn bei Foucault kennengelernt haben, zu sehen ist.

Fragen wir bei den Klassiker_innen nach finden wir eine erste Antwort bei Marx:

> »Die Gesellschaft besteht nicht aus Individuen, sondern drückt die Summe der Beziehungen, Verhältnisse aus, worin diese Individuen zueinander stehen« (Karl Marx, Grundrisse der Kritik der Politischen Ökonomie, 1867).

Schlägt man bei Thomas Schwinn bezüglich dessen, was Gesellschaft ist, nach, liefert er uns als Antwort eine weitere Differenzierung (Schwinn 2011). Er unterscheidet einen starken und einen schwachen Gesellschaftsbegriff. Und in der Tat stellen Arbeiten mit starkem Gesellschaftsbegriff vom großen Zusammenhang auf die Mikroebene ab oder verweisen mit einem schwachen Gesellschaftsbegriff kategorisch darauf, dass individuelle Begebenheiten im jeweiligen gesellschaftlichen Kontext gesehen werden müssen. Bei dieser noch sehr allgemeinen Bestimmung heißt dies, entweder, der Einzelne wird von anderem und anderen beeinflusst, oder der einzelne beeinflusst andere und anderes (Schwinn 2011: 27). Soweit so gut, sobald man sich aber näher an einen konkreten Begriff von Gesellschaft wagt, bekommt man schnell Schwierigkeiten, sich auf charakteristische Merkmale und kleinste gemeinsame Nenner zu einigen, wie das bereits Luhmann so schön thematisiert: In einem frühen Lexikoneintrag in Fuchs' Lexikon zur Soziologie schreibt er: »Gesellschaft [...] ist das jeweils umfassendste System menschlichen Zusammenlebens. Über weitere einschränkende Merkmale besteht kein Einverständnis.« (Luhmann in Fuchs 1973: 235)

Dennoch werden die Umrisse dessen, was mit Gesellschaft gemeint ist, sichtbar, wenn man sich bisher getätigte Definitionsversuche ebenso wie die Versuche, solche Definitionen zu umgehen, ansieht, wie dies Schwinn, dessen Argumentation ich nachfolgend für Sie rekonstruiere, in seiner Auseinandersetzung mit dem Gesellschaftsbegriff exemplarisch getan hat (Schwinn 2011: 27 ff.):

Die ersten Versuche der Definition von Gesellschaft begründen die Soziologie als Disziplin und finden sich, nachdem die Klassiker_innen wie Simmel, Weber u. a. den expliziten Begriff Gesellschaft aus gegebenem Anlass eher umschifft haben (vgl. Marchart 2013: 18), bei Comte, Spencer, Marx oder Durkheim, in sehr klarer Form dann bei Parsons. Die damit verbundenen Gesellschaftstheorien sind vor diesem Hintergrund beispielsweise die als Modernisierungstheorien gelabelten Theorien von Auguste Comte und Herbert Spencer, Karl Marx, Emile Durkheim, Max Weber und Georg Simmel. Sie alle gingen von einem Sonderstatus der westlichen Gesellschaften auf dem Weg in die Moderne aus und haben die Entwicklung dieses eigenständigen Typus *menschlichen Zusammenlebens* unter dem Stichwort *Modernisierung* beschrieben. Die eigenständige Typisierung machten sie aufgrund des hohen Komplexitätsgehalts der *Gesellschaft*, einem stetigen Differenzierungsprozess innerhalb der Gesellschaft und anderen Merkmalen aus. Unter der Frage, wie ist Integration möglich, entwarfen sie unterschiedliche theoretische Fassungen ähnlicher Hauptthesen und loteten das Zusammenspiel aus Wandel und Ordnung innerhalb dieses Prozesses der Modernisierung aus (Stark/Lahusen 2002: 13). Frühe Gesellschaftstheorien wie diese führen Formen der Versachlichung (Simmel), Rationalisierung (Weber), funktionalen Differenzierung und Arbeitsteilung (Comte, Spencer und Durkheim), Regeln und Funktionserfordernisse des Marktes und das Stufenmodell materialistischer Rekonstruktion der Geschichte (Marx) in unterschiedlicher Anordnung und Gewichtung an, um die Gesellschaft auf ihrem Weg zu aktuellen Formen der Vergesellschaftung zu erklären (siehe auch Stark/Lahusen 2002: 21).

Parsons wie später auch Luhmann nehmen den Grad an Eigenständigkeit selbst als Kennzeichen von Gesellschaft und setzen Gesellschaft gegenüber anderen nicht so autarken Systemen wie Organisation oder Familie ab. Danach sind Gesellschaften also solche Systeme, die zur Instandhaltung sehr wenige Leistungen aus anderen Systemen benötigen. Gesellschaften beschäftigen sich also unter dem Strich mehr mit sich selbst als mit anderen Systemen. Parsons denkt dabei natürlich noch national – in Zeiten der Globalisierung und Verflechtung der Welt schwindet die Parsonsche Selbstgenügsamkeit von Gesellschaft jedoch zusehends. Heute kommen so gut wie keine Gesellschaften mehr diesem Kriterium nach. Zudem stellt sich bei dieser Art der Umschreibung dessen, was Gesellschaft ist, immer noch die Frage, ab welchem Grad der Autarkie wir denn dann von Gesellschaften sprechen. Wo ist die Grenze?

Talcott Parsons legt seine sehr einflussreiche Gesellschaftstheorie deshalb als Modernisierungstheorie in Form einer allgemeinen Handlungstheorie des Menschen als voluntatives Wesen vor. Von Parsons Art der Gesellschaft zu sehen, bietet vor allem das bekannte AGIL Schema von Anpassung, Zielerreichung, Integration und Strukturerhaltung für viele Gesellschaftsanalysen Orientierung. Hieraus geht schließlich dann auch Luhmanns Systemtheorie hervor, die Sie ja bereits im Einführungsmodul zu den soziologischen Theorien kennengelernt haben. Luhmanns Systemtheorie ist sicherlich eine der soziologischen Theorien, die als Vorzeige-Gesellschaftstheorie gilt und eindeutig den Anspruch verfolgt, eine umfassende und allgemeingültige Theorie der Gesellschaft zu sein.

Weniger linear, dennoch aber durchaus aus Parsons Modernisierungstheorie geht auch Habermas Theorie kommunikativen Handelns hervor, die ebenfalls als Gesellschaftstheorie gehandelt wird. Diese haben wir bereits im Rahmen der Rolle von Diskursen in der Theorie kommunikativen Handelns besprochen.

Die Theorie des Weltsystems von Immanuel Wallerstein distanziert sich schließlich von dem Unterscheidungsdenken der Klassiker des 19. Jahrhunderts in Vormoderne und Moderne und distanziert sich von der evolutionären Modernisierungsthese dahin gehend, dass das Weltsystem schon im 16. Jahrhundert in verschiedenen Regionen durch eine Gleichzeitigkeit von Peripherie, Semiperipherie und Zentrum hervorgebracht wurde und ein weltweites hierarchisches System der Arbeitsteilung initiiert hat.

Nach kurzen Ausflügen in diese Weltgesellschaft und dem Verglühen des Sterns der Systemtheorie in der aktuellen Soziologie nach der Jahrtausendwende geht die Soziologie faktisch heute immer noch oft von nationalen oder regionalen Gesellschaften aus, trotz aller Thematisierung von Hybridität und Transnationalität. Ihnen ist sicherlich auch schon aufgefallen, dass häufig Nationalstaat gemeint wird, wenn Gesellschaft gesagt wird (vgl. auch Schimank 2013: 12). Dabei sind alle gesellschaftlichen Bereiche längst über die nationalen Grenzen hinaus verflochten, wenn sie überhaupt jemals völlig national organisiert waren.

Luhmann zog eigentlich die sauberste Konsequenz, als er Gesellschaft allgemein als Gesamtzusammenhang kommunikativer Erreichbarkeit definierte. Alle aneinander anschlussfähigen Kommunikationen sind dieselbe Gesellschaft. Deshalb spricht Luhmann auch mit Ende des 19. Jahrhunderts bereits von der Weltgesellschaft (Luhmann 1975). Aber damit ist wenig gewonnen als die Abgrenzung von Gesellschaft gegenüber Natur, deren Einheit die Gesamtheit des Sozialen umfasst. Schwinn und Greve kritisieren deshalb auch, dass der Luhmannsche Gesellschaftsbegriff ein zu schwacher Gesellschaftsbegriff sei (Greve et al. 2009; Schwinn 2011: 39). Womit sie nicht ganz unrecht haben: Gesellschaft als Gesamtzusammenhang kommunikativer Erreichbarkeit ist sicherlich richtig, bzw. sagt nichts Unzutreffendes aus, aber hilft uns das tatsächlich weiter, wenn wir so etwas wie Gesellschaft analysieren wollen?

Deshalb kann man den Weg andersherum gehen und weniger versuchen, gemeinsame Charakteristika von allen Gesellschaften an sich herauszuarbeiten, sondern einen Begriff von Gesellschaft zu finden, der die Charakteristika spezifischer Formen von Gesellschaft abdeckt und verschiedene Formen von aus sich selbst heraus reproduktionsfähigen sozialen Gebilden umfasst. Oft wird hierzu dann noch die Vorstellung eines Ordnung bringenden Musters ergänzt. Denn vor allem im Alltagsgebrauch verbindet sich mit dem Begriff der Gesellschaft die Vorstellung von einem Ordnung herstellenden sozialen Band, das Gesellschaftsmitglieder zusammenhält. Beispiel für solche sozialen Ordnungsmuster war lange z. B. der okzidentale Rationalismus (Weber). Man kann also festhalten, dass Gesellschaftsanalyse, wenn sie schon keinen allgemeinen Begriff von Gesellschaft findet, versucht, zentrale Ordnungsmuster zu finden – große Linien, die eine Gesellschaft organisieren, zusammenhalten, regeln, und quasi den Konstruktionsplan oder das Bau-Prinzip der Einheit bilden.

Dass das Konzept der Ordnungsmuster wiederum ein sehr europäisch gedachtes Prinzip ist und es in anderen Regionen wohl eher um ein vereinheitlichendes Unordnungsprinzip gehen müsste, das aber ebensolche Verbindlichkeiten innerhalb einer Gruppierung herstellt, wird der Soziologie spätestens in den 1980er-Jahren klar, als der Fortschritt und die Modernisierung ins Stocken geraten und die ach so gut funktionierenden Organisationsprinzipien des Westens in anderen Teilen der Welt unübersehbar Unterdrückung, Ungleichheit und Kolonialisierung hervorbringen, statt Einheit, Ordnung oder *Fortschritt* zu konstituieren. Raymond Boudon bringt es in den 1980er-Jahren mit seiner *no-theory of social change* im Angesicht der modernisierungstheoretischen Probleme auf den Punkt. Wie Schimank pointiert, gibt es eben »keine einfachen, nur mit wenigen Variablen auskommenden theoretisch verallgemeinerbaren Ursache-Wirkungs-Zusammenhänge, die gesellschaftliche Entwicklungen wie Demokratisierung, Industrialisierung, Globalisierung oder Individualisierung rückblickend erklären oder zukünftig voraussagen« können (Schimank 2013: 20). Diese bleiben meist sogenanntes *wishfull thinking* und können funktionalistische Fehlschlüsse nie ganz ausschließen.

Seitdem liefert Gesellschaftstheorie sehr viel vorsichtiger theoretische Erklärungsmodelle für bestimmte Typen sozialen Geschehens. Man macht also Abstriche, was die Wahrscheinlichkeit angeht, dass sich der theoretisch abstrakte Ursache-Wirkungskomplex auch so in der Wirklichkeit vollzieht. Man geht also von der Aufstellung von Wirkungsketten dazu über, die möglichen Entwicklungen zu skizzieren, die so oder so ähnlich stattgefunden haben bzw. stattfinden werden. Zudem wird der menschliche Faktor verstärkt reflektiert und nicht mehr von einem passiven Individuum ausgegangen, sondern dessen Lernfähigkeit und Reflexionspotenzial in die Theoriebildung mit einbezogen. Ebenso erhalten Aspekte der physischen Materialität verstärkte Beachtung.

Solche abgeschwächten Theorien der Gesellschaft kennen Sie zum Beispiel von der Coleman'sche Theorie der Moderne, in der er die Transformation der natürlichen Umgebung in eine künstliche Umgebung der Körperschaften für die

Verminderung des sozialen Kapitals in modernen Gesellschaften verantwortlich erklärt (Stark/Lahusen 2002: 39).

Um der Vollständigkeit halber auch noch einen lebenden Gesellschaftstheoretiker zu nennen: Anthony Giddens. Dessen Theorie der Strukturierung geht z. B. von der Reproduktion und Restrukturierung der Gesellschaft durch die Praxis ihrer Mitglieder aus und charakterisiert die Gegenwartsgesellschaft durch ihre eigenartige raumzeitliche Ausdehnung von Handlungen entlang der vier institutionellen Cluster *Kapitalismus, Industrialismus, Bürokratie* und *zwischenstaatliche Gewalt* (Giddens 1997).

Ernüchtert und bescheidener geht man also dazu über, gesellschaftstheoretische Instrumente in Erklärungsmodellen mittlerer Reichweite zu suchen und Sozialtheorien als Fundgruben für gesellschaftliche Mechanismen heranzuziehen. Beispiele für solche Gesellschaftsmodelle sind nach wie vor die Differenzierungsperspektive, die Ungleichheitsperspektive und oder die kulturtheoretische Perspektive (Schimank 2013: 29).

Mit den in den 1980er-Jahren erstarkenden Postcolonial Studies wird erstmals gefordert, dass Unterscheidungen zwischen Gesellschaftsanalysen eines aktuellen Zustand, eines Gewordenseins und Wandels bzw. von möglichen Zukunftsaussichten begriffen werden müssen. Die Postkoloniale Theorie untersucht Prozesse der Kolonialisierung als auch der Dekolonialisierung und Rekolonialisierung. Die viel zu wenig beachtete Perspektive der Postkolonialen Theorie betrachtet Gesellschaft vor dem Hintergrund des Fortdauerns, der Folgen und Wirkungsmächtigkeit von kolonialen Diskursen, Praktiken und Denkweisen auf gegenwärtige politische sowie wissenschaftliche Strukturen (Castro Varela/Dhawan 2005). Hiermit verwandte postmoderne Theorien wie die Baudrillards oder Baumanns brechen ebenso mit den gängigen modernisierungstheoretischen Begriffsdifferenzen aus Subjekt/Objekt, Individuum/Gesellschaft, modern/nicht modern usw. und experimentieren mit einem Abschied von der Abgrenzung. Sie wollen den Modernebegriff überwinden, indem sie Gesellschaftstheorie als Kritik an den herrschenden Verhältnissen betreiben.

Dabei merken Sie aber als aufmerksame_r Leser_in sofort, dass hiermit der allgemeine Anspruch eines umfassenden Gesellschaftsbegriffs endgültig dahin ist, was aber ja in diesem Fall im Sinne der Erfindenden ist. Was lernt man also aus diesem kurzen und sehr selektiven Einblick in die Gesellschaftstheorien?

Gesellschaftstheorie legt immer einen sozialtheoretischen Bezugsrahmen zugrunde, den es zu reflektieren gilt. Dies kann wie wir gesehen haben zum Beispiel ein klassisch handlungstheoretisches Paradigma sein. Dann wird Gesellschaft als ständiges Wechselspiel von handelndem Zusammenwirken und gesellschaftlichen Strukturdynamiken gefasst. Das macht aufeinander bezogene Akte sozialen Handelns und deren Zusammenwirken zur analytischen Grundeinheit des Sozialen.

In dieser Form von Gesellschaftsanalyse würde man sich also Akteure in Form von Individuen oder kollektiven bzw. korporativen Akteure anschauen und deren Normkonformität, Nutzenverfolgung, Ausleben von Emotionen und Identitätsdarstellung bzw. -behauptung als Antrieb für sozialen Wandel untersuchen, der sich eingebettet in soziale Strukturen vollzieht. Der Analysefokus liegt dann auf Kämpfen von menschlichen Akteuren um Lebenschancen vor dem Hintergrund des Wertes der Gleichheit und dessen universalen Gültigkeit seit der Aufklärung.

Gesellschaftsanalysen kann als sozialtheoretischer Bezugsrahmen auch ein differenzierungstheoretisches Paradigma zugrunde liegen: Gesellschaft als System aus einem Dutzend oder mehr Teilsystemen mit je einem Leitwert des Handelns als Wertsphäre, die eine Funktion für die gesellschaftliche Reproduktion erfüllen. Oder aber es liegt Gesellschaftsanalysen ein kulturtheoretisches Paradigma zugrunde: Dann wird Gesellschaft als Komplex generalisierter evaluativer, normativer und kognitiver Orientierungen und entsprechender Praktiken gefasst.

Alle drei Perspektiven sind heuristische Theorie-Perspektiven und an sich eben kein geschlossenes Set an theoretisch abgeleiteten und empirisch überprüften oder prüfbaren Aussagen über gesellschaftliche Strukturen und Dynamiken.

Will man diese Einmischung der Sozialtheorie verhindern, bietet sich die Akteur-Netzwerk-Theorie von Bruno Latour an. Latour postuliert vor dem Hintergrund der gerade geschilderten Dilemmata eine neue Soziologie für eine neue Gesellschaft (Latour 2007). Er schlägt vor, zwei unterschiedliche Konzepte von Gesellschaft zu unterscheiden: Gesellschaft als eine unveränderliche abstrakte Entität, die als solche auf Wirtschaft, Recht oder Wissenschaft wirkt. Zum anderen schlägt er vor, Gesellschaft gleichzeitig als notwendig instabil zu denken; als Verknüpfungstyp zwischen Dingen, die selbst nicht sozial sind. Die Soziologie hat dann die Aufgabe, unerwartete Verknüpfungen höchst unterschiedlicher Bereiche, wie etwa zwischen Viren, Wissenschaftler_innen, Leidenschaften, Naturkatastrophen oder Erfindungen zu analysieren, wenn sie Gesellschaftsanalyse betreibt. Es geht Latour darum, mit dem Geist und den Werkzeugen der Wissenschaft Assoziationen zwischen allen möglichen Formen von Akteuren nachzuzeichnen, die Netze knüpfen und Werke hervorbringen.

Nach diesem Überblick extrahieren wir uns an dieser Stelle aus all den Vorschlägen wieder eine Arbeitsdefinition, mit der wir in die weitere Auseinandersetzung gehen. Bei Gesellschaft geht es um eine Totalität des Sozialen. Ähnlich wie Foucault im Zuge seiner Machtdefinition, könnte man also an dieser Stelle erst einmal sagen, Gesellschaft gibt der Gesamtheit des Sozialen einen Namen. Nicht mehr und nicht weniger.

In der Form hätte man mit der Gesellschaft allerdings ein überschüssiges Objekt, was der Summe der Teile hinzugefügt wird, wie Marchart im Zuge seiner Überlegungen zur Gesellschaft als unmöglichem Objekt sagt (2013: 67). Sehen wir uns im Folgenden an, wie Marchart dieses Dilemma akzeptiert und gleichzeitig sehr kluge alternative Umgangsformen mit dem schwierigen Begriff schafft.

Das unmögliche Objekt – Die Postfundamentalistische Theorie der Gesellschaft (Marchart 2013)

Wie Sie im Vorangegangenen bemerkt haben, wurde das, was mit Blick auf die Zeit vor der Aufklärung einfach schien, nämlich Gesellschaft zu definieren und in der *Postmoderne* Gesellschaftstheorie zu betreiben, zunehmend schwierig. Worauf gründen sich heute Gesellschaften, was ist das, was sie zusammenhält und was treibt Gesellschaften an und bewegt sie? Wenn vor der Aufklärung Gott in verschiedensten Facetten das Fundament von Gesellschaft bildete, löst die Vernunft oder gemeinsame Geschichte den Mörtel dieses einfachen Fundaments und lässt die Sozialwissenschaften am Wiederaufbau des Fundaments wachsen und verzweifeln. Gegenwärtig ist es, wie Marchart in seiner postfundamentalistischen Theorie der Gesellschaft fundiert und ausführlich darlegt, schlicht unmöglich, Gesellschaft auf ein Fundament zu bauen (Marchart 2013: 15 ff.). Aktuell glänzt das, was ein Fundament bildet, was Gesellschaft als letzte Instanz gründen könnte, schlicht mit Abwesenheit.

Fatal wäre es jetzt aber, wenn wir aus dem vergeblichen Versuch, sie auf ein singuläres Fundament zurückzuführen den Schluss ziehen würden, dass dann so etwas wie Gesellschaft nicht existiert. Dass uns der eine Grund als Fundament für Gesellschaft abhandengekommen ist, heißt noch lange nicht, dass man auch keine Gesellschaftstheorie mehr betreiben sollte. Denn nur weil es den einen Grund wie etwas Gott, oder die Vernunft, die Moral oder das Kapital nicht mehr gibt, heißt das nicht, es gäbe überhaupt kein Fundament.

In der komplexen Praxis des 21. Jahrhunderts gilt es deshalb, kontingente Gründe zu suchen und zu finden. Kontingente Gründe heißt schlicht vorhandene aber nicht notwendig so, sondern auch anders mögliche Gründe. Die Gründe, auf denen sich Gesellschaft baut, sind heute als zwar vorhandene aber partielle, instabile und temporäre Gründe zu begreifen. Es gibt also nicht das eine Fundament der Gesellschaft. Es gibt nebeneinander existierende Gründe von Gesellschaft, die aber grundsätzlich auch anders aussehen könnten. Und diese kontingenten Gründe von Gesellschaft stehen dabei auch noch in Konflikten miteinander. Bei Gott und der Vernunft führen uns die Migrationsströme auslösenden Konflikte auf aller Welt dies momentan mehr als deutlich vor Augen. Deshalb vollzieht die Soziologie seit dem Basis-Überbau-Modell des Marxismus eine kontinuierliche Absetzungsbewegung vom fundamentalen Gesellschaftsbegriff und übt berechtigte Kritik am kollektiven Singular der Gesellschaft. Unermüdlich wurden die dualistischen Positionen der Gesellschaftstheorie abgearbeitet und mal der methodologische Individualismus, mal der methodologische Holismus gestärkt. Aus den Kämpfen um Subjektivismus oder Objektivismus als Ausgangspunkte der Gesellschaftstheorie bildeten sich auf der einen Seite fruchtbare Theorieansätze wie Strukturalismus, Marxismus, Funktionalismus und auf der subjektivistischen Seite Phänomenologie, symbolischer Interaktionismus oder die Ethnomethodologie heraus. Nicht ohne Grund kämpft die Soziologie aber heute weiter an dieser Front und versucht mit einer Überwindung dieser Dualität die Gesellschaftstheorie zu befrieden. Am gelungensten ist laut Marchart – und darin stimme ich mit ihm, wie Sie sich denken können, überein – aktuell der Versuch im Nachgang von Bourdieu, Giddens, Schatzky und Co. Sozialität als Praxis zu fassen und so die bei Bourdieu und Gidden noch verhaftete Subjektorientierung zu überwinden. Hierzu greift die Theorie der Praxis auf die poststrukturalistischen Erkenntnisse der Kooriginalität von Kontingenz und Konflikt, der Umstellung von Identität auf Differenz, den radikalen Relationismus und die Rückkehr des Objekts zurück und bringt diese Merkmale in der Orientierung am Praxisbegriff in Korrespondenz miteinander (vgl. weiterführend Hillebrandt 2016).

Im Nachgang von Latour, Bourdieu, Lacan, Laclau/Mouffe und natürlich Foucault ist es heute möglich, Gesellschaft als ungründbare Figur zu fassen, die gerade deshalb aber besonders gut dazu herhält, das Fundament des Sozialen zu bilden. Genau dies tut nämlich Oliver Marchart in seinem Theorieentwurf einer postfundamentalistischen Theorie der Gesellschaft und definiert Gesellschaft als unmögliches Objekt. Im Postfundamentalismus verschwindet die Frage nach dem Fundament des Sozialen nicht spurlos, sondern macht die konflikthafte und kontingente Art dieses unmöglichen Objekts bewusst.

»Als Figur der ultimativen Ungründbarkeit des Sozialen verhilft Gesellschaft einem Grund zur Anwesenheit, der immer wieder – wenn auch nur partiell und vorübergehend – im Konflikt mit konkurrierenden Fundierungsversuchen instituiert (…)« wird (Marchart 2013: 13).

Marchart ruft uns in seiner Einleitung in sein Werk, in der er die Frage nach einer Gesellschaft ohne Grund stellt, das schöne Bild Latours ins Gedächtnis, der das Verhältnis von Gesellschaft und Sozialwissenschaften auf die Spitze treibt:

»Was immer die Lösung war, die Gesellschaft lag, gestrandet wie ein Wal, wie ein Leviathan, an einem Meeresstrand, wo liliputanische Sozialwissenschaftler versuchten, eine passende Bleibe für ihn zu graben. Seit kurzem ist der Gestank dieses verwesenden Monsters unerträglich geworden. Es gibt keine Möglichkeit, die Sozialtheorie zu erneuern, solange der Strand nicht gesäubert und der unselige Gesellschaftsbegriff nicht vollständig aufgelöst ist.« (Latour 2007: 283)

Im Folgenden werden wir den Vorschlag von Marchart aufgreifen und Gesellschaft als Monstrosität des gestrandeten Wals, als Gesellschaft ohne Grund – als Postfundamentalistische Gesellschaft – denken. Wir werden uns, wenn wir an unseren Schreibtischen sitzen und Soziologie betreiben, dieses Wales, der da am soziologischen Strand vor sich hin fault, in seiner Abwesenheit bewusst bleiben und die Kämpfe um die Bestimmung des Wales und seiner Herkunft als Orte bzw. Prozesse der Hervorbringung von Gesellschaft verstehen, die mit aller Kraft darum kämpfen, den Wal wieder ins Wasser zurück zu wälzen oder ihn sichtbar am Strand zu halten (Marchart 2013: 15).

Die Postfundamentalistische Theorie der Gesellschaft fungiert dabei quasi als Verwesungsbeschleuniger, der dazu beiträgt, den Kadaver explodieren zu lassen, und aus den Einzelteilen einen fruchtbaren Boden für soziologische Theoriebildung herzustellen.

»Der Grundbegriff Gesellschaft wird den Sozialwissenschaften kein neues Fundament liefern können. Aber als Begriff, der wie kein anderer immer wieder verabschiedet wurde und dennoch nicht loszuwerden ist, bringt er die Abwesenheit eines letzten Fundaments selbst zur Anwesenheit. Er nimmt den Platz dessen ein, was im Sozialen – einem rein relationalen Raum aus Differenzen – nicht aufgeht, was daher mehr oder auch weniger sein kann als das Soziale selbst. Denn im Postfundamentalismus sind nicht alle Gründe verschwunden, wird die Dimension des Grundes doch nicht einfach – wie im Antifundamentalismus – ersatzlos gestrichen, sondern bleibt als unhintergehbare Dimension des Sozialen erhalten. Diese Dimension lässt sich freilich nicht positiv ausbreiten; sie zeigt sich ›negativ‹ in ihren Effekten, die das Feld der Präsenz und Objektivität von innen entkernen. Im Moment der Krise, der Anomie, des Chaos, des Streits, der Irritation, des Ekels oder des Schreckens zeigt sich der Grund – die Fülle von Gemeinschaft oder die Totalität der Gesellschaft – als *abwesend*. (…) Margaret Thatcher hat also gegen sich selbst Recht behalten. So ein Ding wie Gesellschaft gibt es nicht. Was es dennoch gibt ist Gesellschaft als Ding – als Platzhalter seiner eigenen Abwesenheit.« (Marchart 2013: 59)

Hieraus schließt Marchart, und das finde ich ungemein sympathisch, dass es in der Konsequenz nur eine negative Gesellschaftstheorie geben kann. Zugleich erinnert dies an Foucaults anfangs nervige Praxis, Dinge negativ darüber zu definieren, was sie nicht sind. Es kann keine Gesellschaftstheorie im positiven Sinne geben, weil sie es mit einem unmöglichen Gegenstand zu tun hat. Deshalb changiert sie auch stets an der Grenze der Sozialtheorie und hausiert ab und an bei der Philosophie. Denn ein unmögliches Objekt ist ja schon fast wieder ein Objekt sui generis und das ist wieder schwer mit dem nicht hintergehbaren poststrukturalistischen Antiessenzialismus unter einen Hut zu bringen. Deshalb ist es auch ganz im

Sinne Foucaults und Marcharts, wenn wir uns am Begriff der Praxis orientieren, der den Gestank des verwesenden Gesellschaftskadavers mit all seinen hässlichen Dualismen abwesend hält, ihn aber in Form des praktischen Vollzugs und der besonderen Qualität dieses Vollzugs der Praxis in seiner Abwesenheit anwesend hält. Denn gerade die aktuellen abgründigen Konflikte im Rahmen der Flüchtlingsdebatte führen im Vollzug abartiger Praktiken der Selektion und Klassifizierung von Menschen die hässliche Fratze von Gesellschaft vor Augen.

Wie kann man also mit Foucaults Werkzeugkiste Gesellschaftstheorie im Sinne der Analyse des unmöglichen Objekts betreiben? Mithilfe von Archäologie und Genealogie Foucaults kann aus diskurstheoretischer Perspektive den konfligierenden Fundamenten der Gesellschaft in Form von miteinander um Hegemonie ringenden Dispositiven nachgespürt werden.

2.4 Zum Verhältnis von Diskurs und Gesellschaft

Zum Verhältnis von Diskurs und dem unmöglichen Objekt der Gesellschaft lässt sich als Allererstes mit einem Missverständnis aufräumen, das sich in vielen leichtfertigen Auseinandersetzungen mit Diskursen verfestigt hat:

Diskurse spiegeln nicht die Wirklichkeit, sie sind kein Spiegel der Gesellschaft – sie sind Wirklichkeit, sie sind Gesellschaft, sie sind das unmögliche Objekt und sie sind von einer Materialität eigener Qualität. Auch Foucault selbst sah diese Schieflage der Rezeption bereits und betonte: »Diskurse als Schlacht und nicht Diskurse als Widerspiegelung (...) Diskurs ... ein Operator.« (Foucault 2003, z. n. Jäger 2012: 33). Ein Operator wofür? Für Gesellschaft?

Zur Erinnerung: Diskurse haben Effekte, Diskurse sind überindividuell, werden nicht von Personen beherrscht, sondern von Regeln. Diskurse geben Kategorien vor, wie und von welchen Gruppen Institutionen und Erkenntnisse generiert werden.

Grundsätzlich geht man in der Soziologie gut und gerne davon aus, dass für eine Auseinandersetzung mit verschiedenen Dimensionen der Lebenswelt eine Schnittstelle zwischen Subjektivem und Objektivem gefunden werden muss. Die Lebenswelt ist geprägt von objektiven Strukturen und subjektiven Erfahrungen. Nachdem nun schon Bourdieu mit dem Habitus-Scharnier den Anfang gemacht und die Überwindung des Dualismus zwischen Subjektivismus und Objektivismus angestoßen hat, ist ebenfalls gang und gäbe, dass beide Dimensionen um eine dritte, nämlich um die diskursive Ebene, zu ergänzen seien (Bettinger 2007: 75). Im Folgenden werden wir sehen, dass es mit dieser Ergänzung um eine dritte Ebene aber nicht getan ist und man Wege finden muss, die Dualität von Diskursivem und Nichtdiskursivem ebenfalls zu überwinden, denn in der Perspektive der Diskurstheorie gibt es nichts Gesellschaftliches außerhalb des Diskurses. Wenn man unsere Kollision mit Gesellschaft (Berger/Berger 1989) als ein In-zwei-Welten-sein beschreibt, dann hat Diskurs Effekte auf beide Welten: auf die everyday-micro-world der face-to-face Interaktionen und die unpersönliche macro-world der großen Strukturen, in der unsere Erfahrung Anderer eher abstrakt, entfernt und anonym bleibt.

Heinz-Ullrich Nennen konstatiert richtig, dass die Diskurstheorie überfordert ist, wenn man sie zur Sozial- oder Gesellschaftstheorie umdeutet (Nennen 2000: 147). Dies werden wir gleich anhand von Foucaults Bemühungen, dies zu tun, zeigen. Die Vorsichtigen unter den Diskurstheoretiker_innen sagen deshalb, dass die Diskurstheorie, wenn auch keine Gesellschaftstheorie, dann aber ein elementarer Bestandteil einer sozialen Theorie sein kann, nämlich derjenige, der öffentliche Diskussionen zum Thema hat (Diaz-Bone 2004). Dieser Sichtweise kommt entgegen, dass Foucault selbst in seinen späteren Werken vom alleinigen Fokus auf Diskurse Abstand genommen hat und diese schließlich mit dem Dispositivbegriff erweitert hat. Dadurch hat er den nicht sprachlichen und nicht diskursiven Praktiken mehr Bedeutung zukommen lassen als noch zu Beginn seines Werkes. Mit dieser schwachen Position zum Verhältnis von Diskurs und Gesellschaft wird man dem Foucault'schen Gesamtprojekt aber nicht gerecht, wie Jürgen Link dies auf den Punkt bringt:

»Diskurse gelten nicht als wesenhaft passive Medien einer In-Formation durch Realität, sozusagen als Materialitäten zweiten Grades bzw. als ›weniger materiell‹ als die echte Realität. Diskurse sind vielmehr vollgültige Materialitäten ersten Grades unter den anderen.«(Link 1992: 40)

Links Kollege Jäger unterstreicht ebenfalls die Materialität ersten Grades und ergänzt, dass Diskurse als Co-Produzenten und Mit-Agenten Realität vermittelt über die Subjekte determinieren und damit produzieren. Zugleich warnt er davor, den Diskurs als Verzerren der Wirklichkeitssicht zu deformieren, wie dies in der Ideologiekritik häufig passiert.

Kann also Diskurstheorie Gesellschaftstheorie sein? Nein.
Kann Diskurstheorie ein Teil von Gesellschaftstheorie sein? Ja.
Wenn Sie sich an die eingangs angestellte Unterscheidung von Gesellschaftstheorie und Sozialtheorie nach Lindemann erinnern, können wir uns in der Einordnung der Foucault'schen Diskurstheorie dem Diskursanalytiker Nonhoff anschließen. In seinem Nachruf auf Ernesto Laclau weist Martin Nonhoff die Diskurstheorie im Anschluss an Foucault im Kern eher als Sozialtheorie aus, weil sie Sozialverhältnisse als diskursive Verhältnisse zu beschreiben sucht (Nonhoff 2014: 321). Entgegen den Kritiken aus der Geschichtswissenschaft (Wehler 1998) oder

auch von Jürgen Habermas (1996), die beide die Möglichkeit einer Foucault'schen Gesellschaftsanalyse aus verschiedenen Gründen ablehnen, werden wir nun die Möglichkeiten und Grenzen des Anteils der Diskurstheorie an Gesellschaftstheorie ausloten und die Genealogie der unmöglichen Gesellschaft in ihren Möglichkeiten und Grenzen betrachten.

Habermas machte seinen Zweifel an dem ubiquitären Machtbegriff Foucaults fest und warf ihm vor, sich in der Allgegenwart dieses Begriffs zu verheddern, sodass es nicht möglich sei, hiermit Gesellschaftstheorie zu betreiben. Und in der Tat kann man in Foucaults Vorlesungen zur Verteidigung der Gesellschaft und seiner Auseinandersetzung mit dem Krieg als Motor des sozialen Wandels gewisse Schwierigkeiten erkennen, ein umfassendes Movens von Gesellschaft zu identifizieren.

Nachdem wir gleich das Verhältnis von Diskurs zu sozialem Wandel und zum Machtbegriff geklärt haben, wird sich eine Idee einer diskursanalytisch inspirierten postfundamentalen Gesellschaftsanalyse herauskristallisieren.

Grob vereinfachend kann man erst einmal feststellen, dass Foucault eigentlich gar nichts anderes als Gesellschaftsanalyse macht, wenn er Diskurse analysiert und diese Analysen um nicht diskursive Praxis erweitert (Archäologie + Genealogie). Besonders *Überwachen und Strafen* kann man als Beispiel dafür nehmen, wie Foucault mit Diskursanalysen Gesellschaftsanalyse betreibt. Schon in der Auseinandersetzung mit Foucaults *Wahnsinn und Gesellschaft* haben Sie erste Einblicke erhalten, wie Foucault mithilfe seiner Instrumente der Archäologie und Genealogie dem Einheiten suggerierenden und konstruierenden Phänomen des Wahnsinns nachspürte und analysierte, ob Dispositive des Wahnsinns im Zeitverlauf in den Konflikt um die Fundierung von Gesellschaft eine Rolle spielen. Indem er herausstellt, dass z.B. im 17. Jahrhundert – der Geburtsstunde der Internierungsanstalten – der Übergang zwischen den Kategorisierungen *arm* und *wahnsinnig* fließend wird, sodass die Ausgrenzung als anders willkürlich und abhängig von Kräfteverhältnissen im jeweiligen Diskurs wird, wird deutlich, dass der Begriff des Wahnsinns zum Ausgangspunkt für konfligierende Kämpfe um das Fundament der damaligen Gesellschaft wird. Darüber hinaus können Foucaults Ausführungen zu machtvollen Disziplinarpraktiken in den Humanwissenschaften weitere Hinweise liefern, inwieweit die Wissenschaften eine Rolle im Konflikt um die Fundamente von Gesellschaft spielen. Die von Foucault in der *Archäologie des Wissens* angestellten Überlegungen zur Rolle und Situation der Wissenschaften bieten für spezifische Überlegungen zum Wissenschaftsbetrieb und den hiermit verwobenen diskursiven Machtwirkungen einen hervorragenden Ausgangspunkt. Wie man in seinem Sinne Gesellschaftsanalyse betreiben soll erklärt er aber grundsätzlich über sein Verhältnis zum Subjekt:

»Man muss sich vom konstituierenden Subjekt, vom Subjekt selbst befreien, das heißt zu einer Gesellschaftsanalyse gelangen, die die Konstitution des Subjekts im geschichtlichen Zusammenhang zu klären vermag.« (Foucault 1978: 32)

Foucault entwirft mit der Geschichte des Subjekts eine Genealogie der Gegenwart und wendet sich gegen die üblichen Verdächtigen wie die Modernisierungstheorien, die mit evolutionärem Eifer daran gegangen waren, eine kontinuierliche Ausbreitung der Moderne zu beweisen. Foucault konzentriert sich auf die archäologische und genealogische Untersuchung von Macht-Wissenskomplexen und verwendet dabei Gesellschaft nicht als einen Begriff mit theoretischem, sondern empirischem Gehalt. Gesellschaft gibt es bei Foucault nur als Namen für bestimmte, auf eine gewisse Dauer gestellte Macht-Wissenskomplexe wie die Disziplinargesellschaft oder die Normierungsgesellschaft. Diese sind dann folglich als Formen konkurrierender und widersprüchlicher Machtbeziehungen zu analysieren (Stark/Lahusen 2002: 238). Diese Gesellschaftsbegriffe sind jedoch stets auch zeitdiagnostische bzw. deskriptive Begriffe. Gesellschaft als eigenständiger Begriff hat also keinen theoretisch analytischen Stellenwert im Begriffsgebäude Foucaults. Mehr über seine Vorstellung und Arbeit zu Gesellschaft erfahren wir nun über Foucaults Begriff der Macht.

Diskurs und Macht

Am eindrucksvollsten beschreibt Foucault das Verhältnis von Diskurs und Macht in *Sexualität und Wahrheit*, wenn er die Methode seiner Untersuchung des Dispositivs der Sexualität darlegt. Erst einmal stellt er grundlegend fest, dass er, wenn er die Geschichte der Sexualität erzählt, dies nicht mit Begriffen der Repression oder des Gesetzes tun kann, sondern in Begriffen der Macht. Wie immer umkreist er das, was er mit Macht meint: Er negiert zu allererst, dass es so etwas wie Regierungsmacht im Sinne der Gesamtheit von Institutionen, die die bürgerliche Ordnung in einem Staat gewährleisten und in Form regelhafter Unterwerfung auftritt, gibt. Unter Macht schwebt ihm ebenfalls kein allgemeines Herrschaftssystem vor, das von einer Gruppe gegenüber einer anderen ausgeübt wird und eine Zweiteilung des Gesellschaftskörpers in Unterdrückende und Gedrückte unternimmt. Er fordert von uns, dass wir unsere Denkgewohnheiten aufgeben und bei Machtanalysen nicht an die Souveränität des Staates oder die Gesetzgebung oder die globale Einheit einer Herrschaft denken und diese nicht als ursprüngliche Gegebenheiten voraussetzen. Denn diese Vorstellungen von Macht sind für Foucault bereits erkaltete Endformen von Macht.

»Unter Macht scheint mir, ist zunächst zu verstehen: das Spiel, das in unaufhörlichen Kämpfen und Auseinandersetzungen diese Kräfteverhältnisse verwandelt, verstärkt, verkehrt; zu Systemen verkettet – oder die Verschiebungen und Widersprüche, die sie gegeneinander isolieren; und schließlich die Strategien, in denen sie zur Wirkung gelangen und deren große Linien und institutionelle Kristallisierungen sich in den Staatsapparaten, in der Gesetzgebung und in den gesellschaftlichen Hegemonien verkörpern.« (Foucault 2008: 1098)

Bei der diskursanalytischen Perspektive auf Macht ist man genötigt, die Existenz eines Machtmittelpunkts, von dem sich vom Zentrum aus eine Strahlkraft der Macht verbreitet, über Bord zu werfen. Ebenso wie die traditionelle Vorstellung von höheren Formen der Macht, die auf niedere herab wirken. Stattdessen ruft Foucault das Bild eines *bebenden Sockels der Kräfteverhältnisse* auf, wenn es um Macht geht (ebd.). Diese Kräfteverhältnisse erzeugen durch ihre Ungleichheit unablässig Machtzustände, die lokal und instabil sind:

»Allgegenwart der Macht, nicht weil sie das Privileg hat, unter ihrer unerschütterlichen Einheit alles zu versammeln, sondern weil sie sich in jedem Augenblick und an jedem Punkt – oder vielmehr in jeder Beziehung zwischen Punkt und Punkt – erzeugt. Nicht weil sie alles umfasst, sondern weil sie von überall kommt, ist die Macht überall.« (Foucault 2008: 1098)

Foucault bringt sein Verständnis von Macht im Folgenden auf den Punkt, wenn er sagt:

»(…) die Macht ist nicht eine Institution, ist nicht eine Struktur, ist nicht eine Mächtigkeit einiger Mächtiger. Die Macht ist der Name, den man einer komplexen strategischen Situation in einer Gesellschaft gibt.« (Foucault 2008: 1098).

Hier lohnt es sich, eine längere Passage als Zitat zu lesen, da die Argumentationslinie nur im Zusammenhang verständlich wird. In dieser Argumentation schließt er bezüglich seines Machtbegriffs erst wie gewohnt weiter aus, bis er am Kern der Macht ankommt:

»Macht ist nicht etwas, was man erwirbt, wegnimmt, teilt, was man bewahrt oder verliert; die Macht ist etwas, was sich von unzähligen Punkten aus und im Spiel ungleicher und beweglicher Beziehungen vollzieht.
   Die Machtbeziehungen verhalten sich zu anderen Typen von Verhältnissen (…) nicht als etwas Äußeres, sondern sind immanent. Sie sind einerseits die unmittelbaren Auswirkungen von Teilungen, Ungleichheiten und Ungleichgewichten, die in jenen

Verhältnissen zustande kommen, und andererseits sind sie die inneren Bedingungen jener Differenzierungen. Die Machtbeziehungen bilden nicht den Überbau, der nur eine hemmende oder aufrechterhaltende Rolle spielt – wo sie eine Rolle spielen, wirken sie unmittelbar hervorbringend.

Die Macht kommt von unten, d. h., sie beruht nicht auf der allgemeinen Matrix einer globalen Zweiteilung, die Beherrscher und Beherrschte einander entgegensetzt und von oben nach unten auf immer beschränktere Gruppen und bis in die letzten Tiefen des Gesellschaftskörpers ausstrahlt. Man muß eher davon ausgehen, daß die vielfältigen Kraftverhältnisse, die sich in den Produktionsapparaten, in den Familien, in den einzelnen Gruppen und Institutionen ausbilden und auswirken, als Basis für weitreichende und den gesamten Gesellschaftskörper durchlaufende Spaltungen dienen. Diese bilden dann eine große Kraftlinie, die die lokalen Konfrontationen durchkreuzt und verbindet – aber umgekehrt bei diesen auch Neuverteilungen, Angleichungen, Homogenisierungen, Serialisierungen und Konvergenzen herbeiführen kann. Die großen Herrschaftssysteme sind Hegemonieeffekte, die auf Intensität all jener Konfrontationen aufruhen.

Die Machtbeziehungen sind gleichzeitig intentional und nicht subjektiv. Erkennbar sind sie nicht, weil sie im kausalen Sinn Wirkung einer anderen, sie ›erklärenden‹ Instanz sind, sondern weil sie durch und durch von einem Kalkül durchsetzt sind: keine Macht, die sich ohne eine Reihe von Absichten und Zielsetzungen entfaltet. Doch heißt das nicht, daß sie aus der Wahl oder Entscheidung eines individuellen Subjekts resultiert. Suchen wir nicht nach dem Generalstab, der für ihre Rationalität verantwortlich ist. Weder die regierende Kaste noch die Gruppen, die die Staatsapparate kontrollieren, noch diejenigen, die die wichtigsten ökonomischen Entscheidungen treffen, haben das gesamte Macht- und damit Funktionsnetz einer Gesellschaft in der Hand. Die Rationalität der Macht ist die Rationalität von Taktiken, die sich in ihrem beschränkten Bereich häufig unverblümt – lokaler Zynismus der Macht –, die sich miteinander verketten, einander gegenseitig hervorrufen und ausbreiten, anderswo ihre Stütze und Bedingung finden und schließlich zu Gesamtdispositiven führen: auch da ist die Logik noch vollkommen klar, können die Absichten entschlüsselt werden – und dennoch kommt es vor, daß Niemand sie entworfen hat und kaum jemand sie formuliert: implizierte Charakter der großen anonymen Strategien, die, nahezu stumm, geschwätzige Taktiken koordinieren, deren ›Erfinder‹ oder Verantwortliche oft ohne Heuchelei auskommen.

Wo es Macht gibt, gibt es Widerstand. Und doch oder vielmehr gerade deswegen liegt der Widerstand niemals außerhalb der Macht.« (Foucault 2008: 1099 f.)

Diese Passage drückt in sehr direkter Weise den Skeptizismus aus, mit dem Foucault lebt und arbeitet, und mildert gleichzeitig den naheliegenden Vorwurf eines zu pessimistischen Entwurfs von Machtwirkung und deren Ubiquität, der seiner Konzeption häufig entgegengebracht wird. Vielfach wird den Foucault'schen Konzepten eine Art Ausweglosigkeit bescheinigt, nach der es schlicht unmöglich scheint, sich den Einflüssen der dezentralen und nicht an Personen gebundenen Macht zu entziehen. Doch dieser Entzug oder das Entkommen der Macht ist auch nicht das Ziel, das Foucault mit seinen Machtanalysen verfolgt, sodass der Vorwurf die Ambitionen, mit denen Foucault seine Forschungen betreibt, eher stützt als schmälert. Es ging Foucault und auch heutigen Formen der diskursanalytischen Arbeit sicherlich nicht darum, die gewaltige Maschinerie der Macht, die Foucault in seiner Mikrophysik herausarbeitet, zu stoppen. Das würde ja lediglich dazu führen, dass sie von neuen Formen ersetzt wird. So wird der vermeintliche Revolutionär lediglich zum Instrument und Mittel der Machttransformation. Wer Foucault auf diese ausweglose Art denkt, ignoriert die von ihm herausgearbeitet produktive Seite der Macht. Macht an sich ist für Foucault nichts Schlechtes. Meiner Meinung nach geht es Foucault mit seinen Analysen darum, Sand ins Getriebe der Maschinerie zu streuen, um deren Wirkungen zu entblößen. Dann erst kann nämlich durch theoretisch-analytische Reflexion mit den Machtverhältnissen auch aktiv umgegangen werden.

> »Die Diskurse ebenso wenig wie das Schweigen sind ein für allemal der Macht unterworfen oder gegen sie gerichtet. Es handelt sich um ein komplexes und wechselhaftes Spiel, in dem der Diskurs gleichzeitig Machtinstrument und -effekt, sein kann, aber auch Hindernis, Gegenlager, Widerstandspunkt und Ausgangspunkt für eine entgegengesetzte Strategie. Der Diskurs befördert und produziert Macht; er verstärkt sie, aber er unterminiert sie auch, er setzt sie aufs Spiel, macht sie zerbrechlich und aufhaltsam.« (Foucault 2008: 1104)

Was – häufig vernachlässigt – nicht oft genug betont werden kann, ist, dass die diskursive Macht, wie sie Foucault beschreibt, durchaus positiv gedacht ist und in diesem Sinne produktiv wirkt. Macht schränkt nicht nur ein und bringt nicht nur schädliches, einschränkendes Wissen hervor – ganz im Gegenteil! Das hervorstechende Argument in den Arbeiten Foucaults ist nämlich eigentlich genau dieser emanzipatorische Gedanke der Produktivität von Macht. Subjekte können zwar die im Diskurs wirkenden Machtverhältnisse nie herstellen oder direkt beeinflussen, weil sie ja Produkte des Diskurses sind, dennoch können sie, mithilfe archäologischer und genealogischer Analysen, vorgefundene Machtverhältnisse offen legen, verstehen und existente Strömungen des Machtflusses verstärken oder stören. Der Mensch ist zwar nicht in der Position einen Fahrplan der Macht zu erstellen, aber er kann sich die Verbindungen des Fahrplans erschließen und strategisch nutzen, um von A nach B zu gelangen.

»Nicht alles ist böse, aber alles ist gefährlich« (Foucault, z. n. Biebricher 2005: 115).

Gefährlich ist nämlich nicht die Macht, sondern können Diskurse sein, können Subjektpositionen sein, können Diskursmechanismen sein, die von Individuen genutzt werden. Foucault liefert uns Werkzeuge – und das ist so reizvoll am Wirken von und mit Foucault – um genau, wie er selbst dies in seinen Arbeiten tat, unermüdlich die Wirklichkeit in infrage zu stellen. Hierauf spielt auch Gehring an, wenn er von einer »inneren Ethnologie der Gegenwart« (Gehring 2007: 25) als Foucaults ehrgeizigem Projekt spricht, indem er der »scheinbaren Notwendigkeit eingespielter Normalität den Boden« (ebd.) unter den Füßen zu entziehen und alles so wenig selbstverständlich wie irgend möglich zu nehmen versucht. Gibt es etwas Soziologischeres?

Falls Sie daran zweifeln, sehen Sie sich einmal die im Netz verfügbare Einführungsvorlesung von Frank Hillebrandt »Was ist Soziologie?«[47] an.

Hillebrandt spricht hier genau über das von Foucault betriebene Sich-Fortdenken von den vertrauten Routinen des Alltags und der soziologischen Kunst des Misstrauens, die das Alltagsbewusstsein verfremdet und erklärt. Hierfür zieht er verschiedene Beispiele vom U-Bahn-Fahren bis zum Arztbesuch heran, um vor Augen zu führen, wie uns die Soziologie in die Lage versetzt, Selbstverständliches als etwas sehr Unwahrscheinliches zu denken, wobei Ihnen Foucault behilflich sein kann.

Im Sinne der soziologischen Fantasie kann auch die von Foucault verfolgte Absicht, die Frage nach der Verteilung von Kräften in Texten und diskursiven Praktiken zu klären, quasi eins zu eins auf soziologische Forschung übertragen werden (vgl. Foucault 2014); sie trifft gleichzeitig den Kern des der Soziologie zugrunde liegenden Ansinnens, die präferierten Wissenstypen und Machtverhältnisse in Diskursen in ihrer Entstehung, Stabilisierung und Transformierung zu analysieren.

---

47 https://www.fernuni-hagen.de/videostreaming/ksw/soz_lg1/20120401.shtml

Vor diesem Hintergrund ist auch die diskursive Explosion, die sich in den Sozialwissenschaften am torsohaften Werk Foucaults (vgl. Fink-Eitel 2002) entzündete zu sehen, und man kommt nicht umhin, sich früher oder später entweder affirmativ oder skeptisch mit Foucaults Diskurstheorie zu beschäftigen. Dieser trifft in seinem philosophischen Grundsatz – der Wille zum Wissen sei ein Wille zur Macht – ohne Zweifel auch den Nerv der heutigen Zeit. Mit seinem dezentralen Machtmodell kann es nämlich gelingen, angesichts abnehmender informationeller Selbstbestimmung und zunehmender Disziplinierung durch Überwachungen verschiedenster Art, mit Gesellschaftsanalysen à la Foucault einen gesunden Zweifel zu platzieren.

Die Forschungsfrage, die Sie also diskursanalytisch an das Verhältnis von Diskurs und Gesellschaft bezüglich von Machtverhältnissen stellen sollten, ist in der Foucault'schen Perspektive:

> »Welches sind die ganz unmittelbaren, die ganz lokalen Machtbeziehungen, die in einer bestimmten historischen Form der Wahrheitserzwingung (...) am Werk sind? Wie machen sie diese Arten von Diskursen möglich, und wie dienen ihnen umgekehrt diese Diskurse als Basis? Wie wird das Spiel dieser Machtbeziehungen durch ihren Vollzug beeinflußt (durch die Verstärkung bestimmter Elemente, die Schwächung anderer, die Wirkung von Widerständen und Gegenbesetzungen) – so, daß es keine ein für alle Mal gültige Unterwerfung gibt? Wie verbinden sich diese Machtbeziehungen miteinander zur Logik einer globalen Strategie, die sich im Rückblick wie eine einheitlich gewollte Politik ausnimmt?« (Foucault 2008: 1102)

Macht lässt sich mit Foucault nämlich aus keinem tiefer liegenden Prinzip ableiten, sie ist nur in sich selbst begründet.

Foucault nutzt den Machtbegriff dabei nicht als empirischen Begriff als etwas, dass es als geschlossenen Immanenzraum der Macht gibt. Er nutzt den Machtbegriff als gesellschaftstheoretischen Grundbegriff, als Begriff, mithilfe dessen er den Gesellschaftsbegriff umgehen kann.

Deshalb sind Foucaults Machtanalysen das, was die Soziologie lange unter dem Label Gesellschaftsanalyse geführt hat. Die von Foucault in den 1980er-Jahren als Regierungsformen der Gouvernementalität analysierten Machtformen werden auch heute weitergeführt. Aktuelle Beispiele für machtanalytische Gesellschaftsanalysen finden sich zum Beispiel im Bereich der Biopolitik in Form von Pränataldiagnostik, Geburtenkontrolle, plastischer Chirurgie oder Ernährungsprogrammen im Rahmen der Maßnahmen gegen Über- oder Untergewicht usw. Hier wird im Sinne Foucaults Gesellschaftsanalyse betrieben und Körper konsequent als Materialisierung von diskursiven Wissensordnungen in Form politischer und sozialer Normen analysiert (vgl. Alkemeyer/Villa 2010: 317). Der Körper wird dann in biopolitischer Perspektive zur statistischen Größe, die einem spezifischen Ideal (Body-Mass-Index, Körperdefinition, Schönheits- bzw. Gesundheitsideal) mit bestimmter Zeitspanne des Gebärens, Zeugens, Alterns und Erhaltenwerdens angepasst wird.

Um die Informationen zum Foucault'schen Machtbegriff und dessen Folgen für die Analyse von Gesellschaft sacken zu lassen, lehnen Sie sich kurz zurück und hören sich einen Podcast zum Machtbegriff Foucaults an, der die relevanten Arbeiten Foucaults noch einmal überblickshaft und grob vereinfacht aufbereitet.

Audio zu Foucaults Machtbegriff II[48]

Nachdem Sie nun mit dem Machtbegriff Foucaults vertraut sind, wissen Sie eigentlich auch schon, wie der Diskurs im Verhältnis zu Sozialität und sozialem Wandel zu sehen ist.

Diskurs und Sozialität

Diskursives ist natürlich grundsätzlich Sozialität (ausführlich hierzu Bettinger 2007: 77). Aber auch wenn alle Sozialität diskursiv durchsetzt ist, geht Sozialität nicht völlig im Diskursiven auf. Foucaults Vorstellung von Sozialität verzichtet auf eine Vorrangigkeit von Individuum und Gesellschaft, als Erstes ist immer der Diskurs, davor oder außerhalb ist nichts. Also jedenfalls keine Sozialität. Was wir uns gemeinhin unter Sozialität vorstellen, ist für Foucault ein Raum aus Diskursen, die kulturelle Gemeinsamkeiten hervorbringen und in dem Machtwirkungen Subjektformen eröffnen, die dadurch, dass sie in Beziehung zueinanderstehen so etwas wie Gesellschaft konstituieren (vgl. Kammler et al. 2014: 389). Bleiben wir im Foucault'schen Vokabular: Die Geburt der sozialen Gesellschaft findet aus der Ordnung der Diskurse heraus statt. Das, was wir als soziale Ordnung wahrnehmen, ist für Foucault immer nur die sichtbare Ordnung des Sozialen, die von der

---

48 https://www.youtube.com/watch?v=i_de2EaF7YI

nur zeitweise stabilisierten Wissensordnung aufrechterhalten wird. Soziale Ordnung bzw. Unordnung ist bei Foucault also Diskursordnung bzw. -unordnung.

Foucault denk Sozialität eben nicht vom Individuum und auch nicht vom Subjekt aus, das sich mit anderen verbindet, sondern vom Diskurs aus, der anonyme Machtwirkungen entfaltet, die Ein- und Ausschließungen bewirken und alles andere erst hervorbringen.

Wenn man also im Foucault'schen Sinne Gesellschaftsanalyse betreibt, muss man das Gewordensein der Gegenwart aus diskursiver Praxis betrachten und versuchen, die machtförmigen Formationen der Diskurse zu analysieren, um die Möglichkeitsbedingungen dessen, was ist, zu erfassen. Mit Foucault blicken Sie bei Gesellschaftsanalysen immer in die Vergangenheit, mit seinen Werkzeugen können Sie erst einmal keine Gegenwartsdiskurse analysieren, denn diese haben immer ihre Bedingungen. Foucault selbst beginnt mit seinen Analysen meist Jahrhunderte zuvor und schaut sich Brüche und Diskontinuität und deren diskursive Bedingungen an. Dann sieht er sich die Notstandsdispositive an, die versuchen, die Verschiebungen zu negieren und den diskursiven Status quo aufrechtzuerhalten. Welche Streuung ergibt erst die aktuelle Diskurslandschaft? Welche Wissensordnungen stützen diese, welche Machtwirkungen sind produktiv am Werke? Mit einer Foucault'schen Perspektive auf Gesellschaft wird man also nie zu einer Gegenwartsdiagnose gelangen, die auf ein zentrales Prinzip abstellt, wie die Risikogesellschaft, oder die Erlebnisgesellschaft. Nicht ein Prinzip hält die Gesellschaft zusammen, sondern die Heterogenität und Bewegung der Diskurse stabilisiert ein Machtgefüge.

Dies passt in gewisser Weise sehr gut zu Marcharts postfundamentaler Gesellschaft, die in Foucaults Gesellschaftskonzept sicher schon angedacht ist. Auch Foucault würde den einen Grund der Gesellschaft höchstens in der Kontingenz der Gründe und deren Diskontinuitäten sehen. Die kontingenten Machtformen, die in ihren diskontinuierlichen Archipelen bestehen, liegen dabei in unterschiedlicher Form vor: Z.B. als Disziplinarmacht, die im 19. und 20. Jahrhundert dominierte, wenn Sie an das klassische Beispiel des Panopticons und seiner unsichtbaren und vom Subjekt unabhängigen Machtwirkung denken, die Ordnung der Dinge hervorbringt; oder als Biomacht, die Sicherheit und Ordnungswirkung hervorbringt und auf die Gesamtmasse des Gesellschaftskörpers also auf die Bevölkerung wirkt.

Weil Foucault für jene, die immer noch vom Menschen als Erkenntnisquelle ausgehen, nur ein müdes philosophisches Lächeln übrig hat, muss ihm auch die zu seinen Lebzeiten noch in den Kinderschuhen steckende Praxistheorie sympathisch gewesen sein, die immerhin nicht mehr den Menschen, Akteur oder Handelnden, als kleinste analytische Einheit heranzieht, sondern den Vollzug der Praxis über die Analyse des Zusammenkommens von Praktiken analysiert. Sozialität kann so als ein dynamisches Feld gedacht werden, das sich zwischen den Diskursen als Dispositive aufspannt und Gesellschaft hervorbringt (vgl. Hillebrandt 2014).

Sozialität wird also nicht von Subjekten oder durch deren aufeinander bezogenes Handeln hergestellt, sondern von diskursiven Praktiken. Somit ist das Verhältnis von Sozialität und Diskursen bei Foucault so bestimmt, dass Sozialität auf machtvolle Prozesse der Formierung von Diskursen zurückzuführen ist.

In der Genealogie legt Foucault vielfach dar, dass sozialer Wandel durch ständigen Kampf des Willens zur Wahrheit des Wissens erfolgt und dieser Kampf der Strategien, der Machttechnologien und Diskurse sozialen Wandel erzeugt.

Im Grunde erklärt Foucault nämlich natürlich auch den sozialen Wandel über den Diskurs. Es sind nicht die Subjekte, die etwas ändern, sondern Machtverschiebungen auf der Folie der Verschiebung von Dispositiven. Weder das Soziale noch die Gesellschaft sind auf das Subjekt zurückzuführen, die Subjekte braucht Foucault nicht, um *sayings* und *doings* zu vollführen, er braucht lediglich Körper.

Motoren gesellschaftlicher Entwicklung sind für Foucault in der Folge dieses theoretischen Horizonts die ständigen Kämpfe, aufgrund der ungleichen Kräfteverhältnisse, die von den Diskursen und Macht-Wissens-Komplexen erzeugt werden. Die Kämpfe sind die konstituierenden Mechanismen und können bzw. sollten auch gar nicht überwunden, höchstens in ihren Verhältnissen verändert werden.

Schauen wir uns dies genauer an.

Diskurs und Gesellschaft

»Für einen Historiker à la Foucault hingegen bedarf die Gesellschaft, weit davon entfernt, das Prinzip oder das Ende jeder Erklärung darzustellen, selbst der Erläuterung. Sie ist nicht die letzte Instanz, sondern das, was in jeder Epoche alle Diskurse und die Dispositive, deren Auffangbecken sie ist, aus ihr machen.« (Veyne 2009: 31)

Die Geburt der Gesellschaft vollzieht sich bei Foucault aus diskursiver Unordnung heraus (vgl. Kammler et al. 2014: 390). Deshalb kann eine Foucault'sche Gesellschaftstheorie eben nicht, wie andere dies tun, Gesellschaft auf ein Einheit stiftendes Prinzip zurückführen, sondern auf »die Entfaltung einer Streuung, die man nie auf ein einziges System von Unterschieden zurückführen kann« (Foucault 2008: 293 f.). Foucault kann aufgrund der Anlage seiner Diskurstheorie Gesellschaft nicht als eine einheitliche Gesamtstruktur denken, wie Durkheim es mit dem Kollektivbewusstsein tut, oder Luhmann mit dem autonomen System. Mit Foucault betreibt man Gesellschaftsanalyse als Genealogie. Dies tut man auf der Basis archäologischer Studien mit dem Ziel, durch die Erweiterung der rein diskursanalytischen Perspektive um die Machtkomponente nicht weniger, als die historischen Grenzen des Seins der Individuen und ihrer Subjektivierungsformen aufzudecken. Dabei orientiert man den Analyseprozess an der übergreifenden Frage: Wie kann ich bestehende Verhältnisse mithilfe von Genealogie und Archäologie so dekonstruieren, dass ich ihre Kontingenz erkenne und dadurch, dass ich die Bedingungen ihrer Genese kenne, diese Grenzen des Seins überwinden.

Das theoretische Modell hinter diesem Forschungsdesign ist der Poststrukturalismus, der zwar auf Strukturen rekurriert, diese aber als variabel und diskursiv hergestellt und deshalb als veränderbar denkt. Die analytische Einheit einer solchen Gesellschaftstheorie sind Diskurse und Kräfteverhältnisse, die von überallher den *bebenden Sockel der Macht* erzeugen. Das Verhältnis von Individuum und Gesellschaft denkt Foucault deshalb vom Diskurs aus und geht davon aus, dass die Formationsregeln der Diskurse und die damit verbundenen Macht-Wissenskomplexe dem Individuum – gedacht als Körper, der Subjektivierungsweisen unterworfen ist – vorausgehen. Damit verabschiedet sich Foucault von einem autonomen Subjekt und macht es zum Ziel der Gesellschaftsanalyse, das autonome Subjekt als Illusion zu entlarven und die Beteiligung der Subjekte daran gleich mit. Dabei verfolgt er kein kontinuierliches und teleologisches Geschichtsbild (von einfach zu komplexer, von primitiver zu fortschrittlicher Gesellschaft), sondern ein serielles, das von Brüchen und Diskontinuität geprägt ist. Er zeichnet in seinen Gesellschaftsanalysen den Wandel von Machtformen nach, und zwar von Formen der repressiven Macht, die in ihrer Repression immer produktiver wurden.

Zu Beginn seines Schaffens dekonstruiert er Gesellschaft, indem er sie als Raum der Streuung von Diskursen in ihrem Gewordensein beschreibt. Diese Räume haben keine Grenzen und auch kein Zentrum, wie man es sich normalerweise bei Gesellschaft vorstellen würde. Er bricht also sehr strikt mit der Vorstellung von einer Einheit bzw. Totalität von Gesellschaft. Weil es nichts gibt, worauf Diskurse gründen, gibt es auch nichts, worauf Gesellschaft gründen könnte. Am Grunde der Gesellschaft dümpeln lediglich diskursive Formationen als regelhafte Streuungssysteme herum, die regelhaft Begriffe, Äußerungsmodi, Gegenstände und Themen hervorbringen. Folgt man Bublitz und Marchart, trifft Foucault hiermit eine erkenntnistheoretische Entscheidung:

> »Er geht davon aus, dass es Gesellschaft nicht als vorgegebene, natürliche Ordnung gibt, sondern als historisch konstituierte. Seine Diskurs-›Theorie‹ rekonstruiert Geschichte und Gesellschaft in den Rationalitätsstrukturen der Gesellschaft, die er analysiert; (…) Er beantwortet die Frage nach der Konstitution von Gesellschaft mit einem ›Diskurs über Diskurse‹ über die Konstitution von Gesellschaften, also mit der Frage nach ihrem historischen Entstehungszusammenhang aus einer je spezifischen historischen Perspektive.« (Bublitz 1999, z. n. Marchart 2013: 239)

Foucault zersetzt die Gesellschaft und zerlegt sie in ihre diskursiven Puzzleteile. Dies behält er auch nach der genealogischen Wende bei. Auch wenn es externe, auf den Diskurs einwirkende Machtformen der *Willen zum Wissen* gibt, bleibt das, was Gesellschaft bzw. das Soziale hervorbringt, die miteinander ringenden Kräfteverhältnisse der Macht-Wissens-Komplexe:

> »Ein Nebeneinander, eine Verbindung, eine Koordination und auch eine Hierarchie verschiedener Mächte, die dennoch ihre Besonderheit behalten.« Ein wie Marchart in den Schriften in vier Bänden findet ›Archipel aus verschiedenen Mächten‹ (Marchart 2013: 239).

Foucault hat also ein sehr konflikthaftes Verständnis des Sozialen. Immer wenn er den Diskurs in den gesellschaftlichen Kontext stellt, definiert er ihn wie in der *Ordnung des Diskurses* als »dasjenige, worum und womit man kämpft« (Foucault 2014: 11). Diskurse hat er ja bereits auch als *Schlachten* bezeichnet, die am Grund der Gesellschaft toben. Wenn die Gesellschaft nun auch noch ein konflikthaftes Ringen von Kräften ist, sind wir beim grundsätzlichen *Krieg als Motor des Sozialen* angelangt. Eine These, die sich vor Foucault bereits durch die Ontologie der westlichen Philosophie zieht. Foucault wäre aber nicht Foucault, wenn er sich nun einfach der Kriegsthese anschließen würde. Er fragt sich wie immer weiter, warum er selbst so denkt, dass er sich dieser These anschließen würde. Er macht es sich zur Aufgabe, die Herkunft von Gesellschaft zu analysieren, indem er zeigt, wie die Kräfte darum Ringen, wie sie darum streiten und wie die diskursive Schlacht der gewaltsamen Zusammenstöße tobt, die den Konflikt als Grund von Machtverhältnissen und Motor des Sozialen hervorbringt.

Der Motor des Sozialen ist also nicht ein soziales Band oder eine Einheit der Gesellschaft, sondern die Unordnung des Schlachtfelds. Dies macht er vor allem daran fest, dass Politik auch nur eine Fortsetzung des vorher militärischen Modells ist und weiterhin die bürgerliche Unordnung verhütet. Er ist also kurz davor, den Krieg zum Fundament von Gesellschaft zu machen. Aber dafür müsste er sein komplettes diskurstheoretisches Gerüst in die Tonnehauen, weil hier ja die Regelhaftigkeit des Diskurses Ausgangspunkt des Sozialen ist und von ihm ja eine Streuung der Puzzleteile und gerade keine Einheit wie das Kriegsprinzip angenommen wird. Das tut er aber natürlich nicht, sondern beleibt seiner Theorie treu. Er fertigt kurzum eine Genealogie seiner bisherigen Genealogie an. Er fragt nach den Bedingungen seines Denkens von der Kriegsthese und warum er, wenn immer er Macht sagt, eigentlich von Machtkampf spricht.

In den Vorlesungen zur Verteidigung der Gesellschaft legt er den typisch Foucault'schen methodischen Zweifel an das Denken von der Kriegsthese an und zweifelt die Adäquatheit des Kriegsbegriffs zur Beschreibung der Form sozialer

Kräfteverhältnisse an. Er sucht nach »Unstimmigkeit und Unterschiedlichkeit« in den ewigen Wahrheiten von den philosophischen Größen wie Nietzsche und Clausewitz und verdoppelt deren genealogische Überlegungen zum Krieg.

> »Wie und warum fing man an sich vorzustellen, daß es der Krieg ist, der unterhalb und innerhalb der Machtbeziehungen funktioniert? Seit wann, und auf welche Weise und aus welchem Grund geht man davon aus, daß so etwas wie ein ununterbrochener Kampf den Frieden durchzieht, daß also zivile Ordnung – an ihrer Basis, in ihrem Wesen, in ihren wesentlichen Mechanismen – eine Schlachtordnung ist? ... Wer hat im Lärm, im Wirrwarr des Krieges, im Schlamm der Schlachten, das Erkenntnisprinzip der Ordnung, des Staates, seiner Institutionen und seiner Geschichte gesucht?« (Foucault 2001a: 63, z. n. Marchart 2013: 245)

Marchart merkt an dieser Stelle unerbittlich und mit bemerkenswerter analytischer Schärfe an, dass es eigentlich Foucault selbst ist, nachdem er sich befragt (2013: 145). Diesen letzten Schritt ist er aber damals nicht in der Lage zu gehen.

Foucault findet aber durch seine Genealogie immerhin heraus, dass die Kriegsthese nicht wie angenommen durch die Umkehrung Clausewitz', sondern bereits im Mittelalter entstanden ist, da zu diesem Zeitpunkt der durch und durch kriegerische Alltag in seinen Praktiken verstaatlicht wurde und einem Militärapparat übertragen wurde. Somit war der kriegerische Alltag plötzlich nicht mehr eine Praxis aller, sondern nur noch einem gesellschaftlichen Apparat zuzuordnen. Foucault beschreibt dies als historisches Paradox, das einen Diskurs hervorbringt, der den Krieg und dessen Externalisierung ins Militär als Grundlage der befriedeten sozialen Verhältnisse sieht:

> »Der Krieg ist der Motor der Institutionen und der Ordnung, und selbst der Friede erzeugt in seinen kleinsten Räderwerken stillschweigend den Krieg. Anders gesagt: man muß aus dem Frieden den Krieg herauslesen: Der Krieg ist nichts anderes als die Chiffre des Friedens. Wir stehen miteinander im Krieg; eine Schlachtlinie zieht sich durchgängig und dauerhaft durch die gesamte Gesellschaft, und diese Schlachtlinie ordnet jeden von uns dem einen oder anderen Lager zu. Es gibt kein neutrales Subjekt. Man ist zwangsläufig immer jemandes Gegner. « (Foucault 2001a: 67, z. n. Marchart 2013: 246)

Nachdem Foucault daraufhin beinahe der Versuchung erliegt, ein Loblied auf den Krieg anzustimmen, überhöht er das binäre Kriegsverhältnis lieber abermals und fasst es in entschärfter Form als *Vielfalt aus Kräften und Konfliktverhältnissen*.

Hieraus entwickelt er dann die Formen der Gouvernementalität und später die Praktiken des Selbst, die die konfligierenden Machtverhältnisse in Regierungsformen und Selbstsubjektivierungstechniken aufgehen lassen. Das Ergebnis seiner damit vollführten Doppel-Genealogie ist also die Agonistik und Dialektik im Sinne von Konkurrenz und Zivilisierung, die er lediglich als Externalisierung des Kriegs zum Motor von gesellschaftlichem Wandel erklärt.

Wie Marchart ausführlicher darlegt, hatte Foucault es damit für einen kurzen Moment geschafft, das konfliktorisch-kontingente Fundament von Gesellschaft zu fassen zu kriegen, hat es dann aber aus Furcht vor der Konsequenz zur Harmlosigkeit entschärft. Die Foucault'sche Doppel-Genealogie hat in den Abgrund geblickt, dass Konflikt und Kontingenz gleicher Herkunft sind, ist aber vor den Folgen dieses Anblickes – der Brutalität sozialer Kräfte – zurückgeschreckt.

Marchart geht mit seiner Postfundamentalistischen Theorie dagegen diesen Schritt nach vorne und stürzt sich in den Abgrund. Er nutzt jedoch dabei sehr clever ein Steigeisen: die postfundamentalistische Theorie des unmöglichen Objekts und sichert sich damit die Möglichkeit der Rückkehr:

> »Wer dem Anblick der Rückseite [am Abgrund, A. d. V.] standhalten möchte, benötigt Gesellschaftstheorie. Sie liefert eine Erklärung für den Ubiquitären und spukhaften Charakter von Macht.« (Marchart 2013: 367)

Marcharts Erklärung für den Charakter der Macht lautet: Totalität und Negativität. Er geht den von Foucault aufgezeigten postfundamentalistischen Weg der Gesellschaftstheorie zu Ende und macht Foucaults allgegenwärtige Macht zu einer Dimension des sozialen Seins per se. Er macht Macht zu einem Grundbegriff seiner Postfundamentalistischen Gesellschaftstheorie mit der Gesellschaft als unmöglichem Objekt.

> »Macht ist etwas, das per se nicht existiert und dennoch omnipräsent in den Effekten seiner Abwesenheit« ist (Marchart 2013: 369).

Marchart führt uns vor Augen, dass sich mit Foucault das Bild des Sozialen und somit das Bild von Gesellschaft grundlegend verändert hat:

> »und [er, A. d. V.] zwingt uns, die Kontingenzen und Konflikte in den Blick zu nehmen, die den scheinbar stabilsten Formationen – Institutionen, Organisationen, Funktionssystemen, Strukturen, Subjektivierungsformen usw. – zugrunde liegen. Nicht nur sind soziale Formationen aus Konflikten hervorgegangen, aus denen sie auch anders hätten hervorgehen können. Sie sind, dem Entzug ihrer Fundamente ausgesetzt, niemals endgültig instituierbar. Tag für Tag müssen sie aufs Neue stabilisiert und reproduziert werden – was sich erübrigen würde, wären sie nicht umkämpft und stießen sie nicht auf Widerstände. So simpel diese Überlegung, so weitreichend ihre Konsequenzen. Sie

zwingt uns das Arsenal der Grundbegriffe die sozialwissenschaftlich Forschung orientieren, auf Konflikt und Kontingenz umzurüsten.« (Marchart 2013: 446)

Konflikt und Kontingenz bilden also die Grundlagen Foucault'scher Gesellschaftsanalysen, was, wie Sie gesehen haben, in seiner Diskurstheorie begründet liegt. Wenn wir uns im nun letzten Schritt also empirische Beispiele aus Forschungsarbeiten ansehen, die im Anschluss an Foucault Gesellschaftsanalysen betreiben, werden Sie sehen, dass deren grundbegriffliche Orientierung stets auf Konflikt und Kontingenz abzielt.

2.5 Diskurs und Gesellschaft empirisch

Was wird also zum Gegenstand von Forschungsarbeiten, die mit diesem komplexen Erbe Foucaults arbeiten? Diese Frage wird im Folgenden am Beispiel verschiedener Spielarten der Diskurs- und Dispositivanalyse vorgeführt, um Ihnen Ideen zu geben, was sie nun mit der diskursanalytischen Perspektive in Verbindung mit verschiedenen Formen von Sozialtheorien anstellen können. Ich werde Ihnen einige gelungene Beispiele aus soziologisch relevanten Themenfeldern herausgreifen und diese in ihrem Forschungsdesign vorstellen, um Ihnen vor Augen zu führen, welches Potenzial in der diskursanalytischen Perspektive steckt und was man damit denn nun mit Blick auf das Verhältnis von Diskurs und Gesellschaft anstellen kann.

Wissenssoziologische Beispiele

▶ **Kajetzke, Laura (2008): Wissen im Diskurs. Ein Theorienvergleich von Bourdieu und Foucault. Wiesbaden: VS.**

Von einem wissenssoziologischen Ausgangspunkt wird von Kajetzke beispielsweise das Dreigestirn Macht-Wissen-Subjekt unter Berücksichtigung des Mechanismus der Disziplin untersucht. Sie macht es sich sehr klassisch diskursanalytisch zur Aufgabe herauszufinden, unter welchen Umständen diese drei Bereiche ineinander und miteinander wirken und greift dabei auf verschiedene Konzepte von Foucault wie Macht, Subjekt, Diskurs oder Dispositiv im kontrastierenden Vergleich mit ähnlich gedachten Konzepten Pierre Bourdieus zurück (Kajetzke 2008: 34). Kajetzke analysiert die printmediale PISA-Berichterstattung und führt sehr anschaulich vor Augen, wie man mithilfe eines solchen Theorienvergleichs Leitfragen und ein diskursanalytisches Vorgehen entwickeln kann.

- Keller, Reiner (2008): Wissenssoziologische Diskursanalyse. Grundlegung eines Forschungsprogramms. 2. Aufl. Wiesbaden: VS.

Zudem möchte ich Sie auf das zum Klassiker der Diskursforschung gewordene Projekt von Rainer Keller von 1998 aufmerksam machen, in dem er am Beispiel des Mülls die gesellschaftliche Konstruktion des Wertvollen diskursanalytisch herausarbeitet. Eine Zusammenfassung der Ergebnisse unter Einbezug weiterer thematisch einschlägiger diskursanalytischer Arbeiten bietet Keller in seiner Grundlegung des Forschungsprogramms einer wissenssoziologischen Diskursanalyse. Indem er die Studien der Umwelt- und Risikoforschung zusammenführt, macht er Veränderungen der Diskursverhältnisse sichtbar. Von der Veränderung der Rolle und Wahrnehmung des wissenschaftlichen Wissens in öffentlichen Diskursen zu einer »Uneindeutigkeit des wissenschaftlichen Wissens« über die Entstehung neuer Sprecher_innenpositionen der Repräsentant_innen der engagierten Zivilgesellschaft von den Grünen bis zu Greenpeace, von der Multiplikation der Diskursarenen durch neue Medientechnologien und die Einrichtung neuer Foren wie Enquetekommission oder Mediationsverfahren bis zur Länderspezifik und Transnationalisierung der Diskursverhältnisse, zeigt Keller auf, wie Diskurse des Klimawandels, des Ozonlochs, des sauren Regens oder eben der Müllbeseitigung durch die Art und Weise der Aussagenformationen Problematisierungen hervorbringen, die transnationale Wissensregime notwendig werden lassen und gesellschaftliche Wissensverhältnisse transformieren (Keller 2008: 279–315).

Systemtheorie und Diskurs

- Aretz, Hans Jürgen (2000): Zur Konstitution gesellschaftlicher Diskurse. In: Heinz-Ullrich Nennen (Hg.): Diskurs. Begriff und Realisierung. Würzburg: Königshausen & Neumann, S. 161–181.

Eine Verquickung von Diskurs- und Systemtheorie ist mehr als unüblich. Dennoch möchte ich Ihnen ein Beispiel geben, wie diese ungewöhnliche Verbindung funktionieren kann. Wenn die Systemtheorie von Diskursen spricht, definiert sie Diskurse als den Zwischenbereich der gegenseitigen Durchdringung sozialer Systeme und institutioneller Verfahren der symbolischen Konfliktaustragung. Hans Jürgen Aretz analysiert so bspw. Strukturen diskursiver Formationen am Beispiel diskursiver Schließungsmechanismen im Falle des Gentechnikdiskurses. Die Ausgangsfrage dabei ist: Es gibt gesellschaftliche Diskurse – wie funktionieren Sie bezüglich ihres makrostrukturellen Arrangements? Aretz entwirft erst den theoretischen Bezugsrahmen der Systemtheorie und verweist von dort auf die Bedeutung prozeduraler Mechanismen in Verhandlungs- und Entscheidungsprozessen hochkomplexer Gesellschaften. Er arbeitet verschiedene Schließungsmechanismen diskursiver Auseinandersetzungen heraus und bringt diese mit dominanten Strukturmerkmalen einer Gesellschaft in Verbindung. Im letzten Schritt skizziert er den Modus der symbolischen Konfliktaustragung in Verbindung mit den sozial-strukturellen Arrangements und verdeutlicht dies am Beispiel der Gentechnikdebatte in Deutschland. Ein schönes Beispiel für diejenigen unter Ihnen, die mit Luhmann sympathisieren.

Praxistheorie und Diskurs

▶ Schlosser, Jennifer A. (2013): Bourdieu and Foucault: A Conceptual Integration. Toward an Empirical Sociology of Prisons. Crit Crim (2013) 21: 31–46 DOI 10.1007/s10612-012-9164-1

Einleuchtender als die Verknüpfung von Foucault und Luhmann sind sicherlich die Parallelen zwischen Pierre Bourdieus Theorie der Praxis und Foucaults Diskurs- und Machttheorie. Auf die hierbei jedoch zu selten fokussierten Gemeinsamkeiten zwischen dem Stellenwert des Körperlichen stellt im oben genannten Beispiel Jennifer A. Schlosser ab. Sie geht aus Sicht einer kritischen Kriminologie mit den theoretischen Werkzeugen Bourdieus und Foucaults der Frage nach einer neuen Soziologie des Gefängnisses und den Konsequenzen für deren Empirie nach. Sie setzt die Bourdieuschen Konzepte des Habitus, des Ethos, der Doxa und der Praxis ins Verhältnis zu den Foucault'schen Elementen der Disziplin, der fügsamen Körper, des Panoptikons und der Genealogie und vergleicht die empirischen Anschauungsbeispiele beider Theoretiker hinsichtlich ihrer Anwendbarkeit auf aktuelle kriminologische Studien qualitativer Sozialforschung. Es gelingt ihr damit, die den Gefangenenstudien lange verschlossen gebliebene Vorteile der poststrukturalistischen Denkweise vor Augen zu führen und mit Rückgriff auf Foucault und Bourdieu nicht sichtbare Grenzen der Distinktion und Machtwirkungen sowie soziale Probleme als Ergebnisse von Macht-Wissens-Komplexen in Gefängnissen in den forschenden Blick zu nehmen.

Gouvernementalitätsforschung

▶ Denninger/van Dyk/Lessenich/Richter (2010): Die Regierung des Alter(n)s. Analysen im Spannungsfeld von Diskurs, Dipositiv und Disposition. In: Angermüller, Johannes/van Dyk, Silke (Hg.) (2010): Diskursanalyse meets Gouvernementalitätsforschung. Perspektiven auf das Verhältnis von Subjekt, Sprache, Macht und Wissen. Frankfurt/New York: Campus, S. 207–235.

Für die diskursanalytische Gouvernementalitätsforschung möchte ich Ihnen zwei gelungene Beispiele in unterschiedlicher Perspektive mit auf den Weg geben. In dem 2010 im Campusverlag erschienenen Sammelband von Angermüller/van Dyk stellen verschiedene Vertreter_innen der Soziologie ihre Arbeitsweise vor, mit Diskurs- und Gouvernementalitätsforschung herauszufinden, wie Gesellschaft hervorgebracht wird, und wenden damit Gesellschaft zum problematischen Objekt. Während Diskursanalysen dabei vor allem in der Wissenssoziologie zur Anwendung kommen, finden sich Arbeiten zur Gouvernementalitätsforschung vor allem in der politischen Soziologie, die den Fokus auf die politische Konstitution des Sozialen legt und Praktiken des Regierens im Sinne von politischen Techniken und Rationalitäten der Menschenführung in den forschenden Blick nimmt. Hier geht der Trend in letzter Zeit vermehrt zur Erforschung neoliberaler Selbstregierung, die die Verlegung von Macht und Regierung in die Subjekte selbst erforschen. Sehr anschaulich tun dies Denninger/van Dyk/Lessenich/Richter und legen zwei Storylines gegenwärtiger Alter(n)s-Regime offen, die die Diskurse, Dispositive und Dispositionen des Alters miteinander zum Alter(n)s-Regime verknüpfen. Sie legen den Dreischritt von den Diskursen über die Dispositive hin zu den Dispositionen in der Praxis zum einen am Beispiel der Storyline des Unruhestandes und zum anderen an der Storyline des produktiven Alters dar und legen so sowohl fremdbestimmte Disziplinierungen als auch selbstbestimmte Subjektivierungsweisen des Alter(n)s offen.

▶ Lemke, Thomas (2011): Beyond Foucault: From Biopolitics to the Government of Life. In: Ulrich Bröckling, Susanne Krasmann und Thomas Lemke (Hg.): Governmentality. Current issues and future challenges. New York: Routledge (Routledge studies in social and political thought, 71), S. 165–184.

Die internationale Diskussion der Governementality Studies bildet der Sammelband von Bröckling/Krasmann und Lemke ab, der 2010 thematische Beiträge zu Regimen der Staatlichkeit und Sicherheit, zu Biopolitik im Rahmen von Regierungsprozessen und zur These der Ökonomisierung des Sozialen in neoliberalen Regimen versammelt.

▶ Lemke, Thomas (2014): Die Regierung der Dinge – Politik, Diskurs und Materialität. In: Zeitschrift für Diskursforschung 2 (3), S. 250–267.

Als ein weiteres gelungenes Beispiel für eine Weiterentwicklung der Foucault'schen Perspektive der Gouvernementalitätsforschung möchte ich Thomas Lemkes Arbeiten zur Regierung der Dinge herausgreifen, die zwei Rezeptionslinien Foucaults biopolitischer Arbeiten aufgreifen: einmal den Modus der Biopolitik (historisch und analytisch): Wie funktioniert Biopolitik und wie unterscheidet sich diese Form der Politik von anderen Formen des Regierens; zum anderen die physische Substanz der Biopolitik im Sinne von Fragen danach, wie die Art und Weise des Denkens von Lebensformen als lebende Körper von dem Konzept des Körpers als Text, der gelesen und umgeschrieben werden kann, beeinflusst wird. Lemke verbindet Foucaults Biopolitik mit dem Gouvernementalitätskonzept zu einer Analyse von Biopolitik, die Regieren in der Verbindung der physischen Ebene der Lebensform und der politisch moralischen Lebensform findet. Dieses Projekt führt Thomas Lemke aktuell unter dem Thema *Die Regierung der Dinge* weiter, in dem er das Foucault'sche Gouvernementalitätskonzept in die aktuell aufkommende Theorierichtung des New Materialism (Barad 2012) integriert, und bricht damit die in der Foucaultrezeption hartnäckige Engführung durch einen auf Menschen fokussierten Regierungsbegriff auf.

Bilddiskursanalyse

▶ Maasen, Sabine/Böhler, Fritz (2006): Zeppelin Universität: Bilder einer Hochschule. In: Maasen/Mayerhauser/Renggli (Hg.): Bilder als Diskurse – Bilddiskurse. 1. Aufl. Weilerswist: Velbrück, S. 199–228;

▶ Link, Jürgen (2006): Zum Anteil der medialen Kollektivsymbolik an der Normalisierung der Einwanderung. In: Maasen/Mayerhauser/Renggli (Hg.): Bilder als Diskurse – Bilddiskurse. 1. Aufl. Weilerswist: Velbrück, S. 53–70.

Die Bilddiskursanalytiker_innen wie die prominente Vertreterin für die Soziologie Sabine Maasen, nehmen sich Foucaults berühmte Bildanalyse von Velazquez *Die Hoffräulein* in *Die Ordnung der Dinge* zum Vorbild und machen Bilder als Elemente und Vehikel von Dispositiven zum Untersuchungsgegenstand. Bilddiskursanalysen greifen die Kritik an der Textorientierung der Diskursanalyse auf und nehmen das visuell Wahrnehmbare in Form von Bildern in den diskursanalytischen Fokus. Sie stellen die miteinander agierenden Verhältnisse von Sichtbarem und Sagbarem in den Mittelpunkt. Zentrale Frage ist dabei aber weniger, was gibt es für Bilder oder was sagen diese aus, sondern vielmehr: »Wovon [kann] sich wer auf welche Weise zu welchem Zeitpunkt und an welchem Ort (k)ein Bild machen« (Maasen et al. 2006: 8). Den Vertreter_innen dieser diskursanalytischen Richtung geht es vor allem darum, die Prozeduren der Verknappung zu identifizieren, die die Herstellung, den Einsatz, die Zirkulation und Rezeption spezifischer Bilder informieren und diese nicht länger nur illustrativ, sondern ko-konstitutiv für soziokulturelle Ordnungen zu fassen (Maasen et al. 2006: 8).

Lesenswert sind in diesem Zusammenhang zum einen der Beitrag von Sabine Maasen und Fritz Böhler, in dem sie die ko-konstitutive Diskurswirkung von Bildern am Beispiel der für den Web-Auftritt der Zeppelin-Universität verwendeten Bilder vor Augen führen. In der Verbindung von Sichtbarem und Sagbaren wird ein neuer Universitätstypus entworfen, der Studierende darauf vorbereitet, die Welt managerial zu gestalten und Subjektivierungsformen vom Typus erfahrungssensibler Lern- und Entscheidungsbereitschaft hervorbringt. Von der über die Bilddiskurse hervorgebrachten Ausgangsunterscheidung zwischen traditioneller und neuer Universität bzw. tradierten vs. neuen akademischen Subjektivierungsweisen problematisiert die Studie das manageriale Regime, in die Bilddiskurse der Zeppelin-Universität als Produkt und Vehikel eingebunden sind.

Traurige Aktualität erhält auch der Beitrag von Jürgen Link, der für die bundesdeutsche Geschichte der Einwanderung einen Bild-Diskurskomplex rekonstruiert, der auf der Ebene der Massenmedien Schlagworte der Angst, mit Schlag-Bildern der Angst à la *Das Boot ist voll* und statistischen Daten verknüpft, die ein Kollektivsymbol einer natürlichen Belastungsgrenze bundesdeutscher Aufnahme- und Integrationsfähigkeit hervorbringen.

Dispositivanalyse

▶ **Bührmann, Andrea D. (2013): Die Dispositivanalyse als Forschungsperspektive in der (kritischen) Organisationsforschung. Einige grundlegende Überlegungen am Beispiel des Diversity Managements. In: Hartz/Rätzer (Hg.): Organisationsforschung nach Foucault. Macht – Diskurs – Widerstand. Bielefeld: transcript S. 39–60.**

Für die Dispositivanalyse wählen wir ein Beispiel aus der Organisationssoziologie. Als konkretes Beispiel dienen uns Andrea Bührmanns Arbeiten zu Dispositiven des Diversity Managements. Sie illustrieren, wie die Dispositivanalyse in der Organisationsforschung fruchtbar gemacht werden kann. Anhand von vier Leitfragen, die an den Dimensionen der Dispositivanalyse orientiert sind, arbeitet Bührmann in einem ersten Schritt die Forschungsfrage heraus, weshalb sich welche Dispositive mit welchen intendierten und nicht intendierten Folgen formieren konnten und welche Akteure bei der Hervorbringung des Dispositivs des Diversity Managements beteiligt sein können. Anschließend analysiert sie das Zusammenspiel von Praktiken, Subjektivationen und Objektivationen und arbeitet heraus, welche historischen Machtkonstellationen die Formierung und Transformierung des Diversitiy Management Dispositivs ermöglichten – welches Problem gab es zu lösen? Drittens lenkt Bührmann den Blick auf Widerständigkeiten von Akteuren und Aktanten und führt dies in einer praxistheoretischen und intersektionalen Forschungsperspektive zusammen.

▶ Silva-Castaneda, Laura/Trussart, Nathalie (2016): Sustainability standards and certification: looking through the lens of Foucault's dispositif. Global Networks. Oct2016, Vol. 16 Issue 4, p. 490–510. 21p.

Nachdem Nachhaltigkeitszertifikate und -standards in der Weltwirtschaft im Zuge der Globalisierung eine immer größere Rolle spielen, haben die Autorinnen dieser empirischen Studie eine sogenannte Multi-Stakeholder Initiative unter dem Namen »Roundtable of Sustainible Palm Oil« zum Gegenstand ihrer Betrachtung gemacht. Für ihre Betrachtung montieren sie die Linse des Foucault'schen Dispositivs auf ihre soziologische Kamera. Ziel der empirischen Anwendung der Dispositivanalyse ist es, herauszufinden, in wie weit zivilgesellschaftliche Organisationen bereits, noch oder wieder machtvolle Knotenpunkte herausbilden, indem sie offiziell anerkanntes Wissen in ihrer Legitimität irritieren, ändern und abweichendes hervorbringen. Um solche und ähnliche Prozesse des Widerständigen sichtbar zu machen, analysieren Laura Silva-Castaneda und Nathalie Trussart sowohl stabilisierende Faktoren des Dispositivs als auch solche der Auflösung.

Praxissoziologische Dispositivanalyse

▶ Daniel, Anna/Schäfer, Franka: Methodische Herausforderungen am Beispiel einer Soziologie des Rock und Pop. In: Schäfer, F./Daniel, A./Hillebrandt, F. (2015): Methoden einer Soziologie der Praxis. Bielefeld: Transcript. S. 289–314.

Zum Abschluss lernen Sie nun in etwas ausführlicher Form noch den Vorschlag der aktuell viel beachteten Soziologie der Praxis kennen, die Diskurse als eine Dimension der Praxis fasst und Ihnen ein adäquates Modell praxissoziologischer Dispositivanalyse an die Hand gib, um im Anschluss an Foucault Teilaspekte einer

Genealogie der Gegenwartsgesellschaft zu analysieren. Diese Form des Denkens von Praxis ist zudem sehr gut vereinbar mit dem Denken von Gesellschaft als unmöglichem Objekt (Marchart 2013: 9) und vereint den poststrukturalistischen Ansatz Foucaults mit dem assoziativen Denken Latours.

Der Ansatzpunkt jeder praxissoziologischen Analyse ist gerade nicht Gesellschaft oder Diskurs oder handelnde Akteure – es ist die Praxis in ihrer Vollzugswirklichkeit. Im Gegensatz zu ähnlich ansetzenden Forschungsrichtungen, denen es in erster Linie um kognitive Produktionsleistungen der an den Praktiken beteiligten Menschen geht, setzt eine am poststrukturalistischen Materialismus ausgerichtete Praxissoziologie konsequenterweise immer bei der physischen Dimension der Praxis an. Sie als Forschende müssen deshalb die Materialität der an den Praktiken beteiligten Körper, Artefakte und Diskurse in den Blick nehmen. Denn erst durch die materielle Verfasstheit der Praktiken werden diese für den Forschenden sichtbar. Wie Sie bei Frank Hillebrandt nachlesen können, analysiert die Soziologie der Praxis als kleinste analytische Einheiten der Sozialität Praktiken und deren Verkettung zu Praxisformationen. Dies bezieht verschiedene Dimensionen der Praxis mit ein, deren Zusammenkommen eine besondere Qualität im Vollzug von Praxisformen generiert (vgl. Hillebrandt 2014).

- Praxisdimension der Körper
- Praxisdimension der Artefakte
- Praxisdimension der Diskurse und Narrative

In der aus dem spezifischen Gegenstand der Forschung abgeleiteten methodischen Konsequenz heißt dies, dass das, was sich in der Assoziation dieser Dimensionen in der Praxis nicht physisch materialisiert, auch nicht zum Forschungsgegenstand einer Soziologie der Praxis wird. Was also im Bereich der Intuitionen, Meinungen, Denkmuster usw. liegt und in herkömmlichen qualitativen Forschungsrichtungen über Interviews und fragende Methoden erfasst wird, bleibt in der Praxisforschung ausgeklammert. Nur die physische Materialität dieser Intentionen oder Strategien und Meinungen, also deren Niederschlag in der physischen Verfasstheit der Dinge, Körper und Artefakte, erhält empirische Relevanz für die soziologische Erforschung der Praxis. Dies gilt auch für den Diskurs, der ausschließlich in seiner bedrohlichen Materialität in den Fokus von Analysen genommen wird. Dies gestaltet sich mit den herkömmlichen Methoden qualitativer Forschung auf den ersten Blick nicht immer ganz einfach, wenn gerade die klassischen Formen des Interviews vermieden werden sollen. Die situativen Ensembles oder, um mit Latour zu sprechen, die jeweiligen Assoziationen im Praxisvollzug erweisen sich dabei zudem als äußerst heterogen, und der empirisch forschende Blick muss nicht nur auf die an den Praktiken beteiligten menschlichen Akteure und deren sozialisierte Körper, sondern auch auf die Artefakte und Dinge ebenso wie auf die diskursive Dimension der Praktiken gerichtet werden. Die Diskursforschung hat sich lange vor dem konsequenten Einbezug des Materiellen in das sprachlich dominierte Methodensetting gedrückt. Während in den soziologischen Praxistheorien Materialität, Körper und Dinge vor allem auch unter Rekurs auf Butler und Latour einbezogen wurden, beschränken sich Diskursanalysen in der Empirie bis heute, wie Sie im vorangegangenen Kapitel gesehen haben, zumeist auf die Analyse von sprachlichen Praktiken und deren Niederschlag in Texten. Silke van Dyk prangert diese Schieflage an und schlägt im Anschluss an Foucault, Butler und Latour eine Dispositivanalyse als Lösung vor. Während Forscherinnen und Forscher die in der Tradition von Andrea Bührmann mit dem Dispositivbegriff arbeiten noch zwischen diskursiven und nicht diskursiven Praktiken unterscheiden und beide in die Dispositivanalyse einbeziehen, bietet van Dyk eine Version der Dispositivanalyse an, die hier keine Unterscheidungslinie zieht. Dies ist ganz im Sinn einer praxissoziologischen Dispositivanalyse (vgl. Schäfer 2015 in Bezug auf Medien im Diskurs). Das Dispositiv wird dann als Netz gedacht, das die heterogenen Elemente zusammenhält, ohne dass die Diskursimmanenz der Welt aufgegeben werden muss. Wie man die Elemente des Dispositivs isoliert, haben wir bei Foucault gesehen. Wie man den Verknüpfungen dazwischen auf die Spur kommt, das weiß Bruno Latour. Er plädiert in der Soziologie der Assoziationen dafür, die Arbeit der Verknüpfungen in den Mittelpunkt zu stellen, und dabei die Objekt- und Dingwelt miteinzubeziehen. Dispositivanalysen, wie sie Foucault betreibt plus Assoziationssoziologie, wie sie Latour betreibt, ergeben also eine praxissoziologische Dispositivanalyse.

Wie gehen Sie also vor, wenn Sie in praxissoziologischer Perspektive die Genese einer Praxisformation erforschen wollen?

Greifen wir auf das Praxisbeispiel populärer Musik zurück und verdeutlichen die Analyse der diskursiven Dimension anhand der Praxisformation des Rock und Pop.

Auf der Untersuchungsebene der diskursiven Dimension der Praxis werden im konkreten Fall orale und schriftliche, wissenschaftliche wie populäre Narrative, Thematisierungen der Popindustrie und der Werbung, Diskurse spezieller Musikmagazine sowie massenmediale Inszenierungen der Konstituierungsphase wie der gegenwärtigen Rock- und Popformation in den diskursanalytisch forschenden Blick genommen. Sowohl qualitative als auch quantitative Methoden der Diskurs- und Medienanalyse im Anschluss an Foucault eignen sich hierfür. Im Bereich der diskursanalytischen Verbreitungen der Rock- und Popmusik in diversen Medien wie Film, Fernsehen, Radio und Internet etc. bieten sich bewährte Methoden der Medienanalyse aus dem Umfeld der Cultural Studies an, um die diskursive Dimension der Praxisformation erheben zu können. Dem normativen Bias des Begriffs der Praktiken der Cultural Studies begegnet man am besten damit, dass man nicht an subversiven und verborgenen, sondern das Forschungsinteresse darauf richtet, offensichtliche Praktiken der Genese des Rock- und Popdiskurses zu beobachten. Praxissoziologische Diskursforschung will grundsätzlich nicht aufdecken und ans Licht bringen, sondern den Prozess des Zusammenkommens unterschiedlicher Dimensionen der Praxis zu signifikanten Formationen in Form von Ereignissen erforschen. Von der Analyserichtung der Cultural Studies übernimmt die praxissoziologische Diskurs- und Medienanalyse das uneingeschränkte und radikale Verständnis, dass keine kulturelle Praxis außerhalb des kontextuellen Zusammenhangs fassbar ist, in dem diese steht (Hepp 1999: 16–21). Die praxissoziologische Analyse von Medien und Diskursen kann deshalb ebenso wenig hinter die allgemeinen Leitlinien der Cultural Studies zurück: einer theoriegeleiteten Fokussierung jeglicher Forschungsarbeit; die Formulierung gegenwartsbezogener Fragestellungen; Interdisziplinarität bzw. Transdisziplinarität um Flexibilität in Auswahl, Kombination und Anwendung von Methoden sicherzustellen; Selbstreflexivität und Transparenz wissenschaftlichen Arbeitens.

In dieser Tradition kann man methodisch Genese- und Rezeptionsbricolagen (Göttlich 2004) der diskursiven Dimension der Rock- und Popformation vornehmen, um die zwischen routinierten Beharrungspraktiken sowie kreativen Praktiken des Wandels aufgespannten relationalen Werknetze aus Diskursen, Rezipienten, Konsumenten, Medien und Text fassen zu können. Bleiben andere diskursanalytische Ansätze jedoch meist der analytischen Trennung von Diskurs und Praxis verhaftet (vgl. Wrana 2012), sollten methodische Werkzeuge gewählt werden, die eine Verhaftetheit in der Differenzierung in diskursiv intelligible Praxis und ethnografisch zugängliche implizite Praxis überwinden. Hierbei liefern Wranas erste Versuche, auf den Schemata-Begriff von Bourdieu zurückzugreifen, erste Hinweise (Wrana 2012), deren Potenziale es gilt, weiter auszuloten.

Grundsätzlich erfolgt eine Analyse der diskursiven Dimension der Praxisformation der Praktiken des Rock und Pop auf verschiedenen methodisch voneinander zu trennenden Ebenen:

Mithilfe der Analyse der diskursiven Dimension der Praxis kann in einer Analyse des physischen Materials von Textseiten und Schriftzeichen Retextualisierungen von Textdokumenten nachgespürt werden, um herauszufinden, wie Texte und Narrative zu Stellvertretern für die Rock- und Popformation wurden (vgl. Del Percio 2012). Hier kann man davon ausgehen, dass im Verlauf von Diskursen Naturalisierungen von Aussagen vonstatten gehen, und es Diskurspraktiken zu identifizieren gilt, die zur Ausblendung der Geschichte von Texten führen, sodass mit der Rekonstruktion der Genese Schlüsse auf aktuelle Narrative möglich werden. Hinsichtlich der Rock- und Popformation bietet es sich in diesem Analyseschritt an, zu untersuchen, wie unterschiedliche wissenschaftliche und nichtwissenschaftliche Quellen und dokumentarische Quellen, die Entstehung und Genese der Rock- und Popformation thematisieren bzw. wie etwa die spezifische Geschichte der Rockmusik jeweils erzählt wird, welche Ereignisse als besonders zentral erachtet werden, welchen Ereignissen, Akteuren oder spezifischen Aktanten ein Symbolstatus zugesprochen wird, ob hinsichtlich des Aufkommens neuer Musikrichtungen und Lifestyles jeweils eher von Praktiken der Beharrung und der Subversion die Rede ist etc.

Die Analyse der diskursiven Dimension der Praxisformation des Rock und Pop in Form klassischer Textdaten richtet sich je nach Datenmaterial und Intention an adäquaten Forschungsprogrammen der sozialwissenschaftlichen Diskursanalyse aus. Mit klassischen Diskursanalysetechniken können so die Genese und Genealogie von verschiedenen Diskursformationen der Rock- und Popformation in den Blick genommen werden, sowie die Rekonstruktion von Diskurskarrieren und die Kanalisierung von Diskursaufmerksamkeiten analysiert werden. Ausgangspunkt sind wie im gesamten Erhebungsvorgang die Situationsanalysen der Ereignisse in der Konstitutionsphase, wie z. B. das Festival. Von dort aus werden Diskurse in ihrem Verlauf, in ihrer Zusammensetzung in eigenständigen Forschungsprozessen untersucht. Dabei greift eine praxissoziologische Diskursanalyse einerseits auf bewährte Methoden der sozialwissenschaftlichen Diskursanalyse zurück, muss aber den Fokus immer auf die Materialität der Diskurse richten und geht dabei zuweilen so weit, die analytische Grenzziehung zwischen diskursiven und nicht-diskursiven Praktiken aufzubrechen, wenn davon ausgegangen wird, dass vor allem körperliche Praktiken in ihrer Zeichenhaftigkeit eine deutliche diskursive Dimension enthalten. Die Materialität der diskursiven Dimension der Praxis steht in der praxistheoretischen Perspektive auf diskursive Praktiken damit außer Frage. Schon bei Foucault kommt der diskursiven Dimension der Praxis eine eigene Materialität zu, weil diese die gleichen Folgen hat, wie die dingliche Dimension. Man würde nicht so weit gehen, die diskursive Dimension von Praxis als stoffliche Materie zu fassen, ihr dennoch aber, wie dies auch Foucault selbst bereits betont, eine eigene Materialität zugestehen. Am Praxisbegriff orientierte Forschungen wie diese beteiligen sich also an dem im Folgenden von Foucault beschriebenen Prozess, wenn er voraussetzt,

> »(…), dass in jeder Gesellschaft die Produktion des Diskurses zugleich kontrolliert, selektiert, organisiert und kanalisiert wird – und zwar durch gewisse Prozeduren, deren Aufgabe es ist, die Kräfte und Gefahren des Diskurses zu bändigen, sein unberechenbar Ereignishaftes zu bannen, seine schwere und bedrohliche Materialität zu umgehen« (Foucault 2014: 10).

Ebenso wie Ereignisse der Rock- und Popformation in den Blick genommen werden, interessierten auch Foucault Diskurse als Ensembles diskursiver Ereignisse, die also weder Substanz noch Akzidenz, weder Qualität noch Prozess sind, und obwohl sie Ereignisse sind und keine konsequent haptische Physis aufweisen, immer aber auf der Ebene des Materiellen wirksam und als diskursive Materialität zu untersuchen sind. Die diskursive Dimension der Praxis muss ebenso wie diskursanalytische Forschung an sich über ihren Ereignischarakter bestimmt werden. Ähnlich wie Bourdieu Felder über deren Kraftwirkungen empirisch definiert, bekommt die praxissoziologische Diskursanalyse die Diskurse über deren Machtwirkungen auf der physischen Dimension in den Blick.

Während Schrage noch Foucault ebenso wie Durkheim die metaphorische Verwendung der Materialität des Sozialen und Diskursiven als Abgrenzungsstrategie gegenüber dem Idealismus vorwirft, sollte man die Materialität der diskursiven Dimension der Praxis im speziellen und die physische Dimension der Praxis ernst nehmen. Regelmäßigkeit von Aussagen, die Diskursereignisse in erhöhter Frequenz analytisch fassbar machen, bedürfen deshalb immer eines oder einer physischen Trägerschaft sowie eines physischen Ortes des Vollzugs. Hierbei spielen diskursiv erzeugte und geformte Körper eine wesentliche Rolle, die in ihrer stofflichen Basis im Zusammenspiel mit dem physischen Ort des Vollzuges und der physischen Trägerschaft wiederum die spezielle Gestalt der diskursiven Formation der Praxis bestimmen.

Mit dem System der physischen Institutionen, in dem sich die diskursiven Praktiken vollziehen, variieren bzw. beharren Aussagen und werden dadurch wiederholbar bzw. veränderbar. Materielle Strukturen ebenso wie organische Körper ermöglichen erst die Wiederholung diskursiver Praxisformationen und wirken auf diese, weshalb sie eine der wichtigsten Analyseebenen der Rock- und Popformation bilden.

Unterscheidet die wissenssoziologische Diskursanalyse wie Keller sie betreibt noch analytisch zwischen diskursiven und nichtdiskursiven Praktiken führt dies allzu oft in die Differenzierung zwischen einer diskursiven Wirklichkeit und einer wirklichen Wirklichkeit bzw. von diskursiven kreativen und nichtdiskursiven Routine-Praktiken des Alltags. Dies wird in praxissoziologischer Perspektive aufgebrochen und vor dem Hintergrund des anvisierten Abbildens von Wandlungsprozessen aus praxistheoretischer Perspektive notwendig.

Diskursanalytische Erhebungen der diskursiven Dimension der Praxis sehen damit durchaus mit Foucault die Aufgabe diskursanalytischer Forschung darin: »nicht – nicht mehr – die Diskurse als Gesamtheit von Zeichen (...), sondern als Praktiken zu behandeln, die systematisch die Gegenstände bilden, von denen Sie sprechen« (Foucault 1988: 74). Wie dies auch Daniel Wrana in seinen empirischen Arbeiten immer wieder betont, müssen Diskurse vor diesem Hintergrund nicht nur als Praxis hervorbringend gedacht werden – Diskurse sind Praxis (Wrana 2012: 191). Der Fokus diskursanalytischer Erhebungsmethoden liegt damit auf diskursiven Praktiken in ihrer Funktionsweise im Vollzug von Praktiken. Praktiken, die wie Wrana dies überzeugend beschreibt Bedeutungen, Gegenstandsfelder, Materialität und Subjektpositionen zueinander in Beziehung setzten. Praktiken des Sprechens und Schreibens ebenso wie Praktiken des Verkörperns von Zeichen. Somit können Texte an sich nur eine Art des Erhebungsmaterials bilden. Körperliche und Körper-Ding-assoziative Praktiken, die diskursives Material hervorbringen, sind ebenso diskursive Praktiken wie die Produktion von Text, die Aufführung von Musik, die Kundgebung, das Happening, der körperliche Protest sowie die Dokumentation all dessen in Bildbänden und Zeitschriften, Filmbeiträgen und Büchern.

Wie bereits im Zuge der Kritik an den Cultural Studies geäußert, enthält der Verzicht auf eine analytische Gegenüberstellung von Diskurs und Praxis das Potenzial, der Gefahr der normativen Aufladung von subversiven Praktiken als Handlungsoptionen der Subalternen zu entkommen, da diese Perspektive, wie Wrana dies zeigen konnte, es ermöglicht, im Feld Praktiken zu beobachten ohne im Voraus über deren Diskursivität, Hegemonie oder Beharrungspotenzial entschieden zu haben.

Wenn auch zum Verhältnis von Diskurs und Praxis schon viel Diskurs produziert wurde, findet sich wenig pragmatischer Niederschlag der theoretischen Diskussionen in der empirischen Forschung und Methodendiskussion: Ähnlich wie Wrana dies in seinen Arbeiten zu Praktiken der Lehre aufzeigt, nehmen wir deshalb eine Verkehrung des Verhältnisses von Diskurs und Praxis vor und konzentrieren den forschenden Blick auf den Diskurs als diskursive Praxis statt Praxis als diskursive Formation. Hierdurch geraten weniger sprachlich verfasste Wissensstrukturen und Regeln der Normierung in den Blick, als vielmehr die diskursiven Praktiken, die die Formationen der Aussagen hervorbringen und die Praxis re- und produzieren (Wrana 2012: 191).

Neben Diskursanalysen von Texten als Artefakte diskursiver Praktiken werden deshalb zusätzlich Narrationen zur Konstitution des Rock in narrativen Interviews erhoben und ethnografische Feldforschung zur Analyse von aktuellen Erzählungen betrieben, da, so die These, über die Analyse der Herstellung einer erkennbaren, diskursiv markierten und erzählbaren Praxis die physische Dimension der Diskurse des Rock und Pop herausgearbeitet werden kann. Die multisited ethnographic Analysis nach Marcus (1995) ermöglicht es, unterschiedliche geografische Orte des Geschehens miteinander zu verbinden und gesammelte Erkenntnisse hierüber miteinander in Bezug zu setzen. Durch die Analyse von Narrativen kann herausgefunden werden: Welche Praktiken werden beschrieben und wem oder was werden sie zugeschrieben. Die aktuellen Bedeutungen von Praktiken z. B. auf Festivals ergeben sich erst aus den Konstellationen und Verkettungen von Praxiseinheiten und deren narrativen Verbreitung über Diskurse. Durch die Verknüpfung von Diskursanalyse und Ethnografie kann der Prozesscharakter des Sozialen und der Multiperspektivität der Praxis Rechenschaft getragen werden. Die beschriebenen praxissoziologischen Diskurs- und Medienanalysen lassen sich dabei adäquat ins Forschungsdesign der den Feldzugang eröffnenden situationsanalytischen Methode nach Adele E. Clarke (2012) einpassen, die es vermag neben den anderen Dimensionen der Praxis auch die narrative und diskursive Dimension der Rock und Popformation in den Blick zu nehmen. In der Zusammenführung der verschiedenen Dimensionen der Praxis kann sich das verschiedene Untersuchungsebenen vereinende Konzept der situational maps sich methodisch-analytisch der Diskursanalyse Foucaults und der darauf aufbauenden Dispositivanalyse nach Bührmann und Schneider bedienen, da die von Clarke beschriebenen Maps sozialer Welten deutliche konzeptionelle Ähnlichkeiten mit den von Foucault beschriebenen Dispositiven aufweisen.

Mit dem diskursiven Werkzeugkoffer bis zum gesellschaftlichen Denkhorizont

3

Nun haben Sie es so gut wie geschafft. Die dunklen Diskurs- und Gesellschaftswolken am Denkhorizont haben sich verzogen, das Wetter hat theoretisch aufgeklart und Sie spazieren mit der diskursiven Sonnenbrille durch die Gesellschaft. Sie haben sich die grundlegenden theoretischen Konzepte und Werkzeuge der Foucault'schen Diskurstheorie angeeignet, haben sich sein Leben und Werk vor Augen geführt und dabei seinen ganz eigenen Forschungs- und Arbeitsstil verinnerlicht. Sie haben sich der Frage gestellt, wie man mit Foucault Gesellschaft denken und analysieren kann und haben im Zuge dessen Marcharts postfundamentalistische Theorie der Gesellschaft kennengelernt. Nun wissen Sie wie das Verhältnis von Diskurs und Gesellschaft gedacht werden kann und was die Soziologie in ihrem Arbeitsalltag damit anfängt.

Natürlich haben Sie unterwegs auch meine Perspektive auf Diskurs und Gesellschaft herausgelesen. Wie im Vorausgegangenen deutlich wurde, plädiere ich – zum Teil explizit zum Teil sicherlich auch unterschwellig – in diesem Buch für einen sehr starken Einbezug des Diskurses in das Nachdenken über so etwas wie Gesellschaft. Dabei setze ich die Diskursimmanenz des Sozialen voraus, ohne jedoch im Umkehrschluss Positionen einzunehmen, die das Soziale mit dem Diskursiven gleichsetzen. Ich gehe so weit mit, dass es nichts Gesellschaftliches gibt, das außerhalb des Diskursiven bestimmt ist, aber dennoch geht Sozialität nicht im Diskurs auf. Sozialität vollzieht sich in Praxis und dieser gestehe ich verschiedene Elemente zu, die sich zu Praktiken verketten und sich zu Praxisformationen verbinden. Ganz klar sind Dinge immer schon Artefakte und dadurch, dass sie als Dinge von uns wahrgenommen werden, sind sie bereits diskursiv hervorgebracht. Auch menschliche Körper sind von Geburt an und sogar schon davor immer schon diskursiven Effekten ausgesetzt und damit vom Diskurs als solche hervorgebracht. Aber die Materialität der Praxis ist eben nicht allein eine diskursive, sondern verkettet sich mit anderen physischen Gegebenheiten zu Praxis und muss sich stets neu ereignen, um wirksam zu bleiben.

In der Diskurstheorie, wie sie für die Soziologie vor allem in persona Michel Foucaults rezipiert wird, nimmt das Denken von so etwas wie Gesellschaft ganz klar im Diskurs seinen Ausgangspunkt. Dieser bestimmt die Wirklichkeit von so etwas wie dem Individuum, eröffnet Subjektpositionen durch die Regeln, die er für die Formierung der Aussagen generiert und bietet Diskursmechanismen, welche für Individuen zur Positionierung in Machtgefügen nutzbar werden.

Wenn ich also beispielsweise daran interessiert bin, welche Auswirkungen mobile Endgeräte auf die Studierwirklichkeit von Studierenden haben, würde ich eine Diskursanalyse anfertigen und beispielsweise Chatprotokolle oder Hochschulzeitungen des AStAs danach auswerten, was weshalb wie sagbar ist und welche Macht-Wissens-Komplexe die Alltagswirklichkeit des Lernens bestimmen.

Mit Foucault gehe ich dabei davon aus, dass Diskurse sich aus Formationen von Aussagen zusammensetzen, die bestimmte regelhafte Abfolgen von Zeichen sind. Hierüber regeln sich die Möglichkeitsbedingungen von Geltungsansprüchen legitimen Wissens. Aufgrund der Konzentration auf die Zeichenebene und der Annahme der Diskursimmanenz der Wirklichkeit geht man dabei von einem Primat des Diskurses aus. Kritiker_innen des *diskursive turn,* der sich in den Sozialwissenschaften seit Ende der 90er-Jahre vollzogen hat, kritisieren, dass Diskursanalyse vor dem eben skizzierten Hintergrund des Primats des Diskursiven trotz des Hinweises auf die Dispositive von Foucault (2003), zu textualistisch bleibt. Die Soziologie ist, weil sie lange eine Textwissenschaft war und auch noch ist, der Diskursanalyse von Text-Daten gegenüber anderen Sozialwissenschaften aufgeschlossener, und ist nur dem impliziten nicht zeichenförmig transformierten Wissen, das in dem Diskursgewimmel herumwabert, gegenüber skeptisch. Man hat sich damit beholfen, verschiedene Theorien zur Erklärung hinzunehmen. Am Ende steht man jedoch immer vor dem Problem: wie und mache ich dabei einen Unterschied, zwischen dem, was diskursiv ist und dem, das nicht diskursiv ist und wie steht das im Verhältnis zu so etwas wie Wirklichkeit.

Wrana diagnostiziert der soziologischen Diskursforschung zwei grundlegende Umgangsformen mit diesem Problem (vgl. Wrana 2012): In der wissenssoziologisch ausgerichteten Diskursanalyse fasst Keller Diskurse als Regelsysteme für Signifikationen, die auf dieser Folie handlungsanleitend sind. Keller trennt Diskurs und Praxis analytisch in zwei Ebenen und stellt dem Diskurs handelnde Akteure gegenüber. Diskursive Praktiken sind so produzierende Praktiken, nichtdiskursive Praktiken sind lediglich wiederholende und stabilisierende Praktiken. Diskursexterne Praktiken sind in dieser Fassung Alltagspraktiken und Kulturtechniken, die vergleichbar mit traditionellem Handeln sind. Keller bleibt damit stark der Akteur-Theorie verhaftet und geht davon aus, dass es also auch sprachliche Praktiken gibt, die nicht diskursiv sind. Er unterscheidet zwischen von Diskursen abhängigen und von Diskursen unabhängigen sprachlichen Praktiken. Diskursive Praktiken sind dabei Regeln generierende Praktiken und von Regeln generierte Praktiken sind nicht diskursive Alltagspraktiken. Dieser Unterscheidung kann man folgen, will ich aber nicht folgen, da dann die Erforschung von Praxis eine korrigierende Rolle einnimmt und man letztendlich nach emanzipatorischem Potenzial gegenüber den Regeln des Diskurses sucht.[48]

Eine das Foucault'sche Dispositiv weiterdenkende Position bieten die kritische Diskurs- und Dispositivanalyse z. B. von Jäger (2012) und Bührmann/Schneider (2008), die von einer Unterscheidung in sprachliche und nicht sprachliche Praktiken ausgehen und Diskursives als sprachliche und zeichenförmige Realität annehmen, dies aber für eine Beschränkung halten und für die zusätzliche Analyse von Praktiken plädieren, die etwas über den Diskurs Hinausgehendes sind. Diskurs ist hier eine eigenständige Ebene der materiellen Wirklichkeit, welche die Realität über die dazwischentretenden Subjekte determiniert. Der Diskurs ist in diesem Verständnis quasi das Betriebssystem, das die Apps für die Wirklichkeit bereitstellt. Die Vermittlung zwischen Diskurs und Subjekt geschieht über Arbeit als Praktiken, die nicht diskursiv sind. So bleiben diskursive Praktiken rein sprachliche Zeichen, die Wissen transportieren.

> Die Verbindung zwischen diskursiven und nichtdiskursiven Praktiken finde dann über das Dispositiv statt, mit dem Foucault »ein entschieden heterogenes Ensemble, das Diskurse, Institutionen, architektonische Einrichtungen, reglementierende Entscheidungen, Gesetze, administrative Maßnahmen, wissenschaftliche Aussagen, philosophische, moralische oder philanthropische Lehrsätze, kurz: Gesagtes ebenso wie Ungesagtes umfasst. Soweit die Elemente des Dispositivs. Das Dispositiv ist das Netz, das zwischen diesen Elementen geknüpft ist« (Foucault 1978: 119 f.).[49]

---

48 Hier gerät vor allem das Normierte in den forschenden Blick und man behilft sich dann mit ergänzenden Praxisanalysen, um die Kreativität von starken Akteurinnen zu extrahieren. Dies führt allzu oft in die Differenzierung zwischen einer diskursiven Wirklichkeit und einer wirklichen Wirklichkeit, was nicht zielführend ist.

49 Zudem sei das Dispositiv eine »(…) Formation, deren Hauptfunktion zu einem gegebenen historischen Zeitpunkt darin bestanden hat, auf einen Notstand zu antworten. Das Dispositiv hat also eine vorwiegend strategische Funktion« (Foucault 1978, S. 119 f.) In dieser Form ist das Foucault'sche Dispositiv schon ein brauchbares Konzept, wobei der Punkt mit der Strategie und dem Notstand etwas unglücklich formuliert ist und zumeist missverständlich interpretiert wird. Die Not besteht jeweils in der drohenden Instabilität von Aussagenformationen nicht in einer physischen Gefahr.

Durch meine eigenen Forschungen zum sozialwissenschaftlichen Armutsdiskurs (vgl. Schäfer 2013) und dem in diesem Zuge entwickelten Forschungsdesign fokussiere ich auch die Zusammenführung von Diskurs und Praxisforschung auf den späten Foucault und gehe im Nachgang seiner Gouvernementalitätsstudien davon aus, dass Diskurstheorie alleine nur den Diskurs erklärt. Dies ist zwar nicht wenig und liefert ebenfalls Hinweise über die Individuen und die Gesellschaft, aber es braucht eine Einbettung in ein Sozialmodell, um umfassendere Analysen der Lebenswelt zu generieren (vgl. ausführlich Diaz-Bone 2006).

In den bisher dargestellten Positionen wird anerkannt, dass irgendwie die analytische Trennung zwischen Diskurs und Praxis nicht ganz aufrechtzuerhalten ist und allen Praktiken implizites Wissen inhärent ist. Dieses Dilemma löst die praxistheoretische Perspektive auf Wirklichkeit so auf, dass das Implizite als inkorporierte Praxis gefasst wird, und damit die Transformation umgangen wird, die man immer schon hat, wenn man implizites Wissen für die Analyse zu explizieren versucht. Implizites ist schließlich nicht zeichenförmig, es kann also nicht beobachtet werden. Lediglich die sozialisierten Körper und Dinge können im praktischen Vollzug beobachtet und analysiert werden.

Bourdieu hat das implizite Wissen als den praktischen Sinn gefasst, der Feld- und Habitus-Theorie als Dränage dient (vgl. Bourdieu 1993). Der Fokus der Analyse liegt dann auf den symbolischen Objektivationen, die das Feld als solches legitimieren, weil sie einen praktischen Sinn verleihen. Bei Bourdieu bleibt aber der Eindruck, Akteure betreten Felder, wenn es ihrem praktischen Sinn entspricht. So bleibt der Diskurs immer an die Position des Sprechenden im sozialen Raum an sich und im jeweiligen Feld gebunden und ist lediglich Repräsentation von außerdiskursiven Bedingungen; der Tribut, der zu zollen ist, ist also der eines schwachen Diskurskonzepts.

In der Praxistheorie heutigen Zuschnitts werden Akteure als Teil von Praktiken in Form von sozialisierten Körpern ebenso wie Artefakten, zu denen dann auch Texte und sprachliches Material zählen oder symbolisches Zeichenmaterial, als Elemente gefasst, aus deren Formation sich Einzelpraktiken zu Praxisformen verketten. Von dieser Position aus reichen die klassisch textualistischen Diskursanalysen, die ausschließlich an abstrakten Codes orientiert bleiben, natürlich nicht aus. Stattdessen werden die physisch-materiellen Dimensionen von Praktiken untersucht. Praxisforschung versucht das bereits angesprochene Dispositivkonzept, das Diskurs und Praxis verknüpft, mit Bruno Latour weiterzudenken und Dispositive als Netze der Assoziation zu denken. So wird die Arbeit der Verknüpfung analysiert, die uns Vorgänge der Legitimierung blackboxt. Dabei bleibt die Diskursimmanenz der Welt unberührt, denn es gibt keine Möglichkeit der Erfahrung von Nichtdiskursivem, das es aber grundsätzlich gibt. Um Beispiele von van Dyk aufzugreifen: Die Schusswaffe, das Wetter oder auch Steine, sind im Vollzug der Wahrnehmung visueller Praxis immer schon mit Diskurs behaftet (van Dyk 2013: 49). Nicht die Existenz dieser nicht diskursiven Dinge muss infrage gestellt werden, sondern, dass es keine Erfahrbarkeit und Wahrnehmung dieser Dinge und schon gar keine Herstellung dieser Dinge außerhalb des Diskurses gibt. Solche Dinge sind wahrgenommen immer schon der Diskursimmanenz der Welt ausgesetzt und damit Artefakte mit diskursiven Elementen (vgl. auch Hillebrandt 2014: 125). So wird der klassische Vorwurf der Diskursidealisierung umgangen, der suggeriert, dass Wörter und Texte direkt Materialität erzeugen. Diskurse als »Praktiken zu behandeln, die systematisch die Gegenstände bilden, von denen sie sprechen« (Foucault 1981: 74) geht in meiner Lesart nur, wenn man die Unterscheidung von Diskursivem und Nichtdiskursivem zwar nicht aufgibt, aber die Wahrnehmung der Dinge als konsequent diskursimmanente Praxis fasst.

Man muss also theoretisch die radikale Diskursimmanenz des Sozialen anerkennen, um methodologisch eine analytische Trennung vornehmen zu können und das Diskursive der Artefakte, die wir wahrnehmen ohne zu sprechen, zu schreiben oder zu bezeichnen, reflektieren.

So kann man zum Dispositiv als Verkettungsordnung von Aussagen bildenden Praxiselementen kommen, welche »verstreute (sprachliche) Äußerungen, Objekte, Körper, institutionelle Regelungen und Praktiken mit konkreten Inhalten in der Zeit und im Raum erscheinen« lassen (Foucault 1981: 126 f.).

Im nächsten Schritt muss nun noch die Annahme Foucaults aufgelöst werden, dass Praktiken als isolierte Kategorie neben Körpern, Dingen und Regeln aufgeführt werden. Auch institutionelle Regelungen müssen sich praktisch vollziehen, damit es sie gibt, und sind nur im praktischen Vollzug relevant. Mit Latours Soziologie der Verknüpfung als Assoziation kann man also zusätzlich den Dingen in der Assoziationskette einen Zeichenstatus zuweisen, sodass die Unterscheidung zwischen Wort- und Symbolebene und Objekt-/Dingebene verwischt. Problem ist bei Latour, dass er dabei leider die Dingebene überbetont, die nicht wie Personen, Akteure und Mitglieder zu Hybriden werden, sondern einen anderen Status behalten, wogegen die Körper vernachlässigt werden.

Gibt es in dieser Lesart dann überhaupt noch nichtdiskursive Praktiken? Meine Arbeitshypothese lautet: Ja, es gibt nichtdiskursive Praktiken, woran sich die Frage anschließt, ob es dann nichtdiskursive Praxis geben kann? Nein, weil Praxis die Verkettung von Praktiken in ihrem Vollzug ist. Und nicht nur, weil das dann *doings* und *sayings* sind, sondern weil Praxis immer einen praktischen Sinn hat, der sich in der Verkettung von Praktiken zu Praxisformationen ausdrückt und somit zeichenhaft ist.

Vorteil einer solchen praxistheoretischen Sicht ist, dass keinem der Elemente der Praxis ein Primat zukommt: Es ist nicht der Diskurs, der Subjektpositionen eröffnet und Materialität produziert. Es ist nicht der Akteur und nicht der Mensch, der den Diskurs produziert. Es ist auch nicht die Kommunikation, die alles andere hervorbringt. Praktiken setzten sich aus den Dimensionen der sozialisierten Körper und Artefakte und deren Assoziationen in Form von Diskursen und sprachlichen wie zeichenhaften Artefakten zusammen. Die Konsequenz ist dann, den Diskurs als diskursive Praxis zu fassen, nicht als eigenständige Wirklichkeit, sondern als Praxis. Praktiken sind nämlich keine Praktiken von Akteuren, und Akteure üben keine Praktiken aus, sondern Praktiken setzen sich aus verschiedenen Dimensionen der Praxis zusammen, wovon der physische sozialisierte Körper eine ist, der Diskurs als Aussagenformation eine weitere und Artefakte und Symbole weitere Praxisdimensionen.[50]

Konsequent praxissoziologisch gewendet heißt das, dass Diskurse nicht von Praktiken reproduziert werden, sondern Diskurse Praktiken sind, die sich aus den bekannten Elementen der Praxis zusammensetzen und in der Formation im praktischen Vollzug Diskurs sind, sowie eine produktive Materialität vorweisen.[51]

Egal welche der diskursanalytischen Perspektiven Sie nach der Lektüre des Lehrbuchs nun bevorzugen, ob praxissoziologisch oder nicht, diskursanalytisches Denken ist für die Soziologie unumgehbar und muss egal in welchem Forschungsfeld stets einbezogen werden. Damit ist Diskurstheorie und Diskursanalyse Grundbestandteil jeder Soziologie, da sie dazu beiträgt, die soziologische Fantasie anzukurbeln und sie nicht nur in Gang zu bringen, sondern auch am Laufen zu halten. Der Foucault'sche Werkzeugkoffer, mit dem Sie nach der Lektüre dieses anstrengenden Lehrbuchs ausgestattet sind, ermöglicht es Ihnen das, was ist, skeptisch zu hinterfragen und Selbstverständliches aus der diskursanalytischen Perspektive heraus als etwas völlig Unwahrscheinliches zu denken.

---

50 Foucault hat sich da keinen Stress gemacht und gesagt: Diskurs ist einmal diskursive Formation und zum anderen, Diskurs ist diskursive Praxis und ließ das relativ nebeneinander laufen. Keller und auch Bührmann/Schneider und Jäger greifen davon eher die Formation und die Regel generierenden Aspekte auf. Praxisforschung im Sinne einer konsequenten Soziologie der Praxis geht die Formation aber von der Praxis aus an, nicht vom Akteur oder Diskurs. Diskurse müssen dann ganz im Sinne Foucaults als Praktiken behandelt werden, die systematisch die Dinge bilden, von denen sie sprechen (Foucault 2008, S. 521). Diskurse bestehen aus Zeichen, die im praktischen Vollzug hervorgebracht werden und das sind dann diskursive Praktiken.

51 Diese praxistheoretische Wendung von Foucaults Diskursbegriff griffen bisher bereits die Cultural Studies auf, aus einer empirischen Richtung bilden die Arbeiten von Clarke Alternativen, die in der Situationsanalyse der Komplexität und Heterogenität der Materialvielfalt Rechnung trägt, wenn sie das Konzept der sozialen Arenen mit dem Dispositivbegriff vermittelt (vgl. Clarke et al. 2012) und andere als nur textliche Materialsorten einbezieht.

Somit gratuliere ich Ihnen, dass Sie mit der Diskurstheorie Foucaults nun in der Lage sind, in der Reflexion der Rationalitäten der Wahrheitsproduktion ein anderes Denken zu denken, sich typisch soziologisch die Bedingungen der Möglichkeit des Sozialen vor Augen führen und sich über das Alltägliche immer wieder neu wundern werden.

Multimediales Material 4

Da das am Ende eines Lehrbuchs sonst immer unter den Tisch fällt, aber doch ehrlich gesagt am meisten Spaß macht und zum Weiterdenken anregt, finden Sie hier nun direkt im Anschluss ein Angebot an multimedialem Zusatzmaterial. Klicken Sie sich mit Foucault durchs Netz und surfen auf der Foucault'schen Welle unbedingt durch die folgenden Webseiten, Blogs, Audios und Videos:

Linksammlung

Foucault Blogs

http://www.fsw.uzh.ch/foucaultblog/

http://foucault.info/

© Springer Fachmedien Wiesbaden GmbH, ein Teil von Springer Nature 2019
F. Schäfer, *Diskurstheorie und Gesellschaft*, Studientexte zur Soziologie,
https://doi.org/10.1007/978-3-658-22001-3_4

https://foucaultblog.wordpress.com/

http://foucaultnews.com/

Foucault bei Facebook

https://www.facebook.com/MichelFoucaultAuthor?fref=ts

Foucault bei Twitter

https://twitter.com/Foucault_M

https://twitter.com/Foucault_News

Multimediales Material

https://twitter.com/foucaultbot

Webseiten zu Leben und Werk Foucaults

http://agso.uni-graz.at/lexikon/klassiker/foucault/14bio.htm

http://www.michel-foucault.com/

http://plato.stanford.edu/entries/foucault/

http://www.britannica.com/biography/Michel-Foucault

Videomaterial

Foucault über Human Nature: Justice versus Power oder die menschliche Natur und die ideale Gesellschaft:

https://www.youtube.com/watch?v=3wfNl2LoGf8

Foucault über seine Biografie:

https://www.youtube.com/watch?v=qz0Ohhh4aJg

Ein englisches Interview mit Michel Foucault (1965):

> *Badio interviews Foucault on the bridge between psychology and philosophy. He defines and differentiates the motivations and historical roots underlying modern psychology as a scholarly discipline. Michel Foucault, following in the steps of Nietzsche, accomplished an inexorable analysis of the mechanisms of control and repression inscribed in human sexuality. His ideas marked a change in thought by depicting sexual minorities and the situation of the marginalized, the imprisoned, the mentally ill and even the immigrants.*

https://www.youtube.com/watch?v=PFyB09FrtaY

Multimediales Material

Foucault über Bachelard (mit englischen Untertiteln):

https://www.youtube.com/watch?v=am6TghIrYEc

3 Vorlesungen von Foucault aus der Zeit kurz vor seinem Tod 1983 über *The Culture of Self* an der UC Berkeley.

https://www.youtube.com/watch?v=CaXb8c6jwok

Michel Foucault spricht an der Katholischen Universität in Louvain 1981 über Macht (franz. Orig.):

http://www.dailymotion.com/video/xv6xmh_michel-foucault-sur-le-pouvoir_webcam

Audiomaterial

Audiobeitrag Macht bei Foucault vom Bayrischen Rundfunk 11. 09. 2013

https://www.youtube.com/watch?v=Ir3P2O2yuCs

Audio zu Foucaults Machtbegriff vom Bayrischen Rundfunk II

https://www.youtube.com/watch?v=i_de2EaF7YI

Weiterführende Literatur 5

Nachdem Sie sich durch dieses Lehrbuch geackert haben, sollten Sie sicherlich eine diskursanalytische Pause einlegen. Vielen geht es mit der Diskurstheorie jedoch so, dass man sie, einmal kennengelernt, nicht mehr ganz aus den Gehirnwindungen herauskriegt und stets ein kleiner imaginärer Foucault im Gehörgang sitzt, der bei jeder soziologischen Tätigkeit fragt: und was ist mit dem Diskurs? Was ist die Bedingung dessen, dass Du so denkst und arbeitest? Wenn Sie der kleine Quälgeist Foucault also nicht in Ruhe lässt, sollten Sie einfach noch ein wenig weiterlesen und was sich hierfür anbietet, werde ich Ihnen nun noch kurz mitteilen:

Zeitschriften

Bevor Sie ganze Bücher wälzen, empfiehlt es sich immer erst einmal in aktuellen Fachzeitschriften nach Lesbarem zum Thema zu suchen. Aufsätze werden im Vergleich zu Büchern sehr zeitnah publiziert und haben einen nicht ganz so langen Vorlauf, wie eine Monografie, weshalb Sie hier sehr viel aktuellere Arbeiten finden. Zudem bilden Zeitschriften durch die Versammlung verschiedener Aufsätze zu einem übergreifenden Thema immer gleich mehrere Positionen innerhalb eines Forschungsthemas ab, was nicht schlecht ist, um erste Einblicke zu erhalten, wie das Thema in der Fach-Community diskutiert wird.

© Springer Fachmedien Wiesbaden GmbH, ein Teil von Springer Nature 2019
F. Schäfer, *Diskurstheorie und Gesellschaft*, Studientexte zur Soziologie,
https://doi.org/10.1007/978-3-658-22001-3_5

▶ ZfD Zeitschrift für Diskursforschung (ISSN 2195-867X)

Seit 2013 gibt es eine sehr renommierte und auch für die soziologische Diskursforschung relevante Zeitschrift im Juventa Verlag, die unter dem simplen Titel *Zeitschrift für Diskursforschung*[52] von Reiner Keller, Werner Schneider und Willy Viehöver (drei Veteranen der Diskursanalyse) herausgegeben wird. Die Zeitschrift für Diskursforschung ist die erste Fachzeitschrift, die der Konjunktur der sozialwissenschaftlichen Diskursforschung im deutschsprachigen Raum Rechnung trägt und den Anspruch hat, nicht nur eine spezifische Perspektive und einen bestimmten Ansatz der Diskursforschung zu propagieren, sondern die interdisziplinäre Diskussion abzubilden. Die Hefte erscheinen drei Mal im Jahr und bilden die interdisziplinäre Auseinandersetzung über theoretische Grundlagen, Methodologien und Methoden sowie Ergebnisse der empirischen Diskursforschung ab. Ein jährliches Sonderheft bietet jeweils Beiträge zu einem diskursanalytisch relevanten Themengebiet wie z.B. zum Verhältnis von Diskurs, Interpretation und Hermeneutik 2013. Neben den Aufsätzen finden Sie in der Zeitschrift für Diskursforschung essayartige Besprechungen aktueller Literatur, Tagungsberichte und Aufbereitungen veranstalteter Workshops oder Summerschools, Nachrufe oder Stellungnahmen zu aktuellen Ereignissen und Geschehnissen mit diskursanalytischer Relevanz.

---

52 https://www.beltz.de/fachmedien/erziehungs_und_sozialwissenschaften/zeitschriften/zeitschrift_fuer_diskursforschung.html

▶ KultuRRevolution – Zeitschrift für angewandte Diskurstheorie
(ISSN 0723-8088)

Eine auch einmal als Freizeit-Lektüre empfehlenswerte Zeitschrift ist die *KultuR-Revolution – Zeitschrift für angewandte Diskurstheorie*.[53] Die aus der Perspektive der kritischen Diskurstheorie von Jürgen Link in Verbindung mit der Diskurswerkstatt Bochum herausgegebene Zeitschrift bietet seit bereits über 30 Jahren ernsthaft alternative Perspektiven, Impulse und Diskussionen und orientiert sich bei der Aufarbeitung aktueller gesellschaftspolitischer Themen wie Flüchtlingsmigration über das Mittelmeer, (lead)nation building oder aktuell dem Krisenlabor Griechenland stets an den theoretisch angelegten Konzepten der Kollektivsymbolik, dem Interdiskurs, dem Normalismus und der Simulation.

Zudem ist die Zeitschrift digital wie personell mit dem Blog *Bangemachen gilt nicht. (Nicht) normale Zeiten! – kultuRRevolutionäre Zeiten?*[54] von Jürgen Link verlinkt, wo dieser ähnlich gesellschaftspolitische Themen mit kürzerer Reaktionszeit und in kürzeren Textformen verarbeitet und Informationen, Impulse und Ad-hoc-Analysen zum Beispiel zur aktuellen Euro-Krise und der Situation der Demokratie in Griechenland oder Bundeswehreinsätzen im Ausland zur Diskussion stellt.

---

53 www.zeitschrift-kulturrevolution.de
54 http://bangemachen.com/

- DISS-Journal – Zeitschrift des Duisburger Instituts für Sprach- und Sozialforschung (ZDB: 2074611-8)

Eng mit der KultuRRevolution verbunden ist auch das Duisburger Institut für Sprachforschung, das ebenfalls aus der Perspektive der kritischen Diskurstheorie seit Ende der 1980er-Jahre aktiv ist und das DISS-Journal[55] herausgibt. Es analysiert, wie soziale und kulturelle Ordnungen diskursiv hervorgebracht werden, und hat den Anspruch, mithilfe ihrer angewandten Diskurstheorie emanzipative Ansätze für eine demokratische Praxis in Politik, Pädagogik und Journalismus zu unterstützen. Themenschwerpunkte sind z. B.: Rassismus und Einwanderung in Deutschland, die Entwicklungen der extremen Rechten, der Antisemitismus, die soziale Ausgrenzung, Biopolitik oder die Kriegs- und Friedenspolitik.

DISSkursiv.de[56] ist das Weblog des Duisburger Instituts für Sprach- und Sozialforschung. Hier stellen die Beteiligten aktuelle Informationen zur Arbeit des DISS, Artikel, Meinungsbeiträge, Rezensionen, Kurzinfos, Glossen und Satiren von mitarbeitenden und externen Autorinnen und Autoren ein. Außerdem haben Sie Zugriff auf die Online-Ausgaben des DISS-Journals.

---

55 www.diss-duisburg.de
56 DISSkursiv.de

Handbücher

Handbücher der Diskursforschung systematisieren anerkannte Wissensbestände zum Thema Diskurs und dienen als Nachschlagewerke, in denen man von verschiedenen Autor_innen Aufsätze zum Forschungsgegenstand findet, die verschiedene Perspektiven, Ansätze, Methoden oder Theorien aufbereiten. Wenn Sie also nach der Lektüre des Lehrbuchs im Rahmen der Diskursforschung eine Arbeit schreiben wollen und sich noch nicht sicher sind, welche Perspektive bzw. Richtung Sie einschlagen wollen und mit welchen Methoden Sie Ihre Forschungsfrage beantworten wollen, lohnt ein Blick in die folgenden Handbücher:

> **Keller, Reiner/Hirseland Andreas/Schneider Werner/Viehöver Willy (Hg.) (2003): Handbuch sozialwissenschaftliche Diskursanalyse. Forschungspraxis. 2 Bände. Opladen: Leske+Budrich (2). (ISBN 978-3-531-17351-1/2)**

Der Klassiker unter den Handbüchern zum Diskurs ist das von Keller/Hirseland/Schneider/Viehöver bereits 2001 erstmals herausgegebene *Handbuch Sozialwissenschaftliche Diskursanalyse,* das mittlerweile in der vierten Auflage im Springer VS Verlag erscheint. Der erste Band umfasst *Theorien und Methoden* der sozialwissenschaftlichen Diskursanalyse und versammelt die heute zu Standards gewordenen Ansätze und Forschungsdesigns. Im zweiten Band mit dem Untertitel *Forschungspraxis* finden Sie 16 Beiträge, die jeweils den Zusammenhang von Fragestellung, empirischem Design, Detailanalyse und Formulierung des Gesamtergebnisses einer diskursanalytischen Forschungsarbeit anschaulich darstellen. Dieser Band kann Ihnen bei der Konzipierung eigener Forschungsprojekte wertvolle Orientierung und Erfahrungswerte liefern.

▶ **Reihe: Diskurs-Netz**
Angermuller, Johannes; Nonhoff, Martin; Herschinger, Eva; Macgilchrist, Felicitas; Reisigl, Martin; Wedl, Juliette et al. (Hg.) (2014): Diskursforschung. Ein interdisziplinäres Handbuch (2 Bde.), Bielefeld: transcript. (ISBN: 3531166514)

Wrana, Daniel et al. (2014): DiskursNetz. Wörterbuch der interdisziplinären Diskursforschung. Berlin: Suhrkamp. (ISBN: 978-3-518-29697-4)

Einen ähnlichen Status wird in Zukunft wohl das in der Reihe Diskursnetz von Angermüller/Herschinger/Macgilchrist/Nonhoff/Reisigl/Wedl/Wrana/Ziem 2014 im transcript Verlag herausgegebene Handbuch mit dem Titel *Diskursforschung – Ein interdisziplinäres Handbuch* erreichen. Auch dieses Handbuch hat zwei Bände, von denen der erste Band *Theorien, Methodologien und Kontroversen* der interdisziplinären Diskursforschung versammelt und Band 2 ähnlich wie bei Keller et al. Methoden und Analysepraxis am Beispiel des Forschungsgegenstandes der Hochschulreformdiskurse. Das Diskursnetz ist ein interdisziplinäres Netzwerk für Diskursforschung, das sich selbst am Schnittpunkt von Sprache und Gesellschaft verortet. Alle an Diskursforschung Interessierten können sich im virtuellen Forschungsportal diskursanalyse.net[57] anmelden und interaktiv aktuelle Termine bezüglich Konferenzen, Workshops, Projekten und Stellenausschreibungen aus unterschiedlichen Disziplinen und Ländern teilen, eine interaktive Publikationsdatenbank nutzen und aktuelle Literaturhinweise an die Nutzer_innen versenden. Zudem können für Ihre bestehende Forschungsgruppe oder Netzwerke eigene Bereiche angelegt werden und das Webportal kann als Arbeitsplattform für gemeinsame Veröffentlichungen genutzt werden.

An dieser Stelle sei auch auf das ebenfalls im Diskursnetz entstandene *Wörterbuch der interdisziplinären Diskursforschung* (2014 bei Suhrkamp von Wrana/Ziem/Reisigl/Nonhoff/Angermuller herausgegeben) hingewiesen. Diese Form des Kom-

---

57 diskursanalyse.net

pendiums eignet sich vor allem zur Begriffsarbeit und als Nachschlagewerk für terminologische Fragen, da die Forschungslandschaft der Diskursforschung sehr sehr viele unterschiedliche Definitionen, Begrifflichkeiten und Konnotationen verwendet, sodass es nicht immer möglich ist, den Überblick zu behalten. Sind Sie sich also nicht ganz sicher, ob die Soziologie den Dispositivbegriff anders konzipiert, als die Politikwissenschaft oder was Sozialwissenschaftler_innen unter Genealogie verstehen, finden Sie im *DiskursNetz – Wörterbuch der Diskursforschung* 554 Einträge zu den wichtigsten Begriffen und deren Verwendung in verschiedenen Disziplinen.

Einführungen/Sekundärliteratur Foucault

▶ Ruoff, Michael (2009): Foucault-Lexikon. Entwicklung, Kernbegriffe, Zusammenhänge. Paderborn: Fink (ISBN 9783825240172)

Wenn Sie während der Lektüre über Begriffe stolpern, die Ihnen nicht schlüssig erscheinen, kann das genau die Absicht des Autors gewesen sein, um den Lesenden zum skeptischen Lesen anzuregen. Vielleicht haben Sie aber doch einen Begriff nicht mehr richtig im Kopf oder erinnern sich nicht mehr genau, was damit gemeint war? Für diesen Fall lohnt es sich, sich in klassischer Manier ein Lexikon griffbereit zu halten. Foucault lesen ist, ähnlich wie das auch bei Luhmann oder Bourdieu ist, wie eine neue Sprache lernen und *Das Foucault Lexikon* von Ruoff ist dabei eine pragmatische Hilfestellung.

▶ Kammler, Clemens; Parr, Rolf; Reinhardt-Becker, Elke; Schneider, Ulrich Johannes (2014): Foucault-Handbuch. Leben – Werk – Wirkung. Sonderausg. Stuttgart [u. a.]: Metzler (ISBN 9783476021922)

Haben Sie sich durch das eine oder andere größere Werk von Foucault gearbeitet und nach der Lektüre mit Sicherheit offene Fragen an das Werk oder wollen Sie sich in bestimmte Aspekte genauer einlesen, empfehle ich Ihnen einen Blick in das von Kammler, Clemens/Parr, Rolf/Schneider, Ulrich Johannes 2008 erstmals herausgegebene *Foucault-Handbuch*. Hier bereiten die Autoren noch mal Hintergründe von Leben, Werk und Wirkung Michel Foucaults systematisch auf und schaffen es, das Denkgebäude Foucaults in seiner Sperrigkeit über die Grundbegriffe zu klären, ohne in eine handbuchtypische geglättete Kanonisierung zu verfallen.

Die Gattung von Sekundärliteratur und Einführungen wird so zahlreich bedient, dass ich hier lediglich eine Aufzählung leisten kann, die aber kein qualitatives Ranking beinhaltet:

- Dreyfus, Hubert L./Rabinow, Paul (1994): Michel Foucault. Jenseits von Strukturalismus und Hermeneutik. Weinheim: Beltz 1987 (ISBN 3-610-00732-X)

- Fink-Eitel, Hinrich (2002): Michel Foucault zur Einführung. Hamburg: Junius (ISBN 3-88506-372-7)

- Ruffing, Reiner (2008): Michel Foucault. Stuttgart: UTB (ISBN 978-3-8252-3000-5)

- Sarasin, Philipp (2012): Michel Foucault zur Einführung. Hamburg: Junius (ISBN 978-3-88506-066-6)

- Keller, Reiner (2008a): Michel Foucault. Konstanz: UVK. (ISBN 9783896695499)

Foucault-Biographien

- Veyne, Paul (2010): Foucault. Der Philosoph als Samurai. Stuttgart: Reclam.

Eine sehr unterhaltsame, dennoch aber gehaltvolle, weil aus nächster Nähe verfasste, Beschreibung von Leben und Werk Foucaults, ist die von Paul Veyne verfasste und bei Reclam 2009 in deutscher Übersetzung erschienene Publikation *Foucault. Der Philosoph als Samurai*. Hier erfahren Sie neben dichten fachlichen Details auch Einblicke in die kollegiale wie freundschaftliche Beziehung zwischen dem Autor und Foucault und können dadurch die Denkweise Foucaults mit den variierenden Lebensumständen des Samurais in Beziehung setzen.

- Eribon, Didier (1999): Michel Foucault. Eine Biographie. 1. Aufl., limitierte Sonderausg. Frankfurt am Main [u. a.]: Suhrkamp (Suhrkamp-Taschenbuch, 3086).

Eine inhaltlich angereicherte und auf das Werk bezogene sehr ausführliche Biografie gibt es von Eribon, der sehr detailreich und differenziert die Foucault'schen Lebens- und Arbeitsphasen seziert.

- Fisch, Michael (2011): Werke und Freuden. Michel Foucault – eine Biografie. Bielefeld: transcript.

Ebenfalls sehr detailverliebt liest sich die gelungene Biografie von Michael Fisch *Werke und Freuden*, die 2011 bei transcript erschienen ist.

Foucault im Original

- Michel Foucault (2008): Die Hauptwerke. Mit einem Nachwort von Axel Honneth und Martin Saar (ISBN: 3518420089)

Am meisten jedoch sagen natürlich die Schriften Foucaults selbst über ihn und sein Lebenswerk aus. Auch wenn es zum Teil nicht immer auf Anhieb verständlich scheint, ermutige ich Sie, sich einmal eines der Hauptwerke Foucaults vorzunehmen und von vorne bis hinten zu lesen. Lassen Sie sich dabei nicht von den zahlreichen Bezügen zu antiken Autoren und Philosophen abschrecken und lesen Sie einfach weiter, steigen Sie mit der im Lehrbuch abgedruckten Antrittsvorlesung *Die Ordnung des Diskurses* ein und wählen sich im Anschluss zum Beispiel *Überwachen und Strafen* oder andere kleinere Schriften wie *Die Geburt der Klinik* oder *Wahnsinn und Gesellschaft* aus und lernen Sie Foucault in seiner Schreibe kennen. Nur in seinen Büchern bemerkt man die Entwicklung und den Prozess der Entfaltung seines in jedem Buch anderen Gedankengebäudes, das so charakteristisch für Foucault ist.

▶ **Foucault, Michel; Defert, Daniel (2001–2007): Schriften in vier Bänden.**
[Versch. Ausg., versch. Aufl.]. Frankfurt am Main: Suhrkamp.

Machen Sie sich Ihr eigenes Bild, schaffen Sie Ihre eigene Lesart und denken sich in Foucaults Denksystem hinein. Wer sich nicht gleich die großen Werke und dicken Wälzer antun möchte, sollte einfach einmal quer durch die Schriften in vier Bänden stöbern. Hier finden Sie kleine Texte und kurze Schriftauszüge zu vielfältigen Themen, sowie Aufsätze, Interviews oder verschriftliche Diskussionen.

▶ **Foucault, Michel; Bonnefoy, Claude (2012): Das giftige Herz der Dinge.**
Gespräch mit Claude Bonnefoy. Zürich: Diaphanes. (ISBN 9783037342220)

Sicherlich sind auch die vielen aufgezeichneten und verschriftlichen Gespräche und Interviews aufschlussreich und rein sprachlich leichter zugänglich, jedoch erlebt man dabei nicht die schreibende Technik Foucaults, mit der er das giftige Herz der Dinge und der Menschen Schicht für Schicht einem Anatom gleich abträgt und offenlegt und dabei die, über die er schreibt, als Leichname seziert und deren Todesurteile ausstellt (Foucault im Gespräch mit Bonnefoy 2012: 42).

▶ **Sarasin, Philipp (op. 2008): Wie weiter mit Michel Foucault? In: Heinz Bude (Hg.): Wie weiter mit …?, Bd. 4. Hamburg: Hamburger Edition, S. 2–45. (ISBN: 9783936096972)**

Wenn Sie sich durch Foucaults Schriften hindurchgearbeitet haben, schließt das kleine Bändchen von Philipp Sarasin in der vom Hamburger Institut für Sozialforschung herausgegebenen Reihe *Wie weiter mit …? Michel Foucault* gut an. Hier stellt sich der Autor nämlich genau die Frage, die sich Ihnen nach der Lektüre wahrscheinlich auch aufdrängt. Was mache ich jetzt mit dem Skeptizismus, den ich mir während der Foucaultlektüre angeeignet habe? Wie werde ich ihn wieder los? Muss ich ihn überhaupt wieder loswerden? Wie mache ich ihn fruchtbar für soziologische Analysen? Wie mache ich weiter mit Foucault? Sarasin bleibt die Antwort trotz des Miniaturformats und der geringen Seitenzahl nicht schuldig und verweist vor allem auf Foucaults theoretisch begründetes Einsetzen für die Menschen als Anknüpfungspunkt weiterer wissenschaftlicher Arbeiten.

Wenn Sie sich bspw. im Rahmen einer größeren Arbeit mit spezifischen Begrifflichkeiten und Aspekten des Foucault'schen Werks genauer auseinandersetzen wollen, gibt es zahlreiche Auseinandersetzungen, in die es sich lohnt, hineinzusehen: Vom Diskurs zum Dispositiv, zum Machtbegriff Foucaults, Subjektivierungsformen, Normierungsmacht oder Gouvernementalität. Achten Sie hierbei jedoch immer darauf, aus welcher Disziplin der Verfassende kommt und unter welchen disziplinären Bedingungen der Begriff oder der Aspekt fruchtbar gemacht wird.

- **Andrea D. Bührmann (Autorin), Werner Schneider (Autor) 2008: Vom Diskurs zum Dispositiv: Eine Einführung in die Dispositivanalyse.** Bielefeld: transcript

- **Polat, Elif (2010): Institutionen der Macht bei Michel Foucault. Zum Machtbegriff in Psychiatrie und Gefängnis.** Marburg: Tectum (Wissenschaftliche Beiträge aus dem Tectum-Verlag, 34).

- **Heidenreich, Felix (2011): Technologien der Macht. Zu Michel Foucaults Staatsverständnis.** 1. Auflage 2011. Baden-Baden: Nomos Verlagsgesellschaft mbH & Co. KG.

Erkenntnisse evaluierende Fragen 6

Wer dies sinnvoll oder hilfreich findet, kann sich nach der Auseinandersetzung mit *Diskurstheorie und Gesellschaft* gerne so genannten Lernkontrollfragen stellen, die so häufig Lehrbücher abschließen. Lesen Sie die Fragen bitte jedoch ausschließlich als Anregungen, darüber zu reflektieren, was Sie bei der Lektüre des Kurses mitgenommen haben, nicht als Werkzeug eines möglichen Regimes der Kontrolle!

Welches sind die grundlegenden Begriffe der Foucault'schen Diskurstheorie?

Definieren und erläutern Sie die grundlegenden Begriffe der Foucault'schen Diskurstheorie.

Welchen Stellenwert haben Macht und Wissen im Foucault'schen Denken von Gesellschaft?

Was ist Subjektivierung?

Welchen Stellenwert haben Diskurse in der Gesellschaftstheorie?

Welches Konzept von Macht steht hinter der Foucault'schen Diskurstheorie?

Wie thematisiert Foucault das Individuum in der Gegenwartsgesellschaft?

Wie funktioniert sozialer Wandel bzw. Geschichte bei Foucault?

Welche seriellen Abfolgen identifiziert Foucault in den Machtformen, während der Genese der Gegenwartsgesellschaft?

Was ist eine archäologische Analyse der Gesellschaft?

Was ist eine genealogische Analyse der Gesellschaft?

Was ist eine diskursanalytische Fragestellung? Warum ist die Fragestellung diskurstheoretisch relevant?

Was ist das Ziel diskursanalytischer Forschung? Welche Resultate werden erzielt?

Was ist eine diskursanalytische Erklärung?

Ordnen Sie die verschiedenen Ansätze der Diskursanalyse in die soziologische Theorienlandschaft ein.

Finden Sie Beispiele für Forschungsgegenstände kritischer Diskursanalysen.

Woran kann die Wirkmächtigkeit von Diskursen in der Gesellschaft festgemacht werden?

Nennen Sie Beispiele für Aussagen, Aussageformationen, diskursive Praktiken und nicht diskursive Praxis, für Diskursformationen und für ein Dispositiv.

Was sind die Möglichkeiten und Grenzen der Diskurstheorie und der soziologischen Diskursanalyse?

Wie kann ich diskursanalytische Erkenntnisse darstellen?

Was ist und/oder gibt es Gesellschaft?

Wie kann man mit Foucault Gesellschaftstheorie betreiben?

Was ist unmöglich am unmöglichen Objekt der Gesellschaft?

Abbildungsverzeichnis

Abbildung 1	Wortwolke ›Diskurs‹	1
Abbildung 2	Wortwolke ›Gesellschaft‹	3
Abbildung 3	Wortwolke Diskursgesellschaftschaos	5
Abbildung 4	Michel Foucault Portrait by Nemomain	29
Abbildung 5	Visualisierung Diskurs: Dispositiv	68
Abbildung 6	Las Meninas (Die Hoffräulein) Diego Velázquez (1656) .	81
Abbildung 7	Foto: Foucault mit Sartre auf einer Kundgebung	87
Abbildung 8	Presidio Modelo prison, inside one of the buildings . . .	90
Abbildung 9	Foucault im Death Valley	94
Abbildung 10	Picknick der Strukturalisten	108
Abbildung 11	Beispiel Codierparadigma	124

© Springer Fachmedien Wiesbaden GmbH, ein Teil von Springer Nature 2019
F. Schäfer, *Diskurstheorie und Gesellschaft*, Studientexte zur Soziologie,
https://doi.org/10.1007/978-3-658-22001-3

Literaturverzeichnis

Abel, Günter (Hg.) (2005): Kreativität. XX. Deutscher Kongress für Philosophie, 26.–30. September 2005 in Berlin: Sektionsbeiträge. 1. Aufl. Berlin: Universitätsverlag der TU Berlin.

Alkemeyer, Thomas/Villa, Paula-Irene (2010): Somatischer Eigensinn? Kritische Anmerkungen zu Diskurs- und Gouvernementalitätsforschung aus subjektivationstheoretischer und praxeologischer Perspektive. In: Johannes Angermüller (Hg.): Diskursanalyse meets Gouvernementalitätsforschung. Perspektiven auf das Verhältnis von Subjekt, Sprache, Macht und Wissen. Frankfurt a. M. [u. a.]: Campus-Verl., S. 315–335.

Angermuller, Johannes; Nonhoff, Martin; Herschinger, Eva; Macgilchrist, Felicitas; Reisigl, Martin; Wedl, Juliette et al. (Hg.) (2014): Diskursforschung. Ein interdisziplinäres Handbuch (2 Bde.). 1., Aufl. Bielefeld: transcript (DiskursNetz, Bd. 1).

Angermüller, Johannes (Hg.) (2010): Diskursanalyse meets Gouvernementalitätsforschung. Perspektiven auf das Verhältnis von Subjekt, Sprache, Macht und Wissen. Frankfurt a. M. [u. a.]: Campus-Verl.

Anhorn, Roland; Bettinger, Frank; Stehr, Johannes (Hg.) (2007): Foucaults Machtanalytik und soziale Arbeit. Eine kritische Einführung und Bestandsaufnahme. 1. Aufl. Wiesbaden: VS, Verl. für Sozialwiss. (Lehrbuch, Bd. 1).

Aretz, Hans Jürgen (2000): Zur Konstitution gesellschaftlicher Diskurse. In: Heinz-Ullrich Nennen (Hg.): Diskurs. Begriff und Realisierung. Würzburg: Königshausen&Neumann, S. 161–181.

Bachmann-Medick, Doris (2014): Cultural turns. Neuorientierungen in den Kulturwissenschaften. Orig.-Ausg., 5. Aufl. (mit neuem Nachwort). Reinbek bei Hamburg: Rowohlt-Taschenbuch-Verl.

Barad, Karen (2012): Agentieller Realismus. Über die Bedeutung materiell-diskursiver Praktiken. Dt. Erstausg., 1. Aufl. Berlin: Suhrkamp (Edition Unseld, 45).

Bark, Sascha (2015): Übersetzung und Konflikt: Die Akteur-Netzwerk-Theorie als Methode einer praxissoziologischen Konfliktforschung. In: Franka Schäfer, Anna Daniel und Frank Hillebrandt (Hg.): Methoden einer Soziologie der Praxis. 1. Aufl. Bielefeld: transcript (Kultur und soziale Praxis), S. 145–176.

Barry, Andrew (Hg.) (1996): Foucault and political reason. Liberalism, Neo-liberalism and rationalities of government. London: UCL Press.
Belsey, Catherine (2013): Poststrukturalismus. Stuttgart: Reclam (Reclams Universal-Bibliothek, Nr. 19070: Reclam-Sachbuch).
Berger, Brigitte/Berger, Peter L. (1989): Wir und die Gesellschaft. Eine Einführung in die Soziologie – entwickelt an der Alltagserfahrung. Reinbeck: Rohwolt Taschenbuch Verlag.
Berger, Peter L.; Luckmann, Thomas; Plessner, Helmuth; Plessner, Monika (2013): Die gesellschaftliche Konstruktion der Wirklichkeit. Eine Theorie der Wissenssoziologie. 25. Aufl. Frankfurt a. M.: Fischer-Taschenbuch-Verl. (Fischer, 6623).
Bettinger, Frank (2007): Diskurse – Konstitutionsbedingungen des Sozialen. In: Roland Anhorn (Hg.): Foucaults Machtanalytik und soziale Arbeit. Eine kritische Einführung und Bestandsaufnahme. 1. Aufl. Wiesbaden: VS, Verl. für Sozialwiss. (Lehrbuch, Bd. 1), S. 75–90.
Biebricher, Thomas (2005): Selbstkritik der Moderne. Foucault und Habermas im Vergleich. Frankfurt u. a.: Campus.
Bittlingmayer, Uwe H. (2005): »Wissensgesellschaft« als Wille und Vorstellung. Konstanz: UVK Verlagsgesellschaft (Theorie und Methode. Sozialwissenschaften).
Boltanski, Luc; Chiapello, Ève (2006): Der neue Geist des Kapitalismus. Brosch. Ausg. Konstanz: UVK-Verl.-Ges (Edition discours, Bd. 38).
Boole, G. (1847): The mathematic analysis of logic, being an essay towards a calculus of deductive reasoning. London.
Boole, George (1854): An investigation of the laws of thought. On which are foundet the mathemat. theories of logic and probabilities. London: Walton and Maberly.
Bourdieu, Pierre (1993): Sozialer Sinn. Kritik der theoretischen Vernunft. Frankfurt am Main: Suhrkamp.
Bröckling, Ulrich; Krasmann, Susanne; Lemke, Thomas; Foucault, Michel (2000): Gouvernementalität der Gegenwart. Studien zur Ökonomisierung des Sozialen. 1. Aufl. Frankfurt a. M.: Suhrkamp.
Bröckling, Ulrich (2007): Das unternehmerische Selbst. Soziologie einer Subjektivierungsform. 1. Aufl. Frankfurt a. M.: Suhrkamp (Suhrkamp Taschenbuch Wissenschaft, 1832).
Bröckling, Ulrich; Krasmann, Susanne; Lemke, Thomas (Hg.) (2011): Governmentality. Current issues and future challenges. New York: Routledge (Routledge studies in social and political thought, 71).
Bublitz, Hannelore (Hg.) (1998): Das Geschlecht der Moderne. Genealogie und Archäologie der Geschlechterdifferenz. Frankfurt/New York: Campus.
Bublitz, Hannelore/Bührmann D. Andrea/Hanke Christine/Seier Andrea (Hg.) (1999): Das Wuchern der Diskurse. Perspektiven der Diskursanalyse Foucaults. Frankfurt, New York: Campus Verlag.
Bublitz, Hannelore (2003): Diskurs. Bielefeld: Transcript.
Bude, Heinz (2001): Wo steht die soziologische Theorie heute? In: Eva Barlösius, Hans-Peter Müller und Steffen Sigmund (Hg.): Gesellschaftsbilder im Umbruch. Soziologische Perspektiven in Deutschland. Wiesbaden, s. l.: VS Verlag für Sozialwissenschaften, S. 153–171.

Bude, Heinz (2002): Das Ende der Gesellschaft. Intellektuelle in der Ära des »Lebens«. In: Uwe Justus Wenzel (Hg.): Der kritische Blick. Über intellektuelle Tätigkeiten und Tugenden. Orig.-Ausg. Frankfurt a. M.: Fischer-Taschenbuch-Verl. (Fischer, 15332: Forum Wissenschaft: Gesellschaften), S. 167–176.

Bude, Heinz (Hg.) (op. 2008): Wie weiter mit ...? Hamburg: Hamburger Edition.

Bührmann, Andrea D. (1995): Das authentische Geschlecht. Die Sexualitätsdebatte der neuen Frauenbewegung und die Foucault'sche Machtanalyse. Münster: Westfälisches Dampfboot.

Bührmann, Andrea D. (2013): Die Dispositivanalyse als Forschungsperspektive in der (kritischen) Organisationsforschung. Einige grundlegende Überlegungen am Beispiel des Diversity Managements. In: Ronald Hartz (Hg.): Organisationsforschung nach Foucault. Macht – Diskurs – Widerstand. 1., Aufl. Bielefeld: transcript (Sozialtheorie), S. 39–60.

Bührmann, Andrea D./Schneider Werner (2008): Vom Diskurs zum Dispositiv. Eine Einführung in die Dispositivanalyse. Bielefeld: transcript.

Butler, Judith (1993): Bodies that matter: on the discursive limits of »sex«. New York: Routledge.

Butler, Judith (1997): Körper von Gewicht. Die diskursiven Grenzen des Geschlechts. Frankfurt/M.: Suhrkamp.

Butler, Judith (2004): Körper von Gewicht. Die diskursiven Grenzen des Geschlechts. 1. Aufl. [Nachdr]. Frankfurt Main: Suhrkamp.

Castro Varela, María do Mar; Dhawan, Nikita (2005): Postkoloniale Theorie. Eine kritische Einführung. Bielefeld: transcript (Cultural studies, Bd. 12).

Clarke, Adele E.; Keller, Reiner; Sarnes, Juliane (2012): Situationsanalyse. Grounded Theory nach dem Postmodern Turn. 1. Aufl. Wiesbaden: VS Verlag für Sozialwissenschaften.

Conrad, Sebastian; Randeria, Shalini; Sutterlüty, Beate (2002): Jenseits des Eurozentrismus. Postkoloniale Perspektiven in den Geschichts- und Kulturwissenschaften. Frankfurt a. M., New York: Campus.

Cruikshank, B. (1996): Revolutions within: self-governement and self-esteem. In: Andrew Barry (Hg.): Foucault and political reason. Liberalism, Neo-liberalism and rationalities of government. London: UCL Press.

Daniel, Anna (2017): Die Grenzen des Religionsbegriffs. Eine postkoloniale Konfrontation des religionssoziologischen Diskurses. Bielefeld: transcript.

Daniel, Anna/Schäfer, Franka: Methodische Herausforderungen am Beispiel einer Soziologie der Praktiken des Rock und Pop. In: Schäfer, Franka; Daniel, Anna; Hillebrandt, Frank (Hg.) (2015): Methoden einer Soziologie der Praxis. 1. Aufl. Bielefeld: transcript (Kultur und soziale Praxis). S. 289–314.

Del Percio, Alfonso (2012): A Critical Ethnographic Analysis of Discursive Flows. Ethnographie & Diskursanalyse – Feld, Sprache, Kultur. Frankfurt. Online verfügbar unter http://www.alexandria.unisg.ch/Publikationen/Zitation/Alfonso_Delpercio/218761.

Deleuze, Gilles (1986): Vie comme une oeuvre d'art. In: Le Nouvel Observateur 1986, 29. 08. 1986.

Deleuze, Gilles (1991): Was ist ein Dispositiv? In: François/Waldenfels Bernhard Ewald (Hg.): Spiele der Wahrheit. Michel Foucaults Denken. 1. Aufl. Frankfurt a. M.: Suhrkamp (Edition Suhrkamp, 1640 = n. F., Bd. 640), S. 153–162.

Denninger, Tina/van Dyk, Silke/Lessenich, Stefan/Richter, Anna (2010): Die Regierung des Alter(n)s. Analysen im Spannungsfeld von Diskurs, Dispositiv und Disposition. In: Johannes Angermüller (Hg.): Diskursanalyse meets Gouvernementalitätsforschung. Perspektiven auf das Verhältnis von Subjekt, Sprache, Macht und Wissen. Frankfurt a. M. [u. a.]: Campus-Verl., S. 207–235.

Deppermann, A. (1999): Gespräche analysieren. Wiesbaden: VS Verlag für Sozialwissenschaften.

Der Spiegel: Der Mensch verschwindet. In: Der Spiegel 1993 (14), S. 226–229.

Deutschlandfunk Kultur 2018: »Sein und Streit. Beitrag vom 04.02. 2018. *Foucaults letztes Buch* »Ethik ist ein Kampfplatz«. Martin Saar im Gesprch mit René Aguigah. Abgerufen am 16.02.2018 http://www.deutschlandfunkkultur.de/foucaults-letztes-buch-ethik-ist-ein-kampfplatz.2162.de.html?dram%3Aarticle_id=409961

Diaz-Bone, R. (1999). Probleme und Strategien der Operationalisierung des Diskursmodells im Anschluss an Michel Foucault. In Hannelore Bublitz et al. (Hg.), Das Wuchern des Diskurses, Frankfurt: Campus, S. 119–135.

Diaz-Bone, Rainer (1999): Anwendungsprobleme und eine mögliche Anwendungsstrategie der Foucault'schen Diskurstheorie. Augsburg, 11.03.1999. Online verfügbar unter http://www.lrzmuenchen.de/Diskursanalyse/content/diaz.html, zuletzt geprüft am 20.01. 2012

Diaz-Bone, Rainer (2003): Entwicklungen im Feld der foucaultschen Diskursanalyse. Sammelbesprechung zu: Glyn Williams (1999): French discours analysis. The method of post-structuralism/Angermüller/Bunzmann/Nonhoff [Hg.] (2001): Diskursanalyse. Theorien, Methoden, Anwendungen./Keller/Hirseland/Schneider/Viehöver [Hg.] (2001): Handbuch sozialwiss. Diskursanalyse. Band 1: Theorien und Methoden./Charaudeau & Dominique Maingueneau [Hg.] 82002): Dictionaire d'analyse du discours./Keller, Reiner (2003): Diskursforschung. Eine Einführung für SozialwissenschaftlerInnen. Forum Qualitative Sozialforschung. In: Forum: Qualitative Social Researche [Online Journal] 4 (3). Online verfügbar unter www.qualitative-researche.net/fgs-texte/3-03/3-03review-diazbone-d.htm, zuletzt geprüft am 18.03.2005.

Diaz-Bone, Rainer (2006): Zur Methodologisierung der foucaultschen Diskursanalyse. In: Forum Qualitative Sozialforschung/Forum: Qualitative Social Research 7 (1). Online verfügbar unter http://www.qualitative-research.net/index.php/fqs/article/view/71/146.

Dosse, François (1996): Geschichte des Strukturalismus. Hamburg: Junius.

Dreesen, Philipp (2012): Mediendiskursanalyse. Diskurse – Dispositive – Medien – Macht. Wiesbaden: VS Verlag für Sozialwissenschaften (SpringerLink: Bücher).

Dreyfus, Hubert/Rabinow Paul (1994): Michel Foucault. Jenseits von Strukturalismus und Hermeneutik. Frankfurt: Athenäum.

Eisenstadt, S. N. (2000): Die Vielfalt der Moderne. Weilerwist: Velbrück Wissenschaft.

Engelmann, Jan (1999): Die kleinen Unterschiede. Der cultural studies-reader. Frankfurt/Main: Campus Verl. Online verfügbar unter http://hsozkult.geschichte.huberlin.de/rezensionen/type=rezbuecher&id=2662.

Eribon, Didier (1999): Michel Foucault. Eine Biographie. 1. Aufl., limitierte Sonderausg. Frankfurt a. M. [u. a.]: Suhrkamp (Suhrkamp-Taschenbuch, 3086).

Ewald, François/Waldenfels Bernhard (Hg.) (1991): Spiele der Wahrheit. Michel Foucaults Denken. 1. Aufl. Frankfurt a. M.: Suhrkamp (Edition Suhrkamp, 1640 = n. F., Bd. 640).

Fairclough/Wodak (1997): Critical Discourse Analysis. In: van Dijk, Teun (Hg.) (1997): Discourse as social interaction. Discourse studies. Bd. 2, London, S. 258–284.

Fink-Eitel, Hinrich (2002): Michel Foucault zur Einführung. 4. Aufl. Hamburg: Junius (Zur Einführung, 272).

Fisch, Michael (2011): Werke und Freuden. Michel Foucault – eine Biografie. Bielefeld: transcript.

Foucault, Michel (1973b): Archäologie des Wissens. Original: franz L'archéologie savoir Paris 1969. Frankfurt Main: Suhrkamp Verlag (Theorie).

Foucault, Michel (1973): Wahnsinn und Gesellschaft. Eine Geschichte d. Wahns im Zeitalter d. Vernunft. 1. Aufl. Frankfurt (am Main): Suhrkamp (Suhrkamp-taschenbücher wissenschaft, 39).

Foucault, Michel (1973b): Archäologie des Wissens. Frankfurt/a. M.: Suhrkamp Verlag.

Foucault, Michel (1974): Von der Subversion des Wissens. München: Carl Hanser.

Foucault, Michel (Hg.) (1976): Mikrophysik der Macht. Berlin.

Foucault, Michel (1976): Von den Martern zu den Zellen. In: Michel Foucault (Hg.): Mikrophysik der Macht. Berlin, S. 48–53.

Foucault, Michel (Hg.) (1978): Dispositive der Macht. Michel Foucault über Sexualität, Wissen und Wahrheit. Berlin: Merve.

Foucault, Michel (1978): Wahrheit und Macht. Interview mit Michel Foucault von Alessandro Fontana und Pasquale Psquino. In: Michel Foucault (Hg.): Dispositive der Macht. Michel Foucault über Sexualität, Wissen und Wahrheit. Berlin: Merve, S. 21–54.

Foucault, Michel (1981): Archäologie des Wissens. Frankfurt/M.: Suhrkamp.

Foucault, Michel (1987). Das Subjekt und die Macht. In: Dreyfus, Hubert L./Rabinow Paul (Hg.): Michel Foucault. Jenseits von Strukturalismus und Hermeneutik. München: Athenäum, S. 243–261.

Foucault, Michel (1996): Diskurs und Wahrheit. Die Problematisierung der Parrhesia. In: Joseph Pearson (Hg.): 6 Vorlesungen gehalten im Herbst 1983 an der Universität Berkeley/Kalifornien. Berlin: Merve.

Foucault, Michel; Magritte, René; Seitter, Walter (1997): Dies ist keine Pfeife. München: Hanser (Edition Akzente).

Foucault, Michel (2000): Was ist ein Autor? In: Fotis Jannidis (Hg.): Texte zur Theorie der Autorschaft. Stuttgart: Reclam, S. 189–232.

Foucault, Michel (2001): Schriften in vier Bänden. Band I 1954–1969. Frankfurt a. M.: Suhrkamp.

Foucault, Michel (2001–2007): Nietzsche, die Genealogie, die Historie. In: Michel Foucault, Daniel Defert, François Ewald, Jacques Lagrange und Reiner Ansén (Hg.): Schriften in vier Bänden. Dits et écrits. Frankfurt a. M.: Suhrkamp, S. 166–190.
Foucault, Michel (2002): Schriften in vier Bänden. Band II 1970–1975. Frankfurt a. M.: Suhrkamp.
Foucault, Michel (2003): Schriften in vier Bänden. Band III 1976–1979. Frankfurt a. M.: Suhrkamp.
Foucault, Michel (2005): Schriften in vier Bänden. Band IV 1980–1988. Frankfurt a. M.: Suhrkamp.
Foucault, Michel; Bonnefoy, Claude (2012): Das giftige Herz der Dinge. Gespräch mit Claude Bonnefoy. Zürich: Diaphanes.
Foucault, Michel; Defert, Daniel; Ewald, François; Lagrange, Jacques; Ansén, Reiner (Hg.) (2001–2007): Schriften in vier Bänden. Dits et écrits. Frankfurt a. M.: Suhrkamp.
Foucault, Michel (2008): Die Hauptwerke. 1. Aufl. Frankfurt a. M.: Suhrkamp (Suhrkamp Quarto).
Foucault, Michel (2014): Die Ordnung des Diskurses. Mit einem Essay von Ralf Konersmann. Frankfurt/M.: Fischer Taschenbuch Verlag.
Friebertshäuser, Barbara (Hg.) (2012): Feld und Theorie. Herausforderungen erziehungswissenschaftlicher Ethnographie. Leverkusen: Budrich.
Fuchs, Werner et al. (Hg.) (1973): Lexikon zur Soziologie. Wiesbaden: VS Verlag für Sozialwissenschaften.
Gehring, Petra (2007): Sprengkraft von Archivarbeit. – oder: was ist so reizvoll an Michel Foucault?. In: Anhorn et al. (2007): 15–28.
Giddens, Anthony (1997): Die Konstitution der Gesellschaft. Grundzüge einer Theorie der Strukturierung. 3. Aufl. Frankfurt/Main [u. a.]: Campus-Verl. (Theorie und Gesellschaft, 1).
Göttlich, Udo (2004): Kreativität in der Medienrezeption? Zur Praxis der Medienaneignung zwischen Routine und Widerstand. In: Karl H. Hörning und Julia Reuter (Hg.): Doing Culture. Neue Positionen zum Verhältnis von Kultur und sozialer Praxis. Bielefeld: transcript, S. 169–183.
Greve, Jens; Schnabel, Annette; Schützeichel, Rainer (Hg.) (2009): Das Mikro-Makro-Modell der soziologischen Erklärung. Zur Ontologie, Methodologie und Metatheorie eines Forschungsprogramms. 1. Aufl. Wiesbaden: VS Verl. für Sozialwiss.
Goodman, Nelson (1978): Ways of Worldmaking. Indianapolis: Hackett Publishing Company.
Habermas, Jürgen (1995a): Vorstudien und Ergänzungen zur Theorie des kommunikativen Handelns. Frankfurt (am Main): Suhrkamp.
Habermas, Jürgen (1983): Diskursethik. Notizen zu einem Begründungsprogramm. In: Jürgen Habermas (Hg.): Moralbewusstsein und kommunikatives Handeln. Frankfurt a. M.: Suhrkamp, S. 53–126.
Habermas, Jürgen (Hg.) (1983): Moralbewusstsein und kommunikatives Handeln. Frankfurt a. M.: Suhrkamp.

Habermas, Jürgen (1995): Theorie des kommunikativen Handelns. 2 Bände. Frankfurt a. M.: Suhrkamp.

Habermas, Jürgen (1996): Der philosophische Diskurs der Moderne. Zwölf Vorlesungen. Frankfurt/M.: Suhrkamp.

Hamp, Andrea (2017): Der praktische Sinn in wissenschaftlichen Diskussionen. Toposanalyse einer soziologischen Theoriendebatte. Wiesbaden: Springer VS.

Harris, Zellig S. (1952): Culture and Style in Extended Discourse. Selected Papers from the 29th International Congress of Americanists (New York, 1949). New York: Cooper Square Publishers (Indian Tribes of Aboriginal America) (vol. III), S. 210–215.

Hartz, Ronald (Hg.) (2013): Organisationsforschung nach Foucault. Macht – Diskurs – Widerstand. 1., Aufl. Bielefeld: transcript (Sozialtheorie).

Heidenreich, Felix (2011): Technologien der Macht. Zu Michel Foucaults Staatsverständnis. 1. Auflage 2011. Baden-Baden: Nomos Verlagsgesellschaft mbH & Co. KG.

Hepp, Andreas (1999): Cultural Studies und Medienanalyse. Eine Einführung. Opladen/Wiesbaden: WV.

Hillebrandt, Frank (2010): Modernität – zur Kritik eines Schlüsselbegriffs soziologischer Zeitdiagnose. In: Berlin J Soziol 20 (2), S. 153–178. DOI: 10.1007/s11609-010-0126-8.

Hillebrandt, Frank (2012): Poststrukturalistischer Materialismus. Neue Wege zu einer Soziologie der Praxis. Manuskript zur Antrittsvorlesung an der FernUniversität in Hagen am 21.11.2012. FernUniversität. Hagen. Online verfügbar unter http://www.fernuni-hagen.de/imperia/md/content/presse/medieninformationen/hillebrandt-antrittsvorlseung-manuskript.pdf.

Hillebrandt, Frank (2014): Soziologische Praxistheorien. Eine Einführung. Wiesbaden: Springer VS (Soziologische Theorie).

Hillebrandt, Frank (2016): Einführung in die soziologische Denkweise. Fernstudienbrief der FernUniversität in Hagen.

Hörning, Karl H.; Reuter, Julia (Hg.) (2004): Doing Culture. Neue Positionen zum Verhältnis von Kultur und sozialer Praxis. Bielefeld: transcript.

Human Rights Watch (2018): World Report 2018 – Events of 2017. Dar Yasin/AP.

Jäger, Margarete; Jäger, Siegfried (2007): Deutungskämpfe. Theorie und Praxis kritischer Diskursanalyse. Wiesbaden: VS Verlag für Sozialwissenschaften (Medien – Kultur – Kommunikation).

Jäger, Siegfried (1999): Kritische Diskursanalyse. Eine Einführung. Duisburg: Duisburger Institut für Sprach- und Sozialforschung (DISS) (DISS-studien).

Jäger, Siegfried (2004): Kritische Diskursanalyse. Eine Einführung. Münster: Unrastverlag.

Jäger, Siegfried (2012): Kritische Diskursanalyse. Eine Einführung. 6., vollständig überarb. Aufl. Münster, Westf: Unrast (Edition DISS, 3).

Jannidis, Fotis (Hg.) (2000): Texte zur Theorie der Autorschaft. Stuttgart: Reclam.

Kajetzke, Laura (2008): Wissen im Diskurs. Ein Theorienvergleich von Bourdieu und Foucault. Univ., Diplomarbeit-Marburg, 2005. 1. Aufl. Wiesbaden: VS Verlag.

Kammler, Clemens; Parr, Rolf; Reinhardt-Becker, Elke; Schneider, Ulrich Johannes (2014): Foucault-Handbuch. Leben – Werk – Wirkung. Sonderausg. Stuttgart [u. a.]: Metzler.
Keller, Reiner (2004): Diskursforschung. Eine Einführung für SozialwissenschaftlerInnen. Opladen: Leske+Budrich.
Keller, Reiner (2008): Michel Foucault. Konstanz: UVK Verlagsgesellschaft (Klassiker der Wissenssoziologie, Bd. 7).
Keller, Reiner (2008a): Wissenssoziologische Diskursanalyse. Grundlegung eines Forschungsprogramms. 2. Aufl. Wiesbaden: VS, Verl. für Sozialwiss.
Keller, Reiner; Hirseland, Andreas; Schneider, Werner; Viehöver, Willy (Hg.) (2001): Handbuch sozialwissenschaftliche Diskursanalyse. 4. Aufl. Wiesbaden: VS-Verl (Interdisziplinäre Diskursforschung).
Keller, Reiner/Hirseland Andreas/Schneider Werner/Viehöver Willy (Hg.) (2003): Handbuch sozialwissenschaftliche Diskursanalyse. Forschungspraxis. 2 Bände. Opladen: Leske+Budrich (2).
Kibbee, Douglas A. (Hg.) (2010): Chomskyan (r)evolutions. Amsterdam, Philadelphia: John Benjamins Pub. Co.
Kneer G. (1998): Die Analytik der Macht bei Michel Foucault. In: Imbusch, Peter (Hg.): Macht und Herrschaft. Wiesbaden: VS Verlag für Sozialwissenschaften.
Kneer, Georg; Schroer, Markus (2009): Handbuch soziologische Theorien. Wiesbaden: VS Verlag für Sozialwissenschaften/GWV Fachverlage GmbH, Wiesbaden.
Kneer, Georg/Moebius, Stephan (Hg.) (2010): Soziologische Kontroversen. Beiträge zu einer anderen Geschichte der Wissenschaft vom Sozialen. Orig.-Ausg., 1. Aufl. Berlin: Suhrkamp (Suhrkamp Taschenbuch Wissenschaft, 1948).
Knoblauch, Hubert (2014): Wissenssoziologie. Stuttgart: UTB.
Krotz, Friedrich (2005): Neue Theorien entwickeln. Eine Einführung in die Grounded Theory, die heuristische Sozialforschung und die Ethnographie anhand von Beispielen aus der Kommunikationsforschung. Köln: Halem.
Laclau, Ernesto/Mouffe, Chantal (2015): Hegemonie und radikale Demokratie. Zur Dekonstruktion des Marxismus. Wien: Passagen Verlag.
Latour, Bruno (2005): Reassembling the social. An introduction to actor-network-theory. Oxford, New York: Oxford University Press (Clarendon lectures in management studies).
Latour, Bruno (2007): Eine neue Soziologie für eine neue Gesellschaft. Einführung in die Akteur-Netzwerk-Theorie. 1. Aufl. Frankfurt, M.: Suhrkamp.
Latour, Bruno (2008): Wir sind nie modern gewesen. Versuch einer symmetrischen Anthropologie. 1. Aufl. Frankfurt a. M.: Suhrkamp (Suhrkamp-Taschenbuch Wissenschaft, 1861).
Lemke, Thomas (2011): Beyond Foucault: From Biopolitics to the Government of Life. In: Ulrich Bröckling, Susanne Krasmann und Thomas Lemke (Hg.): Governmentality. Current issues and future challenges. New York: Routledge (Routledge studies in social and political thought, 71), S. 165–184.
Lemke, Thomas (2014): Die Regierung der Dinge – Politik, Diskurs und Materialität. In: Zeitschrift für Diskursforschung 2 (3), S. 250–267.

Lévi-Strauss, Claude (2015): Traurige Tropen. 21. Aufl. [Frankfurt a. M.]: Suhrkamp (Suhrkamp-Taschenbuch Wissenschaft, 240).
Lindemann, Gesa (2011): Die Gesellschaftstheorie von der Sozialtheorie her denken – oder umgekehrt? Hg. v. ZfS-Forum. ZfS-Forum. Bielefeld (Theorie der Gesellschaft oder Sozialtheorie?, 3/1). Online verfügbar unter www.zfs-online.org/forum.
Link, Jürgen (1992): Die Analyse der symbolischen Komponenten realer Ereignisse. Ein Beitrag der Diskurstheorie zur Analyse neorassistischer Äußerungen. In: OBST 46, S. 37–54.
Link, Jürgen (1999): As-Sociation und Interdiskurs. In: Kulturrevolution (38/39).
Link, Jürgen (2006): Zum Anteil der medialen Kollektivsymbolik an der Normalisierung der Einwanderung. In: Sabine Maasen, Torsten Mayerhauser und Cornelia Renggli (Hg.): Bilder als Diskurse – Bilddiskurse. 1. Aufl. Weilerswist: Velbrück, S. 53–70.
Link, Jürgen (2013): Diskurs, Interdiskurs, Kollektivsymbolik. Am Beispiel der aktuellen Krise der Normalität. In: Zeitschrift für Diskursforschung 1 (1), S. 7–23.
Lüders, Jenny (2007): Ambivalente Selbstpraktiken. Eine Foucault'sche Perspektive auf Bildungsprozesse in Weblogs. Bielefeld: transcript (Theorie bilden, Bd. 8).
Luhmann, Niklas (1975): Soziologische Aufklärung 2. Aufsätze zur Theorie der Gesellschaft. Opladen.
Maasen, Sabine; Mayerhauser, Torsten; Renggli, Cornelia (Hg.) (2006): Bilder als Diskurse – Bilddiskurse. 1. Aufl. Weilerswist: Velbrück.
Maasen, Sabine/Böhler, Fritz (2006): Zeppelin Universität: Bilder einer Hochschule. In: Sabine Maasen, Torsten Mayerhauser und Cornelia Renggli (Hg.): Bilder als Diskurse – Bilddiskurse. 1. Aufl. Weilerswist: Velbrück, S. 199–228.
Marchart, Oliver (2013): Das unmögliche Objekt. Eine postfundamentalistische Theorie der Gesellschaft. 1. Aufl. Berlin: Suhrkamp (Suhrkamp Taschenbuch Wissenschaft, 2055).
Marcus, George E. (1995): Ethnography in/of the World System: The Emergence of Multi-Sited Ethnography. In: Annu. Rev. Anthropol. 24, S. 95–117.
Markard, Morus (2003): Einleitende Bemerkungen zum Foucault-Colloquium der Gesellschaft für Subjektwissenschaftliche Forschung und Praxis. Foucault-Colloquium der Gesellschaft für Subjektwissenschaftliche Forschung und Praxis. Online verfügbar unter http://www.kritische-psychologie.de/archiv/material/031116_MM-Einleitung.pdf, zuletzt geprüft am 11.09.07.
Marques, Marcelo (Hg.) (1988): Canguilhem Georges/Foucault Michel. Der Tod des Menschen im Denken des Lebens. Georges Canguilhem über Michel Foucault/Michel Foucault über Georges Canguilhem. Tübingen: Ed Diskord.
Marti, Urs (1988): Michel Foucault. Orig.-Ausg. München: Beck (Beck'sche Reihe Große Denker, 513).
Marx, Karl (1967): Grundrisse der Kritik der politischen Ökonomie, 1857. Frankfurt: Europäische Verlagsgesellschaft.
Mead, George Herbert (1988): Geist, Identität und Gesellschaft. Aus d. Sicht d. Sozialbehaviorismus. Frankfurt a. M.: Suhrkamp (Suhrkamp-Taschenbuch Wissenschaft, 28).

Miller, James (1993): The passion of Michel Foucault. New York: Simon & Schuster.
Mouffe, Chantal (2007): Über das Politische. Wider die kosmopolitische Illusion. On the political. 1. Aufl. Frankfurt a. M.: Suhrkamp.
Nennen, Heinz-Ullrich (Hg.) (2000): Diskurs. Begriff und Realisierung. Würzburg: Königshausen&Neumann.
Nevin, Bruce E. (2010): Noam and Zellig. In: Douglas A. Kibbee (Hg.): Chomskyan (r)evolutions. Amsterdam, Philadelphia: John Benjamins Pub. Co, S. 103–168.
Nonhoff, Martin (2014): Politischer Denker, Diskurstheoretiker, Post-Marxist. Ein Nachruf auf Ernesto Laclau. In: Zeitschrift für Diskursforschung 2 (3), S. 320–324.
Nöth, Winfried (2000): Handbuch der Semiotik. 2. Vollst. neu bearb. und erw. Aufl. Stuttgart [u.a]: Metzler.
Pape, Helmut (2004): Charles S. Peirce zur Einführung. 1. Aufl. Hamburg: Junius (Zur Einführung, 291).
Parr, Rolf; Thiele, Matthias (2010): Link(s). Eine Bibliografie zu den Konzepten \»Interdiskurs\«, \»Kollektivsymbolik\« und \»Normalismus\« sowie einigen weiteren Fluchtlinien. 2., stark erw. und überarb. Aufl. Heidelberg: Synchron, Wiss.-Verl. der Autoren.
Pearson, Joseph (Hg.) (1996): 6 Vorlesungen gehalten im Herbst 1983 an der Universität Berkeley/Kalifornien. Berlin: Merve.
Pieper, Marianne (2003): Gouvernementalität. Ein sozialwissenschaftliches Konzept im Anschluss an Foucault. Frankfurt [u a.].: Campus-Verlag.
Polat, Elif (2010): Institutionen der Macht bei Michel Foucault. Zum Machtbegriff in Psychiatrie und Gefängnis. Marburg: Tectum (Wissenschaftliche Beiträge aus dem Tectum-Verlag, 34).
Posselt, Gerald (2005): Figurativität, Performativität und die Kreativität des Zeichens. In: Günter Abel (Hg.): Kreativität. XX. Deutscher Kongress für Philosophie, 26.–30. September 2005 in Berlin: Sektionsbeiträge, Bd. 2. 1. Aufl. Berlin: Universitätsverlag der TU Berlin, S. 111–122.
Randeria, Shalini (1999): Geteilte Geschichte und verwobene Moderne. In: Jörn Rüssen (Hg.): Zukunftsentwürfe. Ideen für eine Kultur der Veränderung. Frankfurt a. M.: Campus, S. 87–96.
Richter, Rudolf (2001): Soziologische Paradigmen. Eine Einführung in klassische und moderne Konzepte. [Nachdr.]. Wien: WUV-Univ.-Verl.
Ricke, Gabriele; Voullié, Ronald (Hg.) (1987): Michel Foucault. Eine Geschichte der Wahrheit. München: Raben-Verl.
Rosa, Hartmut; Kottmann, Andrea; Strecker, David (2013): Soziologische Theorien. 2., überarb. Aufl. Konstanz: UTB (UTB, Bd.-Nr. 2836: UTB basics).
Rose, N. (2004): Der Tod des Sozialen? Eine Neubestimmung der Grenzen des Regierens. In: Ulrich Bröckling (Hg.): Gouvernementalität der Gegenwart. Studien zur Ökonomisierung des Sozialen. Frankfurt a. M.: Suhrkamp.
Roth, Kenneth (2018): The Pushback against the populist Challenge. New York: HRW. Online verfügbar unter: https://www.hrw.org/about/people/kenneth-roth zuletzt geprüft am: 10. 04. 2018.
Ruffing, Reiner (2008): Michel Foucault. Paderborn: Fink (UTB Profile, 3000).

Ruoff, Michael (2009): Foucault-Lexikon. Entwicklung, Kernbegriffe, Zusammenhänge. 3., aktualisierte und erw. Aufl. Paderborn: Fink (UTB, 2896).
Rüssen, Jörn (Hg.) (1999): Zukunftsentwürfe. Ideen für eine Kultur der Veränderung. Frankfurt a. M.: Campus.
Said, Edward William (2003): Orientalism. Repr. with a new preface. London: Penguin Books (Penguin Classics).
Sarasin, Philipp (op. 2008): Wie weiter mit Michel Foucault? In: Heinz Bude (Hg.): Wie weiter mit …?, Bd. 4. Hamburg: Hamburger Edition, S. 2–45.
Sarasin, Philipp; Foucault, Michel (2012): Michel Foucault zur Einführung. 5., vollständig überarb. Auflage. Hamburg: Junius Hamburg (Zur Einführung, [333]).
Saussure, Ferdinand de; Bally, Charles; Sechehaye, Albert (2001): Grundfragen der allgemeinen Sprachwissenschaft. 3. Aufl. Berlin,, New York: W. de Gruyter.
Schäfer, Franka (2013): Armut im Diskursgewimmel. Eine kritische Analyse des sozialwissenschaftlichen Diskurses. Wiesbaden: Springer VS (Research).
Schäfer, Franka; Daniel, Anna; Hillebrandt, Frank (Hg.) (2015): Methoden einer Soziologie der Praxis. 1., Aufl. Bielefeld: transcript (Kultur und soziale Praxis).
Schäfer, Franka (2018): Protestkultur im Diskursgewimmel – eine diskurstheoretische Erweiterung praxissoziologischer Protestkulturforschung. In: Busche, Hubertus/Heinze, Thomas/Hillebrandt, Frank/Schäfer, Franka: Kultur – Interdisziplinäre Zugänge. Wiesbaden: Springer VS, S. 127–151.
Schatzki, Theodore R. (1996): Social Practices. A Wittgensteinian Approach to Human Activity and the Social, Cambridge (Ma.): University Press.
Schimank, Uwe (2013): Gesellschaft. Bielefeld: Transcript Verlag (Einsichten. Themen der Soziologie).
Schlosser, Jennifer A. (2013): Bourdieu and Foucault: A Conceptual Integration. Toward an Empirical Sociology of Prisons. Crit Crim (2013) 21: 31–46.
Schneider, Werner (1999): So tot wie möglich – so lebendig wie nötig! Sterben und Tod in der fortgeschrittenen Moderne. Münster: Lit.
Schrage, Dominik (2009): Die Verfügbarkeit der Dinge. Eine historische Soziologie des Konsums. Frankfurt/M./New York: Campus.
Schwinn, Thomas (Hg.) (2006): Die Vielfalt und Einheit der Moderne. 1. Aufl. Wiesbaden: VS, Verl. für Sozialwiss.
Schwinn, Thomas (2011): Von starken und schwachen Gesellschaftsbegriffen. Verfallsstufen eines traditionsreichen Konzepts. In: Schwinn et al. (2011): Soziale Differenzierung: Handlungstheoretische Zugänge in der Diskussion. Wiesbaden: VS. S. 27–44.
Silva-Castaneda, Laura/Trussart, Nathalie (2016): Sustainability standards and certification: looking through the lens of Foucault's dispositif. Global Networks. Oct2016, Vol. 16 Issue 4, p. 490–510.
Stark, Carsten/Lahusen, Christian (2002): Theorien der Gesellschaft: Einführung in zentrale Paradigmen der soziologischen Gegenwartsanalyse. München; Wien: Oldenbourg Wissenschaftsverlag.
Strauss, Anselm L. (1991): Grundlagen qualitativer Sozialforschung. Datenanalyse und Theoriebildung in der empirischen soziologischen Forschung. Unter Mitarbeit von Grathoff, Richard/Waldenfels, Bernhardt (Hg.). München: Fink Verlag.

Theis, Wolfgang (2015): Michel Foucault (15. Oktober 1926–25. Juni 1984) – Homage zum zwanzigsten Todestag. Berlin: Schwules Museum.

Treibel, Annette (2006): Einführung in die soziologischen Theorien der Gegenwart. 7., aktual. Aufl. Wiesbaden: VS Verlag für Sozialwissenschaften (Lehrbuch, Bd. 3).

Truschkat, Inga (2008): Kompetenzdiskurs und Bewerbungsgespräche: Eine Dispositivanalyse (neuer) Rationalitäten sozialer Differenzierung. Wiesbaden: Springer VS.

Tuider, Elisabeth (2007): Diskursanalyse und Biographieforschung. Zum Wie und Warum von Subjektpositionierungen. In: Forum Qualitative Sozialforschung/Forum: Qualitative Social Research 8 (2), S. Art 6.; [81 Absätze]. Online verfügbar unter http://www.qualitative-research.net/fqs-texte/2-07/07-2-6-d.htm.

van Dyk, Silke (2013): Was die Welt zusammenhält. Das Dispositiv als Assoziation und performative Handlungsmacht. In: Zeitschrift für Diskursforschung 1 (1), S. 46–66.

Veyne, Paul (2009): Foucault. Der Philosoph als Samurai. Ditzingen: Reclam.

Viehöver, Willy (Hg.) (2013): Diskurs – Sprache – Wissen. Interdisziplinäre Beiträge zum Verhältnis von Sprache und Wissen in der Diskursforschung. Wiesbaden: Springer Fachmedien Wiesbaden; Imprint: Springer VS (Interdisziplinäre Diskursforschung).

Wacquant, Loic (2009): Bestrafen der Armen. Zur neoliberalen Regierung der sozialen Unsicherheit: Budrich, Barbara.

Waldschmidt, Anne (1996): Das Subjekt in der Humangenetik. Münster: Westfälisches Dampfboot.

Wehler, Hans-Ulrich (1998): Die Herausforderung der Kulturgeschichte. München: Achims Verlag, Achim Freudenstadt.

Wenzel, Uwe Justus (Hg.) (2002): Der kritische Blick. Über intellektuelle Tätigkeiten und Tugenden. Orig.-Ausg. Frankfurt a. M.: Fischer-Taschenbuch-Verl. (Fischer, 15332: Forum Wissenschaft: Gesellschaften).

Wodak, Ruth (1996): Disorders of Discours. London: Longman (Real Language Series).

Wolf, Markus (2003): Kritische Neubeschreibung. Michel Foucaults Beitrag einer kritischen Theorie sozialer Praxis. In: Dialektik – Zeitschrift für Kulturphilosophie (I), S. 27–50.

Wrana, Daniel (2012): Diesseits von Diskursen und Praktiken. Methodologische Bemerkungen zu einem Verhältnis. In: Barbara Friebertshäuser (Hg.): Feld und Theorie. Herausforderungen erziehungswissenschaftlicher Ethnographie. Leverkusen: Budrich, S. 185–200.

Wrana, Daniel/Ziem, Alexander/Reisigl, Martin/Nonhoff, Martin/Angermuller, Johannes (2014): DiskursNetz. Wörterbuch der interdisziplinären Diskursforschung. Berlin: Suhrkamp.

If you have any concerns about our products,
you can contact us on
ProductSafety@springernature.com

In case Publisher is established outside the EU,
the EU authorized representative is:
**Springer Nature Customer Service Center GmbH
Europaplatz 3, 69115 Heidelberg, Germany**

Printed by Libri Plureos GmbH
in Hamburg, Germany